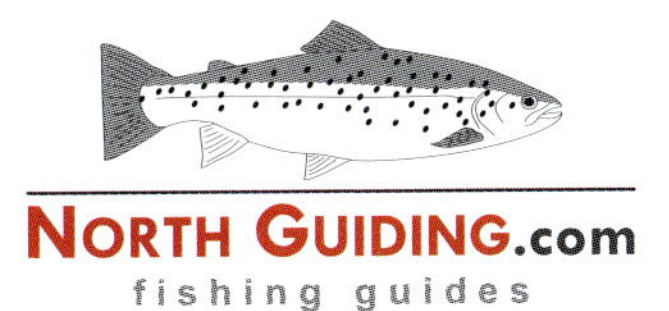
NORTH GUIDING.com
fishing guides

BERND KULEISA

Erfolg mit der Zweihand

Rutenwahl – Schussköpfe – Wurftipps
Praxis auf Lachs, Meerforelle und Raubfisch

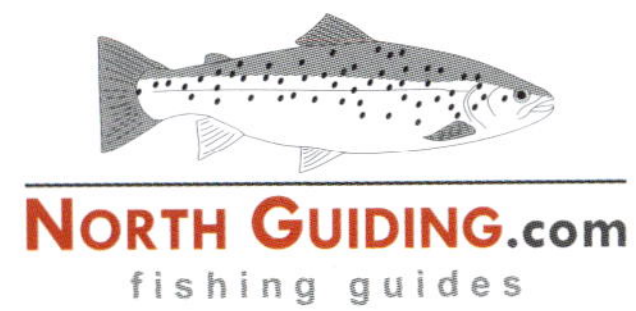

NORTH GUIDING.COM Verlag GmbH
Behringstr. 28 a, 22765 Hamburg

Internet: www.North-Guiding.com – E-Mail: feedback@northguiding.com
Facebook: www.facebook.com/Meerforellen

1. Auflage 2012

Umschlagfoto: Bernd Kuleisa
Umschlaggestaltung: Peter Albers und Rafaela Nimmesgern
Herstellung und Innengestaltung: Satz · Zeichen · Buch, Hamburg
Printed in Germany
ISBN 978-3-942366-23-6

INHALTSVERZEICHNIS

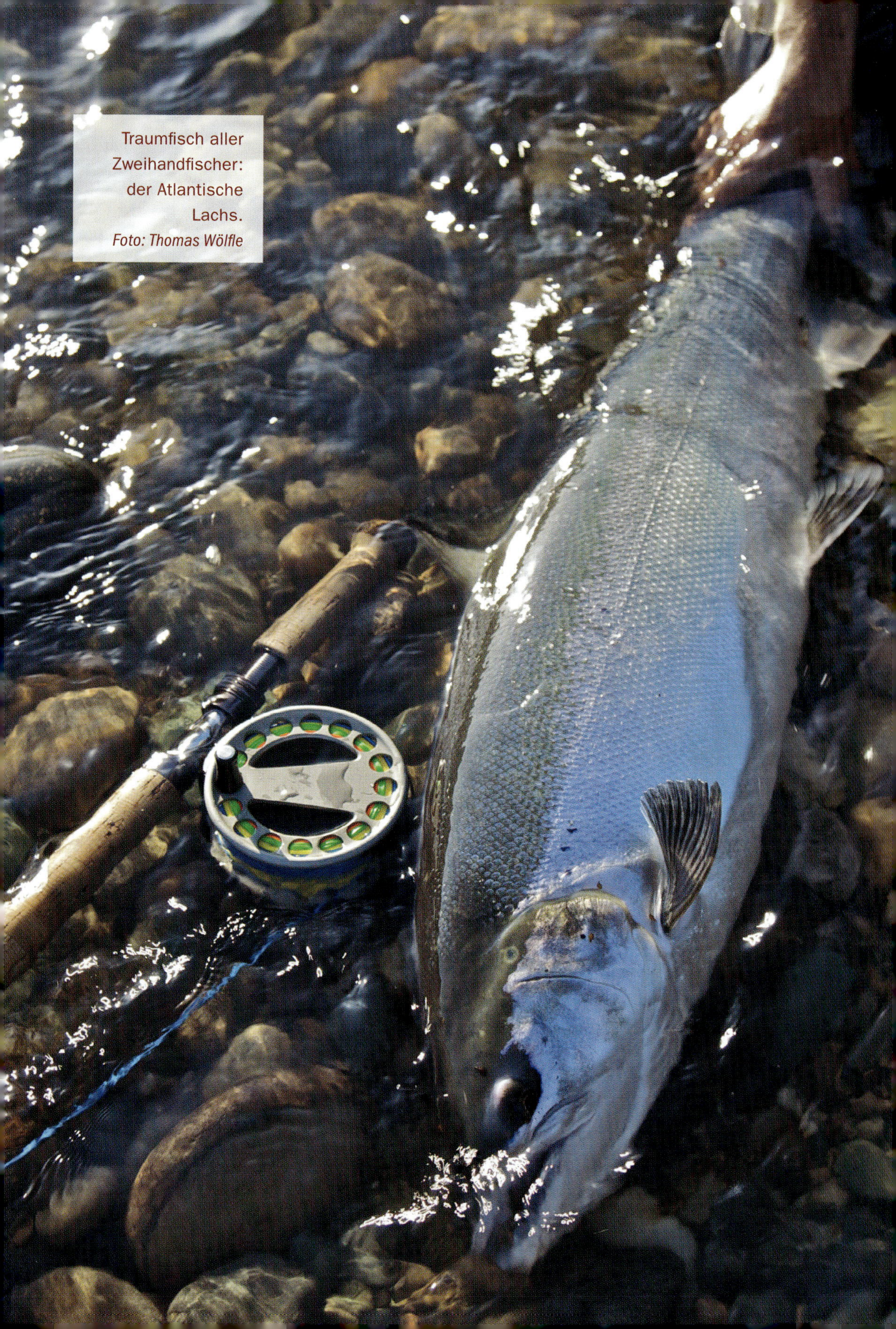

Traumfisch aller Zweihandfischer: der Atlantische Lachs.
Foto: Thomas Wölfle

Muss jeder Fliegenfischer eine Zweihandrute haben?
Diese Frage habe ich mir tatsächlich selbst ausgedacht. Aber gerade merke ich, dass die Antwort gar nicht angenehm ist. *Nein, eine Zweihandrute ist kein Gerät für jedermann.*
Warum?
Mit dem Zweihandfischen sollte sich nur der beschäftigen, der große Atlantiklachse fangen will. Oder kapitale Meerforellen. Oder herrliche Hechte, dicke Zander, silbern glänzende Rapfen.
Puristische Trockenfliegenenthusiasten und Kleinbachspezialisten müssen also nicht mehr weiterlesen. Alle anderen lade ich herzlich dazu ein!
Noch einmal von vorn: Ich bin kein Gerätefetischist, der alles haben muss. In eine solche Richtung gehen meine Tipps zur Zweihandfischerei also bestimmt nicht. Aber auf der anderen Seite machen gelegentliche Neuanschaffungen einfach Spaß. Man sollte sich ab und zu selbst beschenken. Das ist man sich schuldig, denn eine solche Tat unterstützt die Lebensfreude.
Wenn Rute, Rolle und Schnur wunderbar harmonieren und dann noch der Fang eines Traumfisches mit dem neuen Zweihand-Outfit gelingt – so kann man unbedingt von einer höchst sinnvollen Anschaffung sprechen.
Die Welt des Zweihandfischers hat viele Traumfische. Natürlich denkt man da zuerst an den Atlantischen Lachs, den König der Angelfische. Die meisten Zweihandruten sieht man demzufolge an klassischen Lachsflüssen. In Norwegen, Schweden und Schottland zum Beispiel. Immer öfter aber auch in weniger bekannten Lachsländern! Dänemark erlebt gerade einen Lachsboom und das Fliegenfischen mit der „langen Gerte“ ist ungeheuer populär geworden.
Dieser Trend hält nun langsam auch in Deutschland Einzug! Zweihandruten zählen schon lange nicht mehr zum Bereich der Angelgeräteexotik. Die Nachfrage wächst beeindruckend schnell, denn der Trend zu Lachsreisen ist ungebrochen und immer mehr Fliegenfischer nehmen zur Kenntnis, dass man unsere heimischen Raubfische sehr gut mit der Zweihand fangen kann. Hecht, Zander, Rapfen – sie alle bieten tolle Möglichkeiten! Glauben Sie nicht? Lassen Sie sich bitte von mir überzeugen.
Zweihandland ist also überall!
Treten Sie ein in diese Welt. Und erleben Sie Dinge, von denen Sie bisher nur träumten!

Ihr Bernd Kuleisa

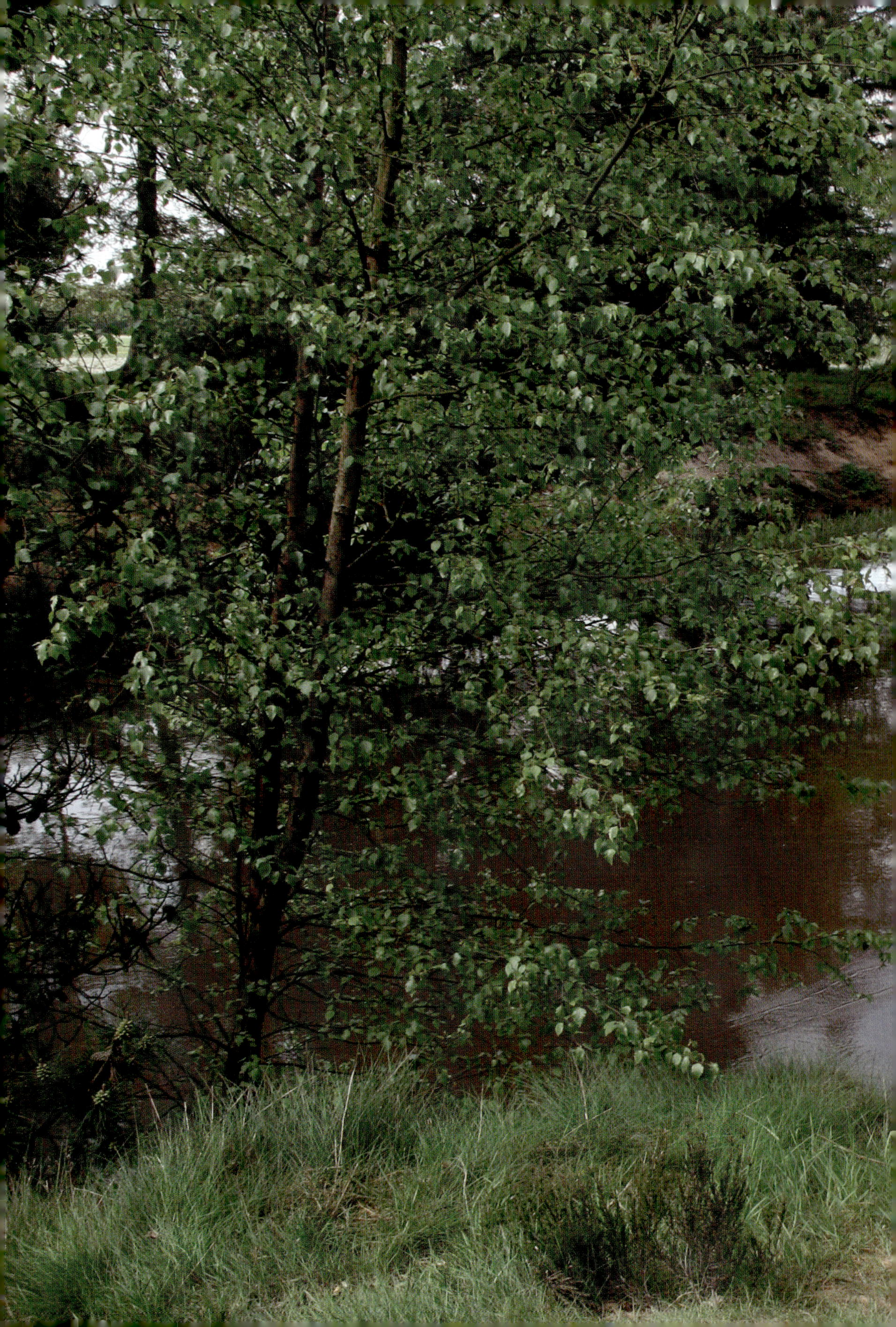

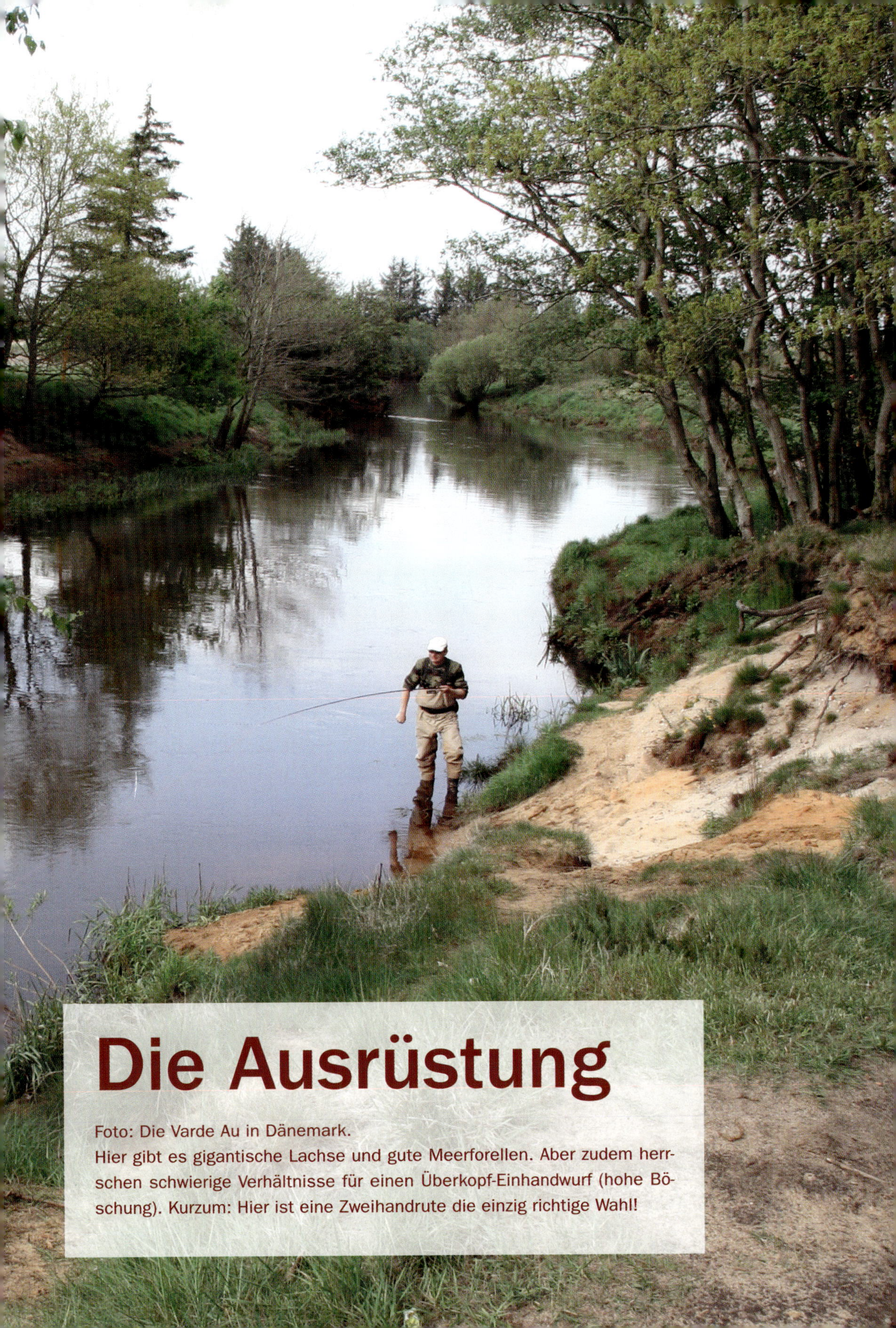

Die Ausrüstung

Foto: Die Varde Au in Dänemark.
Hier gibt es gigantische Lachse und gute Meerforellen. Aber zudem herrschen schwierige Verhältnisse für einen Überkopf-Einhandwurf (hohe Böschung). Kurzum: Hier ist eine Zweihandrute die einzig richtige Wahl!

DIE WAHL DER ZWEIHANDRUTE

Die Rute bildet generell beim Fliegenfischen und deshalb natürlich auch beim Zweihandfischen die Basis der Ausrüstung. Nach ihr richten sich die Anschaffung der Rolle (Größe, Gewicht) und die Anpassung des Schusskopfes.
Dem Käufer sollte klar sein, was er mit der Rute vorrangig machen möchte. Raubfischangeln an heimischen Gewässern? Will er eine leichte, kurze Zweihand für die Meerforellenfischerei an der Ostsee? Möchte er auf große Lachse pirschen? Oder wird ein Allrounder anvisiert, mit dem man möglichst viel machen kann? Man überlege also gut, bevor man sich entscheidet!
Die folgenden Informationen sollen dazu dienen, ein Grundwissen zu vermitteln, das eine richtige Kaufentscheidung ermöglicht.

Günstig?

Man kann einiges an Geld sparen, wenn man sich eine gebrauchte Zweihand zulegt. Angebote finden sich im Kleinanzeigenteil von Fachzeitschriften, auf Angel-Flohmärkten oder im Rahmen von Angelgeräteauktionen. Auch Fachgeschäfte bieten teilweise Gebrauchgeräte an, die von den Kunden beim Kauf einer hochwertigen Neurute in Zahlung genommen wurden. Zudem nutzen heute viele Menschen Internetbörsen wie zum Beispiel eBay. In allen geschilderten Fällen kann man, mit etwas Glück, durchaus Schnäppchen „landen“, um in der Fischersprache zu bleiben.
Kritisch ist dabei der Faktor „Garantie und Gewährleistung“ zu sehen. In der Regel haben Sie keine Ansprüche, wenn sich die Rute als zweifelhafte Anschaffung erweist.
Überdies ist eines zu betonen: Je älter die Zweihand ist, je härter sie vom Vorbesitzer benutzt wurde, desto wahrscheinlicher ist es, dass sich der Kauf als schlechte Investition erweist. Zum Beispiel können versteckte Mängel, die das forschende Auge des Interessenten nicht unbedingt entdeckt, zu unvermittelt eintretenden Brüchen führen.
Sie, lieber Leser, müssen sich als mündiger Verbraucher erweisen, der in Sachen Gebrauchkauf selbst abwägt, ob er das Restrisiko zu tragen bereit ist. Abraten möchte ich generell von Ruten, die älter

als zehn Jahre sind. Die Entwicklung auf dem Zweihandmarkt ist in den letzten Jahren rasant fortgeschritten. Oft sind selbst Kohlefaser-Klassiker der Vergangenheit, damals das Maß der Dinge, nicht so leistungsstark wie günstige Einsteigerruten der Gegenwart. Während bei Einhandruten der Trend zu immer leichteren Ruten, jedenfalls aus meiner Sicht, nicht unbedingt zwingend erscheint, so bringt das geringe Gewicht moderner Zweihandgerten doch enorme Vorteile. Natürlich spielt außerdem die Aktion eine Rolle. Was wir heute unter „modern" verstehen und schätzen, nämlich eine dynamische Aktion (mittelschnell oder schnell), das war früher noch nicht selbstverständlich. Heute kann der Kunde unter vielen hervorragenden Zweihandruten wählen! Welch ein Privileg.

Und da viele Firmen gute Einsteiger-Ruten mit moderatem Preis anbieten, so stellt sich die Frage, ob der Kauf eines Gebrauchgerätes wirklich anzuraten ist. Ich bin skeptisch.

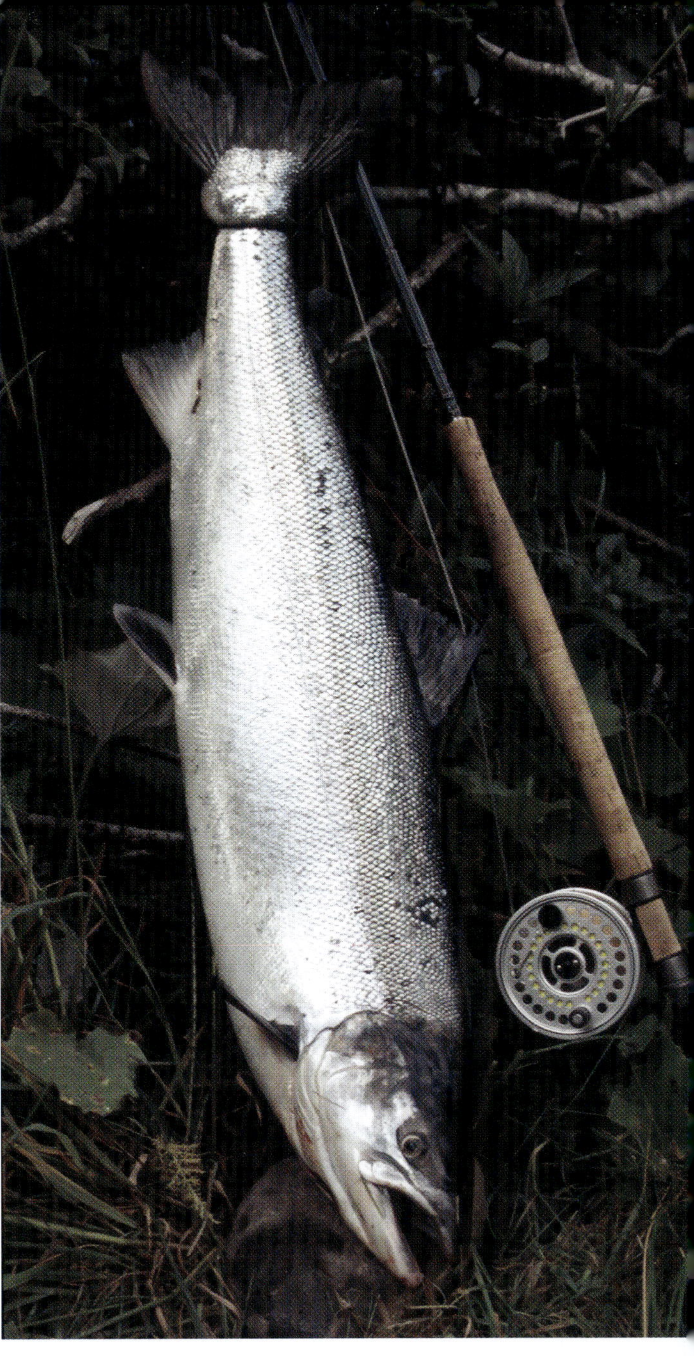

Hier stimmte die Gerätezusammenstellung. Ergebnis: Ein wunderschöner Norwegenlachs von 8 Kilo!

Marken und Märkte

Welcher Rutenmarke soll man sein Vertrauen schenken? Das ist, ebenso wie beim Autokauf, unmöglich objektiv zu beurteilen. Mercedes oder Audi, Ford oder Opel? VW oder Toyota?
Ans Ziel kommt man mit allen Modellen, nur der Komfort ist unterschiedlich. Einige Marken bieten absolute Spitzenklasse in jeder Beziehung, vor allem hinsichtlich der Leistungsstärke und Verarbeitung. Das muss man dann auch bezahlen. Andere Firmen sind weniger innovativ und bieten einfach nur ausgereifte und solide Qualität, was durchaus nicht zu verachten ist.
Genau so ist es mit Zweihandruten!
Mein Rat sieht so aus: Kaufen Sie nur bei einem Fachhändler mit Zweihandkompetenz! Für die Kaufentscheidung sollte der Faktor „Service" ganz hoch eingeschätzt werden. Hier würde ich keine Kompromisse eingehen!
Lassen Sie sich folgendes zusichern: Der Service im Falle eines Rutenbruches muss preiswert, schnell und unkompliziert über die Bühne gehen. Kann der Fachhändler das bei einer Rute, die Sie ins Auge fassen, nicht garantieren, so nehmen Sie vom Kauf Abstand. Selbst unter bekannten Marken gibt es Unterschiede, was den Service betrifft. Eine weltweit viel gerühmte Rutenmarke hat zum Beispiel den Ruf, tolle Geräte zu produzieren, aber in der Abwicklung von Dienstleistungen quälend langsam und unzuverlässig zu sein. Jedenfalls,

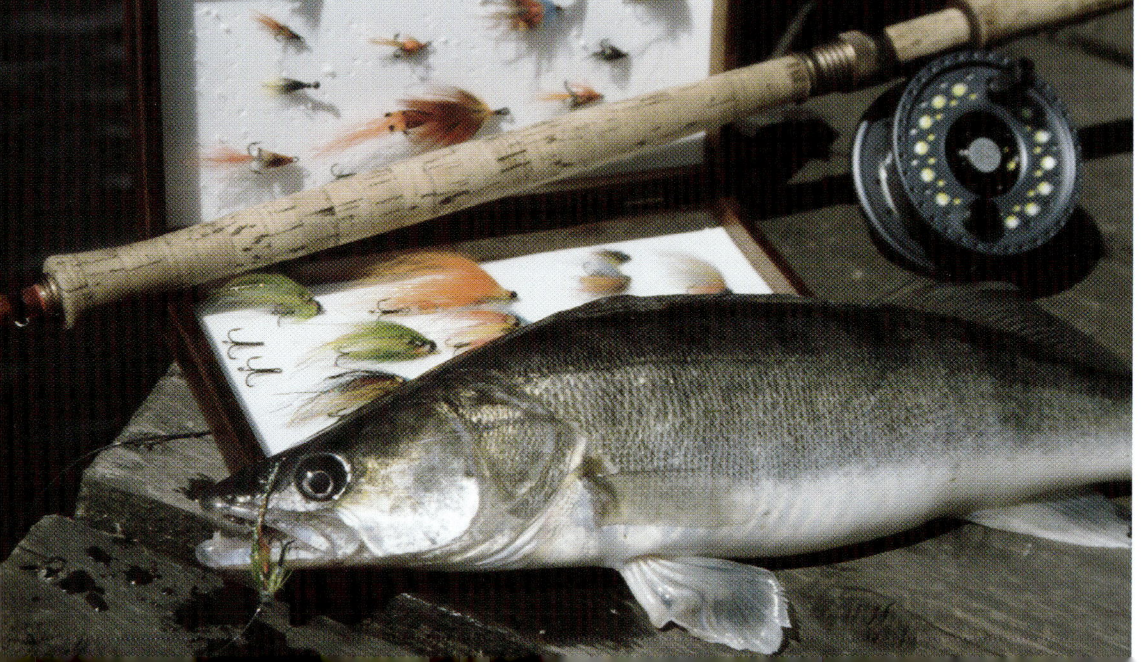

Porträt eines guten Zweihand-Zanders. Gefangen mit der empfehlenswerten Allroundrute in 13' # 9.

wenn es um Geräte geht, die in Deutschland gekauft werden. Ideal ist es, wenn die betreffende Firma eine zuverlässige Kontaktadresse in Reichweite besitzt, an die sich der Fachhändler oder der Käufer selbst wenden kann. *Prüfen Sie dies vor einem Kauf!*
Ich habe im Laufe der letzten 25 Jahre viele unterschiedliche Zweihandruten gefischt. 12 Jahre lang habe ich sogar für eine deutsche Angelgerätefirma Fliegenruten getestet und dabei geholfen, Prototypen bis zur Marktreife zu entwickeln. Außerdem habe ich mir die Fliegenruten-Produktion bei Hardy/Alnwick und bei Orvis in Vermont / USA angesehen. Durch meine Position als Chefredakteur der Zeitschrift FLIEGENFISCHEN von 1987 bis 1998 öffneten sich für mich manche Pforten, die sonst fest verschlossen geblieben wären. Heute, als freier Journalist, hilft mir mein Ruf als Autor, der sich um sachgerechte Darstellung bemüht, Zugang zu wichtigen Personen und interessanten Informationen zu erhalten.
Auf diese Weise rundeten unter anderem persönliche Treffen und Gespräche mit der Familie Perkins und Jim Lepage (Orvis), Roman Moser (Firma Roman Moser), Göran Andersson (Loop), Rudi Heger (Firma Rudi Heger und Zentrale für Sage), Thomas Dürkop (Firma Thomas Dürkop) und Stefan Meyenburg (Hardy/Greys) mein Wissen ab. Und ich stehe in Kontakt mit sehr guten Zweihandfischern wie Thomas Wölfle, Michael Werner, Udo Hildebrandt, Ulf Sill, Taki Alvanos, Andy Murray und vielen anderen, um auf dem aktuellen Stand zu bleiben. Die Teilnehmer an meinen Zweihandkursen führen mir zudem immer wieder vor Augen, welche Fragen sich für Einsteiger stellen. Meine Kontakte sind also gut gemischt: Experten, ganz normale Fischer, Profis und Einsteiger. Alle zusammen helfen mir, mit beiden Füßen auf dem Boden zu bleiben. Nebenbei gesagt: Viele Kontakte, die sich ergaben, sind auch menschlich eine große Bereicherung. Zweihandfischen verbindet!

Die Frage aller Fragen

Die Frage aller Fragen kann ich trotz intensiver Recherche nicht beantworten! Die nach *der* besten Zweihandrute auf dem Markt. Je deutlicher eine Aussage in diese Richtung getroffen wird, desto skeptischer sollten Sie als Kunde sein.

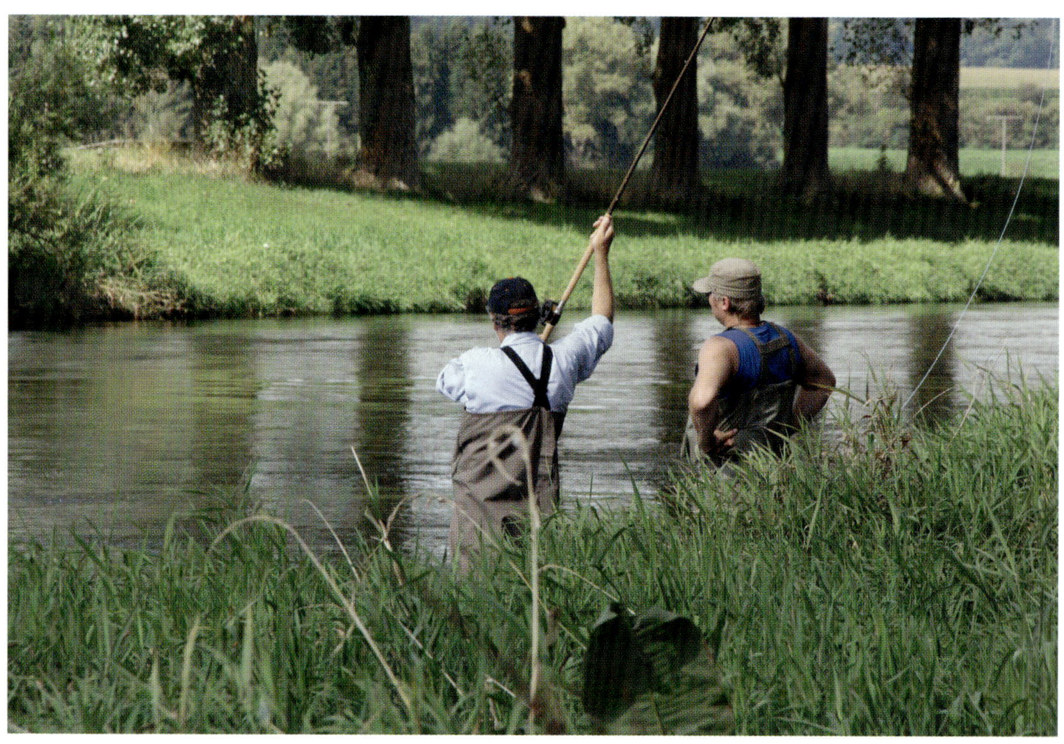

Ein Zweihandkurs bietet gute Möglichkeiten, sich mit dem Werfen vertraut zu machen. Hier zeigt Bernd Kuleisa einem Teilnehmer den Rollwurf.

Die „beste Zweihand" wäre sowieso allenfalls eine Momentaufnahme, die zum Zeitpunkt der Drucklegung des Buches vielleicht schon wieder Geschichte wäre. Lassen wir es also.

Mit irgendeiner Marke muss ich aber fischen! Irgendwann muss sich jeder entscheiden! Welchen Weg *ich* dabei zurücklegte, dass will ich gern verraten. Sie werden sehen, ein fanatischer Anhänger nur einer Marke bin ich nicht!

Ich startete in den 80er Jahren, wenn ich mich recht entsinne, mit einer *Cormoran*-Zweihandrute. Die war gar nicht so übel, aber dann bekam ich die erste *Sage* in die Finger. Eine Graphite II 14'! Welch eine Verbesserung, eine tolle Rute, damals kaum zu toppen.

Aber wie das so ist, man wechselt dann doch. Man lässt sich verführen! So benutzte ich bald darauf *Hardy*-Ruten, später auch *Loomis*. Um das Jahr 2000 entdeckte ich die günstigen und leistungsstarken *Greys*-Ruten für mich. Meine 14' Greyflex # 9 ist eine Rute, die ich noch heute richtig gut finde. Aber die Entwicklung bleibt nicht stehen! Der Grund für meine momentane Vorliebe für *Orvis* liegt in dem vertrauensvollen persönlichen Kontakt, den ich zu Manfred Raguse, dem bekannten Lachsfischer und deutschen Orvis-Koordinator, habe.

Natürlich muss er, berufsmäßig, gut von Orvis reden. Aber ich weiß auch, dass er in seinem Lieblingsbereich Zweihandfischerei ein absoluter Experte ist und er selbst nur das fischt, was 100 % gut ist. Und so nahm die Sache ihren Lauf. Er schilderte mir aus seiner Praxis die Vorzüge der neuen Helios-Zweihandruten so überzeugend, dass ich mich zu einem Test überreden ließ. Fehler!! Das hätte ich vielleicht lieber lassen sollen, denn nun hat mein Bankkonto arg gelitten.

Ein typisches Beispiel. Meine bewährte Greyflex hat mich nie im Stich gelassen, und ich war sehr zufrieden mit ihr. Bis ich mich zu der geschilderten „Probefahrt“ überreden ließ. Na ja, es macht eben auch Spaß, sich hin und wieder einmal etwas Neues zu gönnen. Ich bin da normalerweise eher zurückhaltend, aber eben doch verführbar.

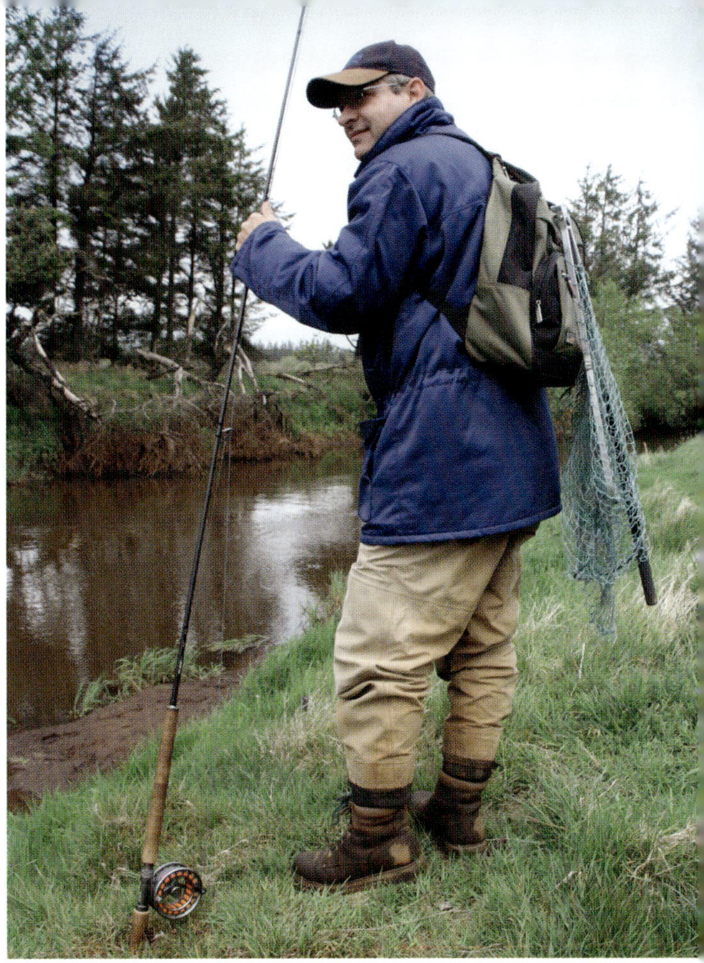

Perfektes Outfit! 13' Gerte # 9. Der dänische Profi Tommy Olinsson setzt beim Meerforellen- und Lachsfischen auf diese Kombination, wenn er an der Skjern Au oder Varde Au fischt.

Lieber Leser, Sie merken es: So völlig anders als Sie bin ich nicht. Lassen auch Sie sich ruhig begeistern, aber testen Sie Ihre neue Zweihand, bevor Sie diese kaufen und erkundigen Sie sich nach dem Service. Viele gute Marken stehen zur Verfügung. Nutzen Sie die kompetente Beratung im Fachhandel oder auf Fachmessen wie der EWF, um interessante Neuentwicklungen zu entdecken, die zu Ihren Vorlieben und zu Ihrem Geldbeutel passen.

Doch welche Länge und Klasse sollte eine Anschaffung haben? Diese Frage wollen wir jetzt klären. Ich schildere Ihnen nun die Anwendungsbereiche verschiedener Zweihandtypen. Vom Zweihandzwerg in 11' bis zur langen Gerte von 15'. Noch längere Ruten stelle ich nicht vor, da sie Spezialgeräte sind, die in der Praxis nur sehr selten

Verwendung finden. Ich habe keine Rute über 15' und die meisten Kollegen, die ich kenne, auch nicht.
Der Einsteiger in die Zweihandwelt sucht in der Regel nach einer *Allroundrute*. Und das ist kein Fehler! Eine solche Anschaffung lohnt sich in jedem Fall, denn auch nach der Einstiegsphase wird die Allroundgerte immer wieder, vielleicht sogar bevorzugt, eingesetzt werden können. Was aber ist ein Allrounder? Diese Frage klären wir jetzt!

Der Allrounder

Welche Rute als Allrounder zu bezeichnen ist, hängt von der Lebenssituation des betreffenden Fischers ab. Ein Norweger, der an einem großen Fluss lebt und wohl nur auf Lachs- und Meerforelle pirschen will, hat andere Vorzeichen als ein Däne, der den idealen Allrounder für seine größeren Wiesenflüsse sucht, obgleich dieser wahrscheinlich ebenfalls nur an Lachsen und Meerforellen interessiert sein wird. Natürlich wird der Norweger sich eine längere und stärkere Zweihand als Allrounder anschaffen.
Für deutsche Zweihandfischer ist die heimische Fischerei auf Lachs leider (noch) nicht so wichtig. Unsere Meerforellen rücken schon eher in den Fokus einiger Flussfischer, weil diese Fische immer zahlreicher werden. Die Raubfischangelei in unseren Landen ist ein sehr interessantes Gebiet für deutsche Angler; dies sollte bei der Wahl eines Allrounders wesentlich berücksichtigt werden. Und natürlich wird irgendwann eine Reise zum Lachs- oder Meerforellenfischen geplant werden, wenn man sich für das Zweihandfischen interessiert.
Folgende Aspekte sollte aus meiner Sicht deshalb eine Allroundzweihand unter einen Hut bringen, wenn sie für den deutschen Benutzer gut geeignet sein soll:

- ✔ Meerforellenangeln in größeren heimischen Flüssen
- ✔ Raubfischangeln in unseren mittelgroßen und großen Flüssen
- ✔ Lachs- und Meerforellenfischen an mittelgroßen Flüssen und zudem noch eine einigermaßen gute Eignung für große Flüsse

Daraus ergibt sich mein Vorschlag. Sie sollte 13' lang sein oder etwas kürzer bzw. länger. Hier ist ein bisschen Spielraum für persönliche Vorlieben. Die Schnurklasse ist mit 8 oder 9 gut gewählt.

In der Tat sieht so die Rute aus, die ich an deutschen Flüssen überwiegend benutze. Auf Meerforellen an meinem Heimatfluss, auf Rapfen und Hecht an mittelgroßen und größeren Flüssen und nach Dänemark und Norwegen kommt sie mit. Für die besten dänischen Lachs- und Meerforellenflüsse, die eine Zweihand erfordern, ist eine 13' Gerte sogar ideal. Also zum Beispiel für die Varde Au, Skjern Au und Guden Au.

Viele norwegische Reviere wie der beliebte Mandalselv, der Eidselva oder die Orkla sind ebenfalls gut mit dieser Rute zu befischen. Auch für die berühmte Mörrum ist die 13' ideal, wenn man vom Saisonstart und der Blanklachszeit absieht. Die vielleicht schönste Zeit an der Mörrum, die Meerforellenzeit, kann mit dem genannten Allrounder bestens gemeistert werden. Und wie sieht es an den größeren Flüssen Irlands wie dem Moy oder Blackwater aus? Passt auch!

Wer noch fernere Reiseziele im Auge hat, wie zum Beispiel Kanada zum Steelheadfischen, der ist ebenfalls damit sehr gut bedient. Selbst am herrlichen (aber leider teuren) Rio Grande in Argentinien bewährt sich die 13' ausgezeichnet. Mit anderen Worten: Diese Rute ist durchaus für große Fische „zugelassen"; man darf dem ganz großen Biss gelassen entgegen sehen. Der genannte Allrounder ist die goldene Mitte. Leicht, handlich, spritzig, stark. Die klassische Zweihand, sinnvoll einsetzbar für sehr viele Vorhaben!

13' # 9 liegt in der Mitte des Angebotes empfehlenswerter Zweihandruten. Die Spannweite reicht von 11' Gerten leichterer Schnurklasse (6, 7, 8 – den so genannten Switch-Ruten), bis zu der langen 15' Rute der Klasse 10/11 oder 11.

Falls Sie vom Spinnfischen kommen, wie viele Einsteiger ins Zweihandmetier, leuchtet Ihnen vielleicht folgender Vergleich ein. Ich würde den genannten Allrounder mit einer mittelschweren Spinnrute vergleichen, die 10' lang ist und ein Wurfgewicht von 20 bis 40g hat. Auch mit dieser lässt sich ungeheuer viel machen: Meerforelle, Hecht, Rapfen, Zander, Lachs, Huchen. Man hätte immer eine vollwertige Gerte für (fast) alle Fälle, mit der man bestens klar kommt.

Tipp: Zweihandruten, die etwas länger oder kürzer sind als 13', sind wie schon angedeutet, ebenfalls interessante Allrounder. Also zum Beispiel 12.6' oder 13.6'. Lassen Sie sich im Fachhandel entsprechende Ruten zeigen. Ich würde allerdings bei der Schnurklasse nicht unter # 7/8 gehen, um die Vielseitigkeit der Gerte zu erhalten. Ruten der Klasse 7/8, 8/9 oder 9 sind vergleichbar, wenn es um die Vielseitigkeit geht.

Die längere, stärkere Zweihand

Zwei klassische Zweihänder sind in diesem Bereich zu nennen. Die 14' # 10 und die 15' # 11. Dies sind sehr wichtige Ruten für die Lachsfischerei an großen oder sehr großen Flüssen. Der Norwegen-spezialist, der sein Glück an der Gaula versucht oder der Schottland-Fan, der den Tweed oder Spey befischt, muss sich entsprechend ausrüsten. Je breiter der Flussabschnitt, je höher der Wasserstand, desto mehr wird die 15' Rute gefragt sein.
Die 14' # 10 ist deutlich handlicher und deshalb wechseln viele Lachsfischer gern sofort auf diese Rute, wenn sich der Wasserstand an großen Flüssen auf „leicht erhöht" bis „normal" einpendelt. Die 14' ist für Einsteiger leichter zu bedienen; sie kann zudem bei der heimatlichen Raubfischangelei noch einigermaßen sinnvoll eingesetzt werden. Zum Beispiel an unseren großen Strömen, also an Elbe, Rhein, Donau, Inn, Weser und anderen.
Im Prinzip sind die „Langen" von 14' und 15' jedoch Lachsruten für große Flüsse und große Fische. Wann nimmt man welche?
Ein Beispiel: Die Saison an der Gaula in Norwegen umfasst drei Monate. Juni, Juli und August. Der Juni mit hohem Wasserstand, kühlem Wasser und Durchschnittsgewichten der Lachse von annähernd 10 Kilo ist ein klarer Fall für die 15'. Der Juli und August mit überwiegend normalem Wasserstand und einer Mischung aus kleineren und großen Lachsen verlangen nach einer 14' Rute. Bei Niedrigwasser im August kann man sogar mit der 13' # 9, unserem Allrounder, gut klar kommen.

Die kleine, leichte Zweihand

Unsere Ostsee, mittelgroße Flüsse, Forellenseen oder Talsperren, Flachseen mit schönen Barschen, Polder mit mittleren Hechten. An diesen Gewässern ist der Einsatz einer kurzen Zweihand interes-

sant. Weitere Zielfische sind Meerforellen, Regenbogenforellen, Rapfen; Exemplare also, die im Schnitt ein, zwei oder vielleicht drei Kilo wiegen.
Und es stimmt natürlich: Dies sind eigentlich alles klassische Fälle für eine Einhandrute. Zum Beispiel für eine 7er oder 8er in 9'. Die gängige Streamerrute also.
Doch die leichten und kürzeren Zweihänder dringen ganz langsam in den Bereich vor, der früher Einhandruten vorbehalten war. Jedenfalls in allen Bereichen der Streamerfischerei ist dies so. Und den Zweihandfan muss diese Entwicklung faszinieren! Da gibt es viel zu entdecken. Experimentierfreudige Fischer sind aufgerufen, die Grenzen neu zu stecken! Ein Beispiel dafür sind die innovativen Switch-Ruten mit einer Kürze (von Länge kann man hier eigentlich nicht mehr reden) um 11' mit einer leichten Schnurklasse von 6, 7 oder 8. Keine Ruten für jedermann, ganz klar. Eher etwas für Fans, Freaks oder Freunde des Besonderen.
Eigentlich bin ich eher konservativ eingestellt, sicher kein Freak, aber die leichteren Zweihand-Spaßgerten sprechen den Wurf-Genießer in mir an. Und damit eben auch den Fan. Vernünftig ist es sicher nicht, ohnehin schon sechs Zweihandruten im Schrank zu haben und nun zudem (seit einiger Zeit) noch eine Switch-Rute. Ich bekenne mich schuldig: Ein hoher Grad von Passion und maßvolles Handeln, diese Dinge passen nicht unbedingt zusammen. Vielleicht sollte ich mich durch Selbsthypnose in den Griff bekommen und meine Neigung zum „Gerätehamstern“ bremsen. Will ich aber gar nicht!
Soll man nun auch noch das Fliegenfischen eiskalt nach Kosten / Nutzen aufrechnen? Dann muss man vom Lachsfischen, der unvernünftigsten Angelei überhaupt, sowieso schnell Abstand nehmen. Hohe Kosten, nur ab und zu mal ein Biss. Noch seltener als ein Biss ist nur noch eines: ein Fang!
ABER! Mit dem Lachsfischen würde ich meine größte Angelleidenschaft aufgeben und einen Trost an trüben Tagen einbüßen. Unangenehme Lebenssituationen kann ich besser überstehen, wenn ich an folgendes denke: Was soll's! Im nächsten Sommer bin ich wieder in Norwegen!
Zahnarztbesuche, Auseinandersetzungen mit Nachbarn, dem

Chef und sogar die Weihnachtsansprachen führender Politiker lassen sich leichter ertragen, wenn man sich den Drill eines schönen Fisches ausmalt und zuversichtlich sein darf: Bald ist es wieder soweit!
So! Jetzt aber Schluss mit der Erforschung unserer anglerischen Gefühlswelt. Weiter mit sachlicher Beratung zum Thema „kurze Zweihandruten". Ein Fazit muss her. Und meines lautet so:

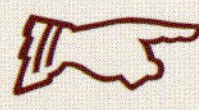

Muss man unbedingt eine leichte, kurze Zweihand haben, wenn man bisher mit einer Einhandstreamerrute gut klar kam? NEIN!
Sollte man, als Zweihand-Fan, diese Gerten einmal getestet haben? JA!

Die Vorteile einer Zweihandrute

Bevor wir uns Detailfragen widmen, fasse ich die generell gültigen Vorteile einer Zweihand in aller Kürze zusammen:

- ✔ die Zweihand erleichtert das Werfen größerer Fliegen und deren präzise sowie sichere Präsentation
- ✔ die Zweihand macht weite Würfe möglich, die ohne Gefährdung des Werfers gelingen. Mehr dazu im Kapitel „Wurftipps". Zudem gelingt die Anpassung an Wurfvarianten (Speycast, Unterhandwurf) leicht und somit erweitern sich für den Fischer die Möglichkeiten, auch in schwierigem Wurfterrain erfolgreich zu sein.
- ✔ die Zweihand ermöglicht ein wirksames Menden (Umlegen) der Schnur. Dank des langen Hebels kann eine größere Schnurmenge manipuliert werden.
- ✔ die Zweihand erleichtert den schnellen und sicheren Drill größerer Fische. Dies ist besonders wichtig, wenn man beabsichtigt, einen großen Fisch wieder „topfit" zurücksetzen zu wollen.
- ✔ die Zweihand ermöglicht Kraft sparendes Werfen durch die Verteilung der Arbeit auf zwei Arme. Die Alternative zur Zweihand ist eine lange Einhand höherer Schnurklasse; sie ermüdet jedoch den nun allein aktiven Wurfarm in der Regel schneller.

Das Verbinden der Rutenteile

Die Rutenteile müssen sorgfältig eingedreht werden, um einen festen Sitz zu garantieren. Moderne Zweihandruten müssen nicht unbedingt mit Klebeband gesichert werden. Wer dies dennoch tut, achte darauf, dass die Teile sich unter dem Klebeband nicht gelockert haben.
Gelegentliche Kontrollen des guten Hülsensitzes sind in jedem Fall anzuraten, denn vor allem schwungvolle Roll- und Speywürfe können zu einer Lockerung führen. Sollten die Rutenverbindungen ständig zum Lockern und Verdrehen neigen, liegt ein Fehler in der Handhabung der Zweihand vor. Entweder sind die Hülsen nicht sorgfältig eingedreht oder der Werfer neigt zum Verkanten (Verdrehen) der Rute beim Wurf. Bitte auf diese Punkte achten!

Transport von Zweihandruten

Zweihandruten sind um einiges länger als Äschen- und Forellengerten und deshalb sperriger, wenn es um das Verstauen geht. Der sichere Transport im Auto oder Flugzeug muss so weit wie möglich sichergestellt werden. Und dazu muss man die Gefahren kennen, die sich aus der Praxis ergeben.
Ein schlecht gepacktes Auto stellt die erste Quelle möglichen Ärgers dar. Die Zweihand einfach nur so im Futteral (oder sogar ohne!) in den Wagen zu legen, das kann zum Bruch führen, wenn man scharf

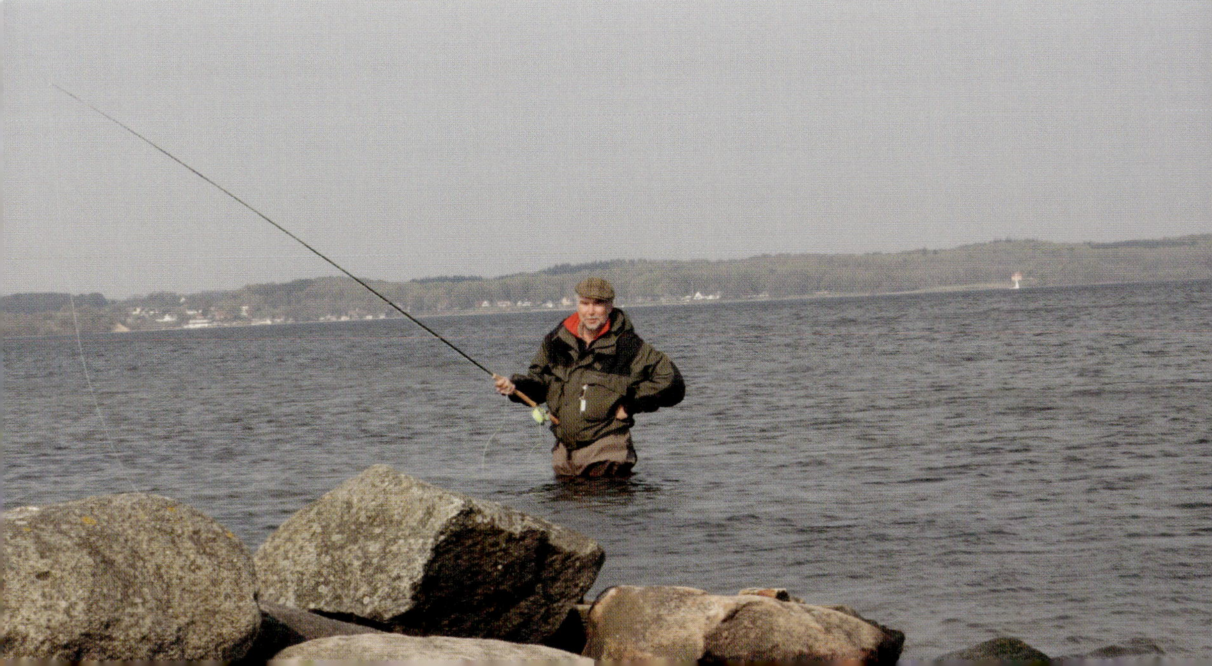

Der Verfasser beim Zweihandfischen auf Meerforellen an der deutschen Ostseeküste. Hier kommt eine kurze Switchrute (11' # 8) zum Einsatz.

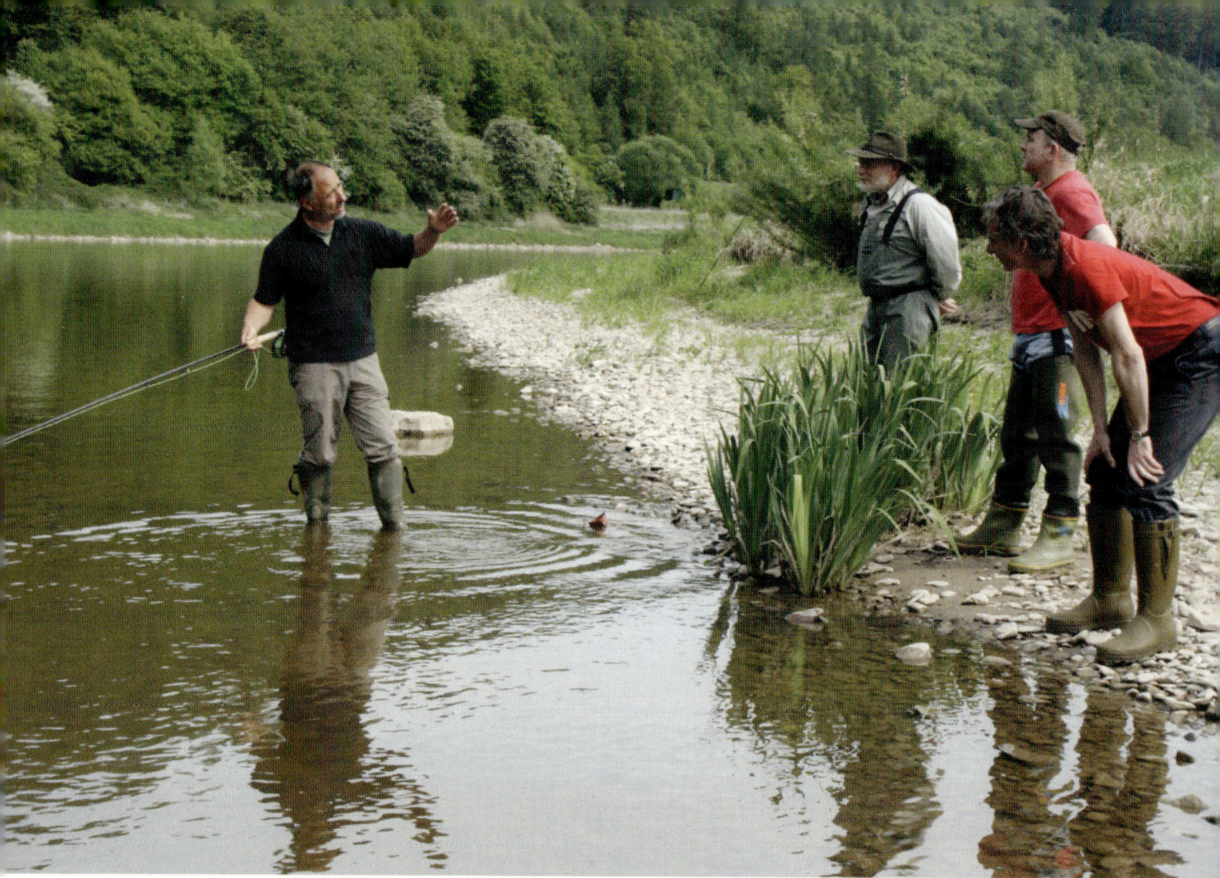

Der erfahrene Lachsfischer Udo Hildebrandt zeigt an der Weser, worauf es beim Werfen ankommt.

bremsen muss oder über eine Holperpiste fährt. Außerdem kann beim Ein- und Aussteigen die Rute verrutschen und so in der Tür eingeklemmt werden. Kann Ihnen nicht passieren? Da kann man niemals sicher sein!

Deshalb gleich der erste Rat: Benutzen Sie stets das Rutenrohr, auch wenn Sie „nur" zu Ihrem Heimatgewässer um die Ecke fahren! Befindet sich die Rute im Kofferraum, hoffentlich im Rutenrohr, so lauert die heimtückische Kofferraumklappe nur darauf, irgendein Teil abzuknicken, wenn die Rute dem Rohr entnommen und dann zum Zusammenstecken nachlässig abgelegt wurde. Vorsicht!

Zumal die Vorfreude beim Auspacken („Gleich geht's los!") und die damit verbundene Nervosität dafür sorgt, dass wir verständlicherweise abgelenkt sind. Versuchen Sie sich deshalb ein stets zu wiederholendes Muster anzueignen, das Ärger vermeidet. Das könnte so aussehen: Die Rute aus dem Rohr und dann aus dem Futteral nehmen. Das Futteral gut sichtbar an einen festen Platz im Kofferraum ablegen, das Rohr wieder schließen und verstauen. Nun mit den Rutenteilen einige Schritte vom Auto entfernen und alle Teile

sorgfältig zusammenstecken. Ist dies gelungen, dann niemals (!!) die Rute auf den flachen Boden legen. Sondern? Einen sicheren Platz suchen (Baumzweig, Busch, Zaun), an den die Rute umfallsicher angelehnt wird. Dort verbleibt sie am besten, bis der Fischer angezogen ist, alles in der Weste verstaut hat, die Rolle gewählt hat und diese dann an die Rute schraubt. Nun kann es (Auto abschließen nicht vergessen!) endlich zum Fischen gehen.
Vielleicht wirken diese Tipps auf Sie arg pedantisch. Sie sind aber Erkenntnisse aus der Praxis, wer sie nicht befolgt, spielt mit dem Feuer! Mein Freund Rolf Baginski, der bekannte Gespließtenbauer, schrieb vor einiger Zeit einen Artikel für FLIEGENFISCHEN nach dem Motto „Die sichersten Möglichkeiten, um eine Fliegenrute zu zerbrechen". Köstlicher Lesestoff und sehr bedenkenswert.
Zweihandruten sind in der Regel dreiteilig oder vierteilig aufgebaut. Die Mehrteiligkeit ist kein Nachteil, denn die Aktion moderner Ruten leidet darunter nicht.
Vierteilige Zweihänder haben einen nicht zu unterschätzenden Vorteil. Selbst lange Versionen in 14' können im Kofferraum des Autos verstaut werden. Sie wecken also keine Begehrlichkeiten bei Langfingern. Lange dreiteilige Zweihänder lassen sich nicht so leicht verstecken. Es sei denn, man hat ein entsprechend großräumiges Auto. Beispiel: Bei meinem kleinen, knuffigen Wagen vom Typ Ford Fusion (ungefähr Golf-Format) passen alle vierteiligen Ruten bis zur Länge von 14' hinten in den Kofferraum. Das schätze ich vor allem im Urlaub, wenn ich mehrere Ruten dabei habe. Sicher ist sicher!

Transport auf dem Auto

Wenn Sie zum Lachsfischen nach Norwegen oder Schweden fahren und sich einem der bekannten Flüsse nähern, so sehen Sie überall Autos umherfahren, die scheinbar Werbung für das Zweihandfischen machen. Die Ruten werden allgemein gern auf dem Auto, fertig montiert mit Rolle, transportiert, um von einem Pool zum anderen zu gelangen. Ruckzuck ist das Gerät am Wasser griffbereit und die Nettoangelzeit ist optimal.
Wenn man eine ganze Woche am Lachsfluss verbringt oder noch länger, dann lohnt es sich darüber nachzudenken, ob man sich entspre-

chende Auto-Rutenhalter zulegt. Aber bitte rechtzeitig, denn diese Rutenhalter lassen sich auch bei uns im guten Fachhandel kaufen. Ein viel benutztes Modell „saugt" sich auf dem Kofferraum beziehungsweise auf dem Dach an. Es wird im Set (zwei Stück) verkauft; eines kommt auf die Autohaube, das andere auf das Dach.

Die Saughalter sind schonend zum Lack und die Rolle hat noch genügend Abstand zum Auto; sie fügt dem Wagen keinen Schaden zu. Das Modell, von dem ich spreche, ist der *Wheatley Vacuum*-Rutenhalter. Der Hersteller verspricht einen „bombensicheren Halt". Dies ist auch so, wenn man die Montage sorgfältig macht. Lassen Sie sich im Handel beraten!

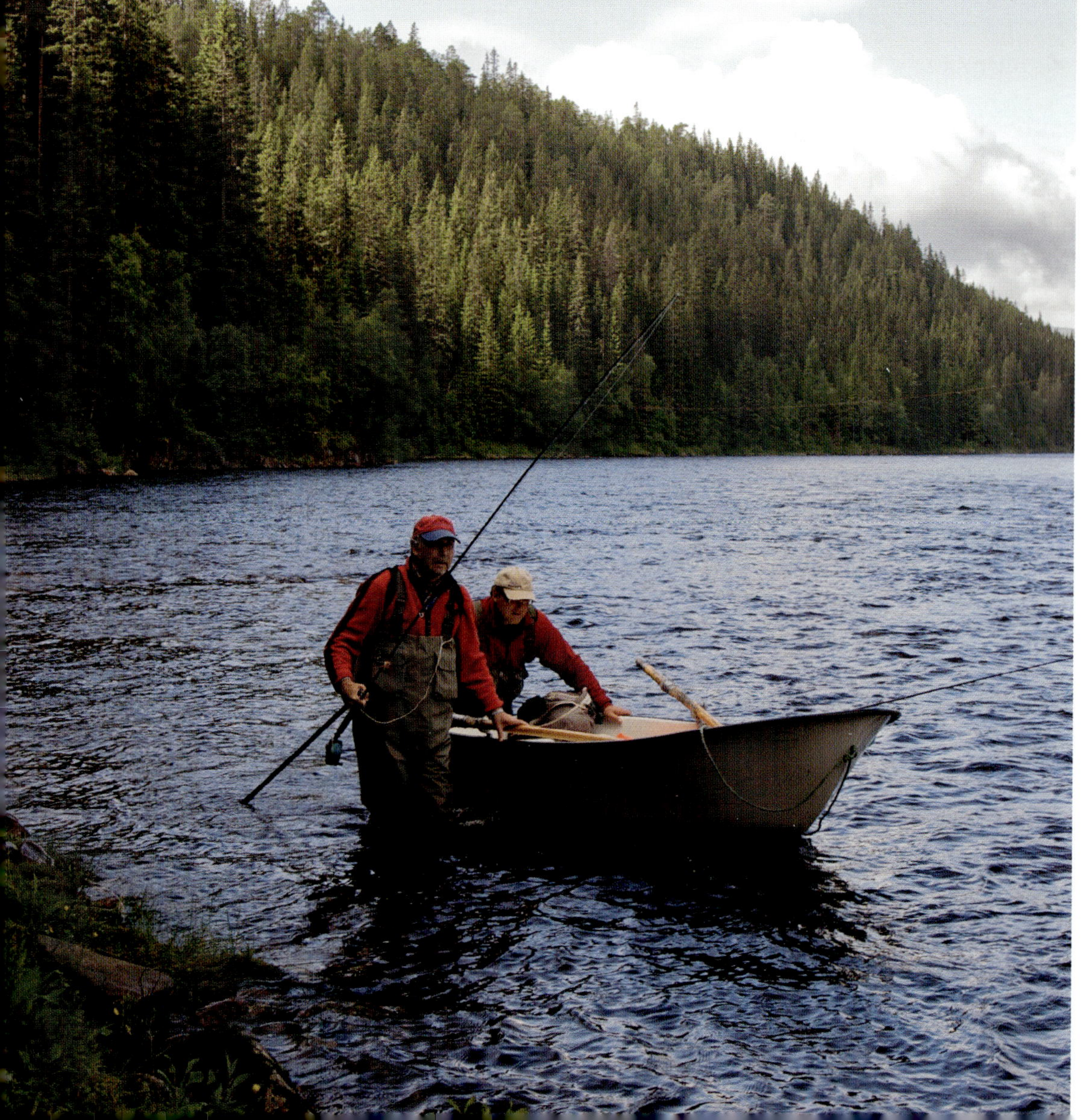

Die Ausrüstung fest im Griff: Bernd Kuleisa und Michael Werner an der Gaula in Norwegen. Die Pools des Norwegian Flyfischers Club bieten optimale Möglichkeiten zum Zweihandfischen auf Lachs. *Foto: Thomas Wölfle*

Magnethalter alten Stils haften *nicht* auf manchen Autohauben! Der moderne Saughalter ist sowieso schlicht und einfach besser.

Flugreisen

Wie sieht es bei Flugreisen aus? Ein sehr schwieriges Thema. Rutenröhren gehen leider auf dem Transport leicht abhanden. Oft habe ich erlebt, dass Fischer ihre Ruten am Zielflughafen nicht in Empfang nehmen konnten. Meist erreichen sie dann einige Tage später den Fischer an seinem Urlaubsort, aber ärgerlich ist dies allemal. So fängt das lang ersehnte Fischerabenteuer jedenfalls denkbar schlecht an. Ein besonders dramatisches Beispiel: Drei Freunde von mir flogen an den Rio Grande zum Meerforellenfischen. Alle Zweihandruten waren sorgsam zusammen in einer soliden Röhre untergebracht worden, die auch am Zielflughafen in Feuerland ankam. Super!
Allerdings lässt sich die Stimmung meiner Freunde, die die Röhre in Empfang nahmen, trotzdem am besten mit geknickt beschreiben. Denn das Rohr sah entsprechend aus! Es musste wohl von einem LKW überrollt worden sein. Jedenfalls waren alle Ruten regelrecht zermalmt worden. Wie kann man das vermeiden?
Etwas sicherer ist der Transport im Flugzeug, wenn man einen stabilen *Alu-Rutenkoffer* verwendet, der speziell für Zweihandruten konzipiert wurde. Der Vorteil liegt darin, dass der Koffer nicht so schnell wie eine übliche Röhre vom Laufband kullert.
Erhältlich ist der Transportkoffer zum Beispiel bei Thomas Dürkop (www.full-service-flyfishing.de).
Die Anschaffung einer Zweihand, die in den normalen Reisekoffer passt, ist ebenfalls eine Überlegung wert. Allerdings ist das Angebot nicht sehr umfangreich. Gute Erfahrungen haben einige mir bekannte Fischer mit der sechsteiligen (!) *Tourpack Salmon* Zweihandrute von RST gemacht. Zusammengesteckt ist sie 380 cm lang; das Packmaß beträgt aber nur 68 cm. Die Rute ist für die Klasse 9/ 10 ausgelegt. Die RST wirft sich gut; ich habe sie einmal testen können. Für Vielflieger ist diese Gerte wirklich interessant.
Ich selbst verreise heute kaum noch einmal mit dem Flugzeug zum Zweihandfischen. Ich fische bevorzugt im deutschsprachigen Raum (Deutschland und Österreich) und meine Lachsfischerziele liegen in

Dänemark, Norwegen und Schweden. Da ich im Norden Deutschlands wohne, kann ich das alles mit dem Auto bestreiten, was unbestritten Vorteile hat. Man hat eben alles dabei, was man braucht und der bange Gedanke „Kommt die Rute auch an?“ entfällt.
Früher habe ich alle möglichen Länder mit der Zweihand bereist: Russland, Irland, Schottland, Island, Kanada, Argentinien, Alaska. Diese Reisen haben mich bereichert und dazu geführt, dass ich mir einen guten Überblick verschaffen konnte, was weltweit mit einer Zweihandrute erlebt werden kann. Meist hatte ich Glück mit der guten Ankunft der Rutenröhre, wenn ich mit dem Flieger unterwegs war. Dieses Glück wünsche ich Ihnen auch, wenn Sie verreisen. Egal, ob mit dem Auto oder mit dem Flugzeug!
Passen Sie gut auf sich auf. Und auf Ihre Zweihandruten!

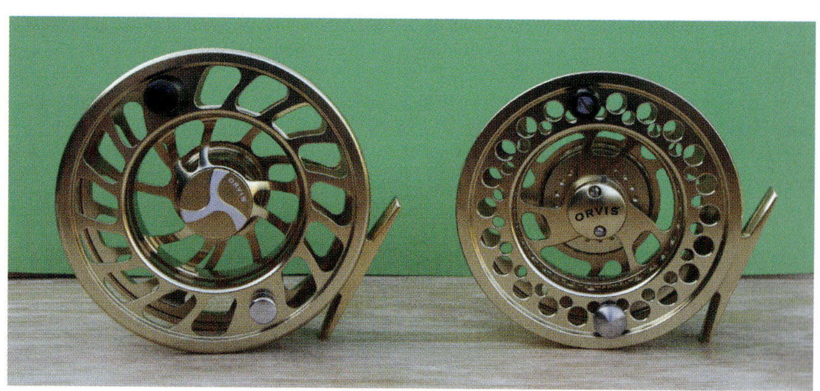

Zwei moderne Zweihandrollen von Orvis. Links eine Mirage, rechts die neue Hydros. Die Mirage ist das momentane Top-Modell von Orvis; die Hydros-Serie bietet überzeugende Qualität zum moderaten Preis.

DIE ZWEIHANDROLLE

Früher, als das Zweihandfischen nur auf den Bereich Lachs und große Meerforelle beschränkt war, galt eine große, schwere Rolle als das Maß der Dinge. Man sprach gern vom so genannten „Lachswecker“. Diese Rollen passten gewichtsmäßig zu den damals üblichen Zweihändern. Also zu gespließten Ruten oder Hohlglasgerten.
Die Kohlefaser-Zweihandruten von heute sind viel leichter und es mischen sich, wie im vorigen Beitrag dargestellt, sogar superfeine Rutenhobbits von 11' in die Szene ein. Und das ist sehr gut so! Die Welt der Zweihand ist bunter geworden.Alte Rollen vom Typ Lachswecker passen nicht mehr so richtig in unsere Zeit, obwohl manche

50 oder 60 Jahre alte Hardy Perfect, rein technisch gesehen, immer noch gute Dienste verrichten kann. Man muss den damaligen Herstellern schon ein Kompliment machen, was die Solidität angeht. Aber besonders mit modernen Zweihändern von geringer oder mittlerer Länge (11' bis 13') harmonieren Rollen alten Typs nicht. Sie sind zu schwer und bieten meist keine Bremswirkung, die unserem heutigen Standard entspricht. Stichwort: Scheibenbremse!
Die Wahl der richtigen Zweihandrolle fällt heute leicht. Viele Hersteller bieten gute Rollen an. Moderne Fliegenrollen, die von seriösen Firmen kommen, sind in der Regel stabil und zuverlässig. Bitte nicht am falschen Ende sparen! Hände weg von obskuren Produkten unbekannter Herkunft und von allzu billigen Schnäppchen.

Die Optik

Über Fliegenrollen habe ich im Laufe vieler Jahre einiges gelernt. Dabei ist mein freundschaftlicher Kontakt zu einem führenden Rollenbauer unserer Zeit hilfreich gewesen. Und ist es immer noch. Die Rede ist von dem Holländer Ari't Hart, dem ein angesehener Kollege, Steve Abel (USA), ein Kompliment machte, auf das Ari stolz sein kann: „The best reelmaker alive!“

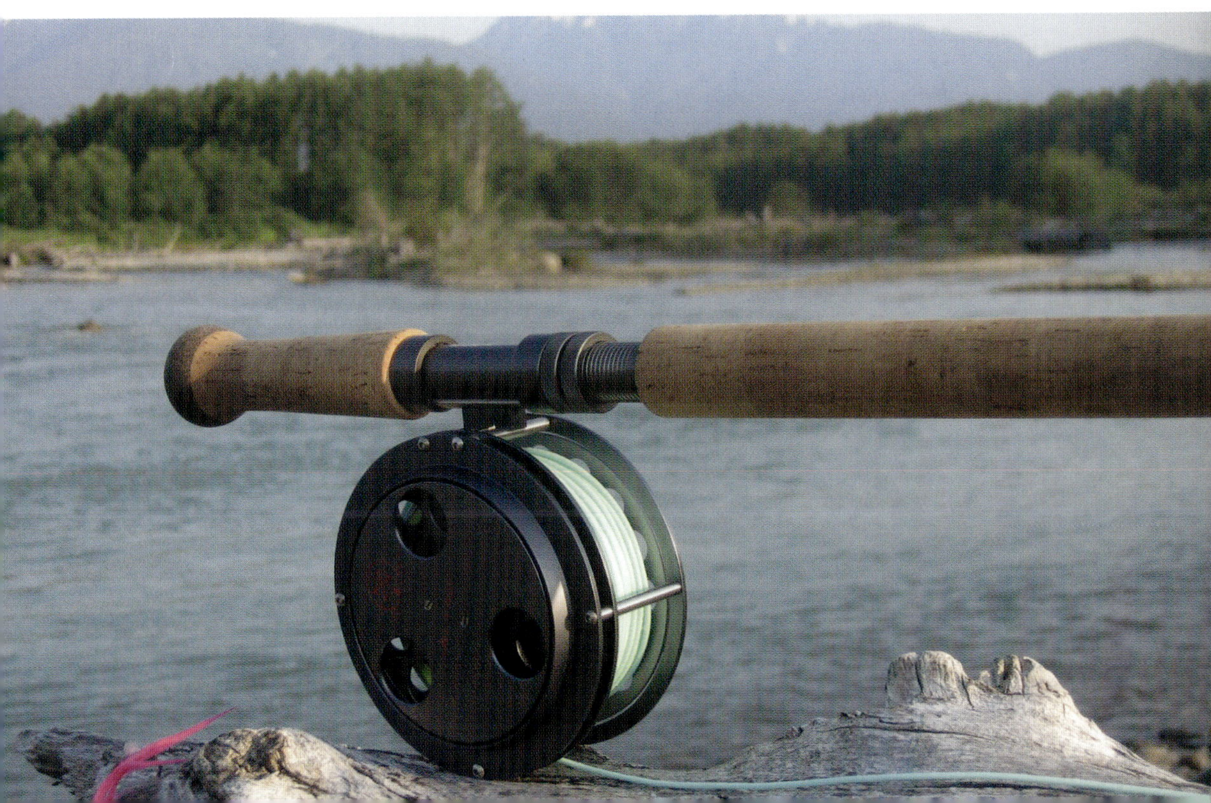

Die Ari't Hart-Rolle LA V aus der Large Arbor Serie bewährte sich im Drill mit den kampfstarken Pazifiklachsen in British Columbia (Kanada). *Foto: Michael Zeman*

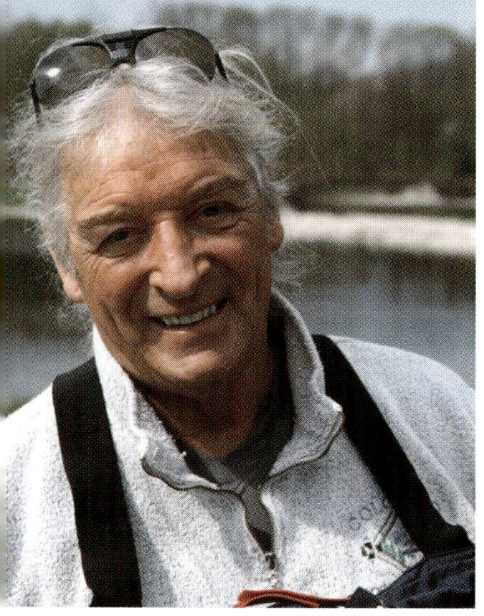

Ari't Hart, der Rollenbauer und Designer aus Holland. Sicher einer der innovativsten Köpfe unserer Zeit!

Ari bringt immer seine ganz eigene Note in das Design seiner Rollen ein, unverwechselbar und auf den ersten Blick zu erkennen. Sie gehören zweifellos zu den Rollen mit der modernsten, innovativsten Optik. Das spricht manche Fischer an, andere lieben eher das klassische Erscheinungsbild.

Die Optik klassischer Rollen wird oft durch eine elegante S-Form des Rollengriffs unterstrichen. Dies ist zum Beispiel bei Erzeugnissen von Saracione oder Bogdan der Fall. Firmen mit Tradition wie Hardy bieten im Rahmen ihres Programms heute noch Rollen in klassischer Optik an. Ein schönes Beispiel für eine Rolle von besonderer Eleganz ist die Cascapedia Mk 2. Sie verströmt die Aura der guten, alten Zeit und hat dennoch moderne Technik zu bieten.

Zukunftsweisende Optik wie bei Art't Hart oder Eleganz im Sinne der Tradition. Dies sind die Extreme. Wofür man sich entscheidet, das ist Geschmackssache.

Für rein am Praktischen interessierte Fischer, das ist die Mehrzahl, ist die Optik weniger wichtig. Zuverlässig und solide soll die Rolle sein! Und dann, in zweiter Linie, natürlich auch ansprechend aussehen. Ferner sollte darauf geachtet werden, dass, ebenso wie beim Rutenkauf, die Servicefrage (Reparatur, Garantie) überzeugend geregelt ist.

Die Kaufentscheidung

Zuverlässige Rollen, die den sachlich denkenden Praktiker überzeugen, gibt es heute viele. An dieser Stelle möchte ich keine direkte Kaufempfehlung folgen lassen, dies wäre unfair gegenüber den Herstellern und Händlern, die gerade jene Rolle nicht führen, zu der ich Sie vielleicht animiert habe. Grundsätzlich möchte ich zu folgender Entscheidung raten:

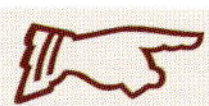

Kaufen Sie sich die beste Rolle, die Sie sich leisten können!

Warum? Die Erfahrung zeigt, dass eine richtig gute Zweihandrolle ein wahrer Freund fürs Leben sein kann. Einen Hunderter sparen, um

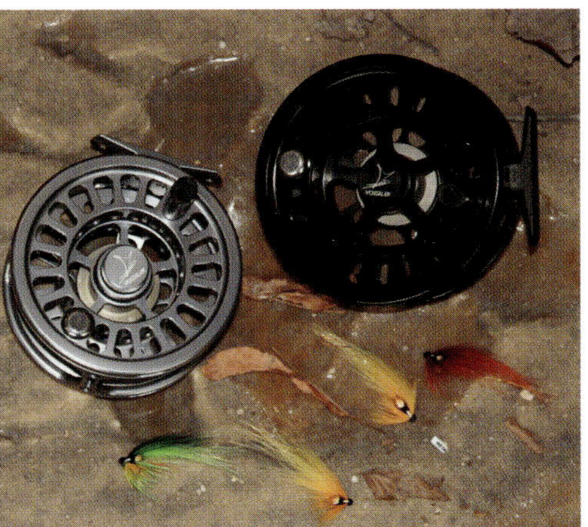

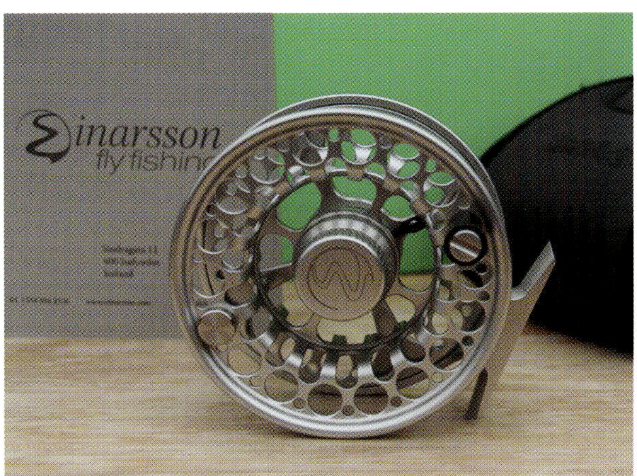

Links: Vosseler-Rollen haben einen guten Ruf unter Zweihandfischern. Sie sind preiswert und bieten gute Qualität. Hier das Modell S 3 in zwei Farbversionen (schwarz und titan).

Rechts: Ein interessantes Modell aus Island. Diese „Einarsson 7+“ wäre eine schöne Sache für eine 7er oder 8er Switchrute.
Die Rolle ist salzwassertauglich.

sich eine nur halbwegs ordentliche Rolle zu kaufen, das ist nicht zu empfehlen. Und durch den Gebrauch der Rolle mit einem modernen Schusskopfsystem (dazu später mehr in diesem Buch) ist es in der Praxis so, dass eine Rolle, die wir zum Beispiel für unsere Allroundrute auswählen, ausreicht, um damit dauerhaft und zuverlässig gerüstet zu sein. Ich finde Zweihandrollen empfehlenswert, die folgende Eigenschaften aufweisen:

- ✔ *hohe Zuverlässigkeit*, die nicht nur auf der Packung angepriesen wird, sondern uns zudem in der Beratung des Fachhändlers garantiert wird. Dies überzeugt umso mehr, wenn es sich um einen Fachhändler handelt, der Zweihandkompetenz besitzt. Er weiß, was sich bewährt hat. Ich würde dementsprechend zu einem Rollenmodell raten, das schon einige Zeit auf dem Markt und deshalb ausgereift ist.
- ✔ *ein solides Metallgehäuse*, das gegen Stöße schützt.
- ✔ *eine starke Scheibenbremse*, die ruckfrei anläuft und sich gut regulieren lässt.
- ✔ *ein hohes Schnurfassungsvermögen*.
- ✔ *eine Salzwasserfestigkeit*, die beim klassischen Lachsfischen und Raubfischangeln nicht zum Tragen kommt, aber den gelegentlichen Einsatz im Meer möglich macht. Zum Beispiel Meerforellenfischen in der Ostsee oder zum Tarpon- oder Bonefischangeln.
- ✔ *Service und Garantie*. Diese Leistungen der betreffenden Rollenfirma sollten einen guten Ruf haben.

Weitere Rollentipps

Die meisten Rollen, die heute für Zweihandrollen angeboten werden, sind nach dem Prinzip „Large Arbor“ gebaut. Sie besitzen also einen größeren Durchmesser des Spulenkerns. Das hat viele Vorteile! Die Schnur kann schneller eingeholt werden und sie wird nicht auf einen engen Spulenkern gewickelt wie es bei traditionellen Rollen der Fall ist. Hier kommt es leichter zum Schnurkringeln, was bei Large Arbor-Rollen vermieden wird.

Large Arbor hat jedoch zumindest einen Nachteil, ein kleines „Aber“ könnte man sagen. Durch den größeren Durchmesser des Kerns passt bei einigen Modellen nicht genügend Backing vom normalen Typ auf die Rolle. Doch kein Problem: Es gibt modernes, ultradünnes Backingmaterial vom Typ Gelspun, das in einem solchen Falle zur Verfügung steht. Mehr zum Thema Backing gleich anschließend an diesen Beitrag.

Fliegenrollen sollten stets, dies ist ein Tipp, den mir Ari't Hart gab, mit geöffneter Bremse gelagert werden. Also die Bremse nach dem Fischen immer ganz auf „losen Abzug“ stellen.

Die Rolle aufschrauben und mal „einfach so“ hinein schauen und

Zweihandrollen müssen auch einmal solche Tauchgänge wegstecken. Solidität ist ein wichtiges Kaufargument.

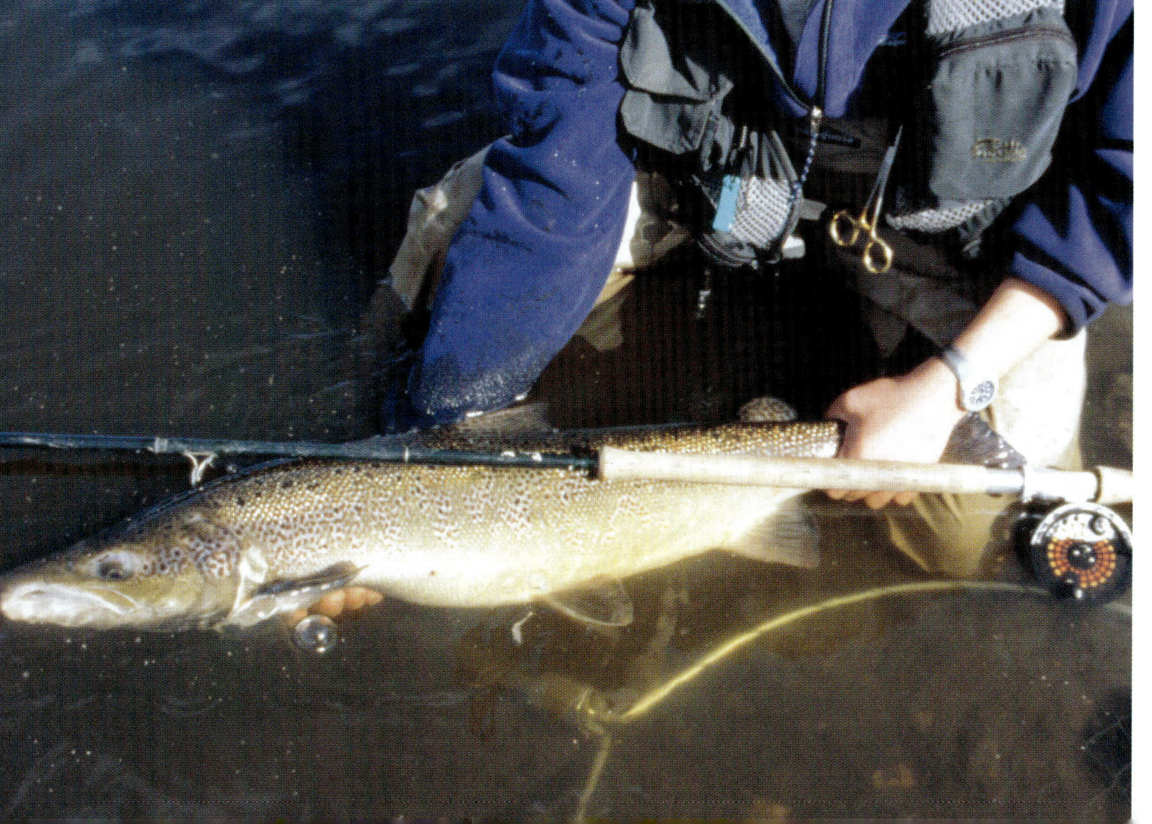

ein bisschen Fett verteilen, das ist nicht zu empfehlen. Fliegenrollen sind eigentlich wartungsfrei. Sollte einmal am Fischwasser etwas knirschen oder haken, hilft meist schon eine Wäsche im Flusswasser und das Problem ist behoben.

Bringen Sie Ihre Zweihandrolle lieber zum Fachhändler, wenn Ihnen eine Inspektion nötig erscheint. Entweder der Fachhändler kann die Sache gleich erledigen oder er schickt das Modell ans Werk ein. *Achtung!* Manche Zweihandrollen werden als rechtsdrehende Modelle angeboten. Da aber nahezu jeder Fischer in unseren Landen mit der linken Hand dreht, sollten Sie die Umstellung gleich beim Kauf machen lassen.

In jedem Fall, bitte prüfen! Ich erwähnte bereits, dass Zweihandrollen nahezu wartungsfrei sind. Das stimmt auch, nur sollte man dem Gerät insgesamt und der Rolle nach dem Einsatz im Salzwasser etwas Pflege zukommen lassen. Ein Abspülen mit lauwarmem Wasser, zum Beispiel in einer Duschkabine, ist empfehlenswert! Aber bitte nie heißes Wasser benutzen, sonst wird die Rolle entfettet und man erreicht das Gegenteil von dem, was man wollte.

So! Nehmen wir einmal an, der Rollenkauf rückt in greifbare Nähe. Wir müssen nun nur noch berücksichtigen, dass die Größe und das

Eine dicke Meerforelle, die mit einer Hardy „Angel"-Rolle gefangen wurde. Das Design sieht sehr modern aus! Kein Wunder: Es stammt von Ari't Hart.

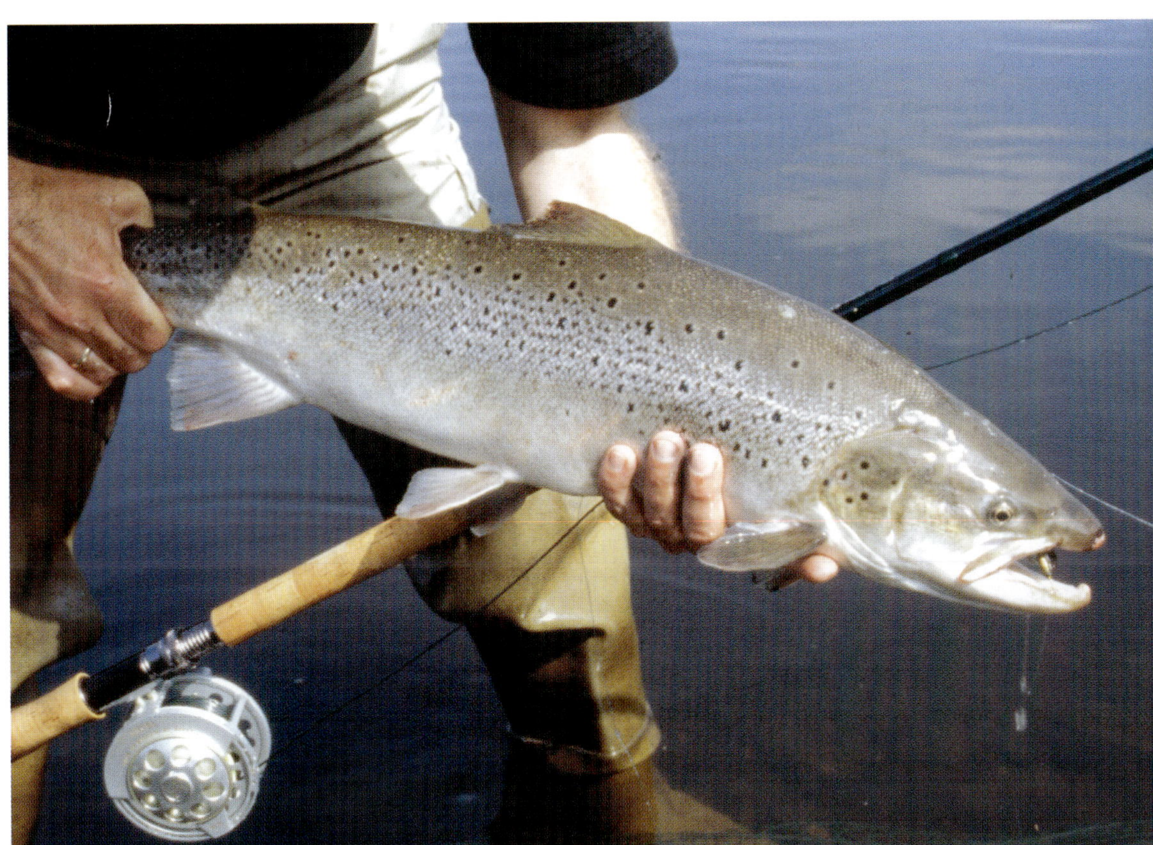

Gewicht zu unserer Rute passen. Klar, da hilft nur Anpassen oder man kauft beides zusammen im Set, was uns möglicherweise noch einen Rabatt sichert.
Ist dies alles getan, dann gehen wir jetzt einen Schritt weiter. Nun geht es darum, die Rolle zu füllen. Erst mit Backing, dann mit einer Runningline, zum Schluss mit einem Schusskopf.

Diese Themen gehen wir jetzt an!

Stefan Meyenburg von der Firma Hardy/Greys zeigt eine Cascapedia-Lachsrolle.

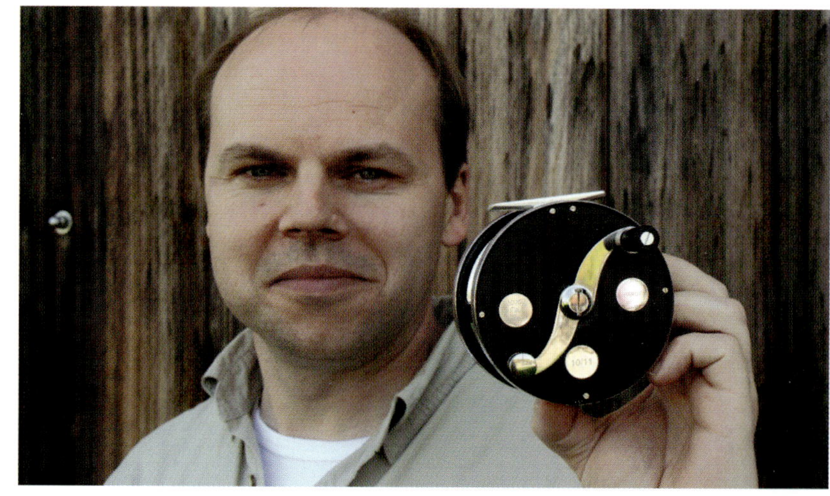

Die große Auswahl! Zweihandrollen in guter Sortierung. *Foto: Thomas Wölfle*

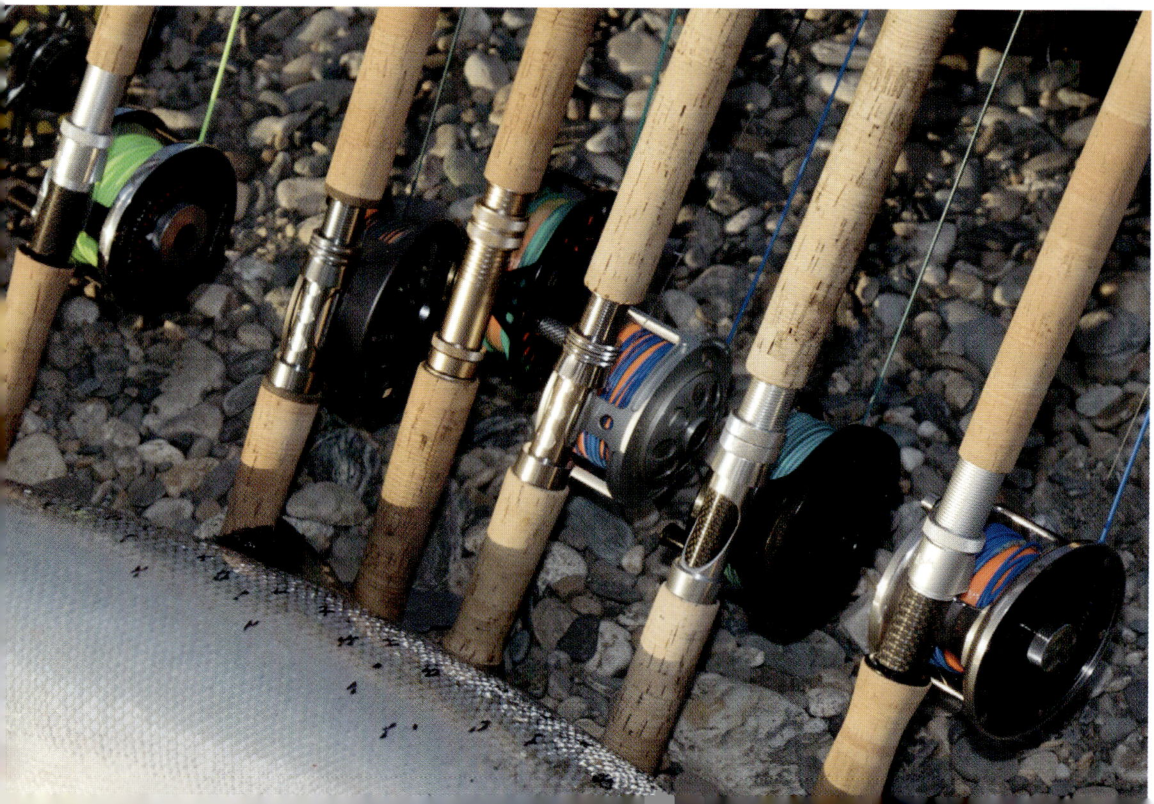

DAS BACKING

Der Zweihandfischer, gleich wo er fischt, hat es auf große Fische abgesehen. Kampfstarke Lachse, bullige Meerforellen, kapitale Hechte oder stattliche Huchen. Der Fall, dass ein Fisch beim Zweihandfischen „ins Backing geht", kommt öfter vor als bei der normalen Forellenfischerei mit Einhandruten.

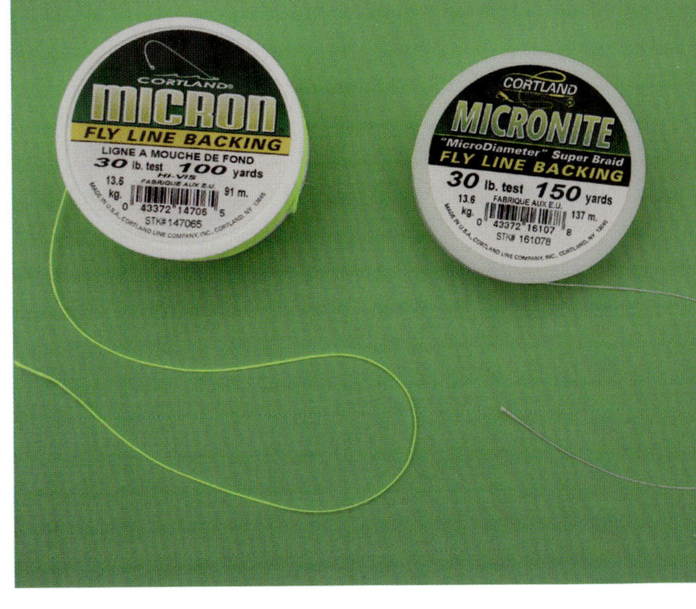

Der Zweihandfischer hat die Wahl zwischen normalem Backing (links) und der dünneren Variante (rechts), von der deutlich mehr Meter auf die Rolle passen.

Angst vor so einem Ereignis ist unangebracht. Im Gegenteil: Man sollte sich darauf freuen! Einige Lachse, die ich gefangen habe, zogen tatsächlich viele Meter Backing ab, bevor ich sie kontrollieren konnte. Es kommt ganz auf die Umstände an, ob und wann dies passiert. Die Strömungsverhältnisse spielen eine wichtige Rolle. Gelingt es zum Beispiel einem Lachs oder einer großen Meerforelle, stromab zu stürmen und in eine lange Rausche zu flüchten, dann lässt sich eine lange Flucht selten verhindern: Die Rolle singt, das Backing saust davon.

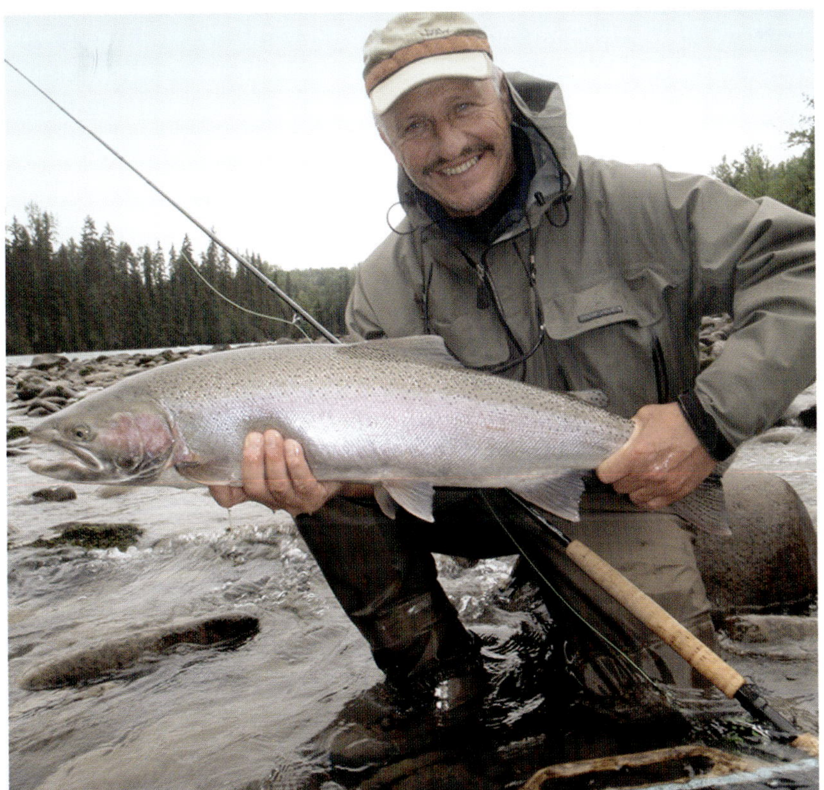

Ein toller Fang. Der weltgereiste Fliegenfischer Thomas Dürkop zeigt eine herrliche Steelhead, die er mit der Zweihand fing. Während des Drills solcher Fische beruhigt der Gedanke, genug Backing aufgespult zu haben.
Foto. Thomas Dürkop

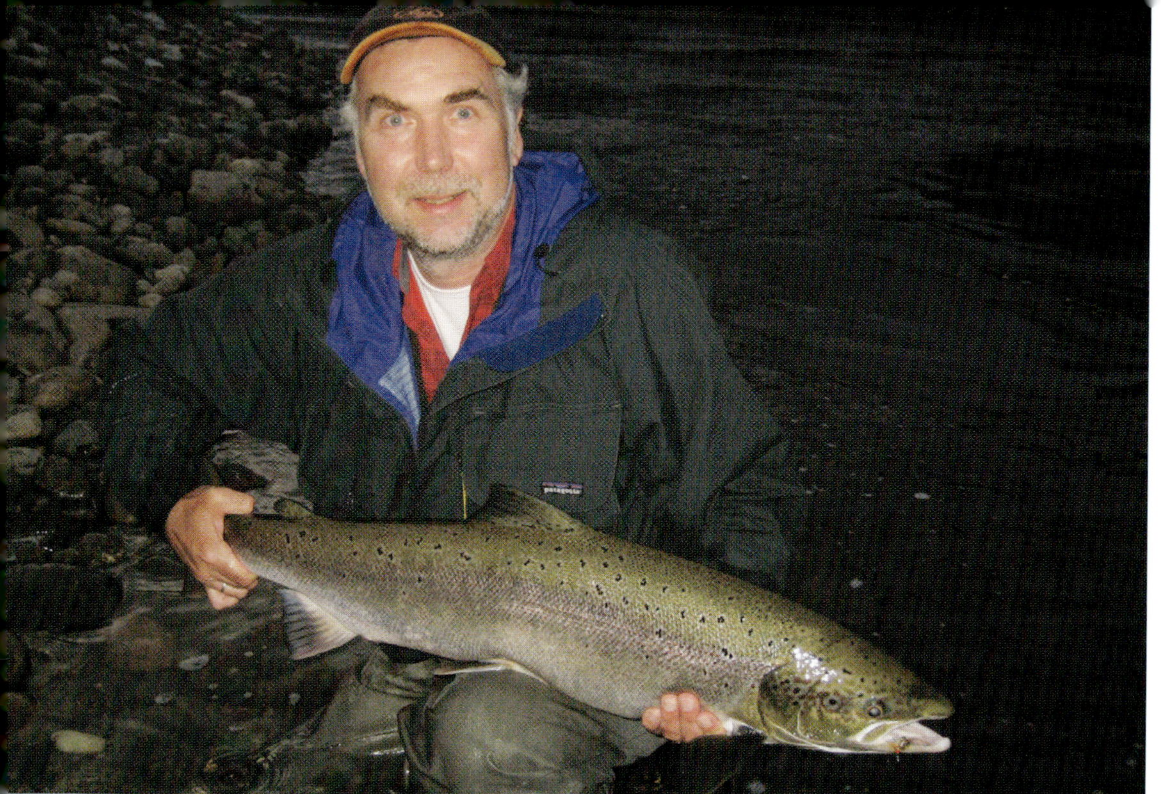

Erleichterung über die Landung dieses Fisches. Dieser Lachs ging tatsächlich ab wie die Feuerwehr und viele Meter Backing surrten von der Rolle. Der Fisch wurde vermessen (103 cm) und danach wieder schonend entlassen.

Selbst an meinem norddeutschen Heimatfluss ist „Backing-Alarm" nicht ausgeschlossen. So ließ sich beispielsweise ein großer Hecht vor einigen Jahren einfach nicht stoppen, bevor reichlich Nachschnur in der Ferne verschwand und er schließlich gewendet werden konnte. So groß war er gar nicht (98 cm), aber er investierte seine ganze Kraft in die erste Flucht. Ich konnte sie gut abfangen (dank der Backing-Reserve) und nach einem Foto durfte dieser tapfere Esox wieder schwimmen. Das Beispiel zeigt: Backing kann selbst beim Fischen auf vergleichbar harmlose Fische nicht schaden! Hechte sind ja in der Regel nicht gerade als D-Zug bekannt, aber es gibt Ausnahmen.

Außerdem kann uns auch in der Heimat ein Ausnahme-Salmonide begegnen. Vor kurzer Zeit kam beim Elektrofischen in meinem Heimatfluss ein Lachs von 120 cm Länge zum Vorschein. Wäre dieser Fisch als Frischaufsteiger an eine Tubenfliege gegangen, so hätte er wohl um die 20 Kilo auf die Waage gebracht. Aber landen und wiegen hätte ihn nur der können, der ihm mit genügend Backing auf die Schuppen gerückt wäre.

Auf der anderen Seite muss ich sagen: Selbst wenn man viele starke Fische mit der Zweihand fängt, kann es passieren, dass man

selten oder nie Backing braucht. Dies ist aber kein Argument dafür, nachlässig mit diesem Thema umzugehen. Die Verwirklichung unserer Angelträume erfordert eine Vorsorge für den wünschenswerten Ernstfall: die Begegnung mit einem wehrhaften Fisch!
Ich habe in meinem erlebnisreichen Angelleben nur einen einzigen echten Ausnahmelachs von sehr deutlich über 10 Kilo an die Fliege bekommen. Er wog 13.5 Kilo. Dies zeigt, wie selten Großchancen sind. Ein Jammer, wenn alles an zu wenig Backing scheitern würde. Und an einer mangelhaften Montage.
Womit wir gleich beim Thema wären!

Die Montage

Das Backing ist unsere Sicherheitsreserve im Drill. Entsprechend sorgfältig muss die Montage erfolgen. Zwei Verbindungen müssen hergestellt werden. Zunächst das Festlegen auf dem Spulenkern der Rolle, dann die Verknüpfung mit der Runningline. Mit dem Uni-Knoten sorgen wir für einen festen Sitz auf der Rolle. Wie dieser einfache Knoten gemacht wird, zeigt unsere Zeichnung.

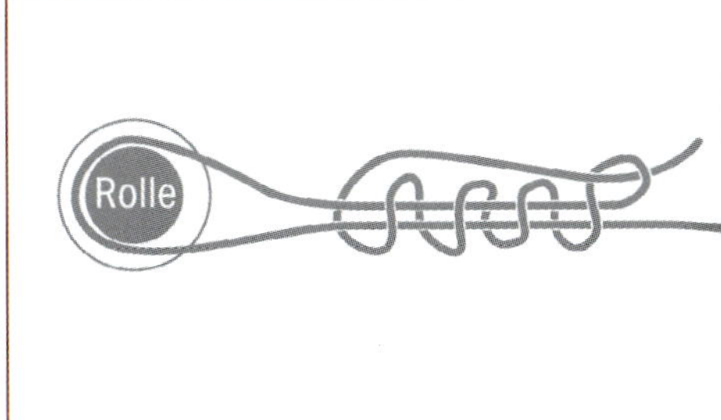

Die Verbindung von Backing und Runningline kann auf unterschiedliche Weise sicher umgesetzt werden. Wählen Sie die Methode, die Ihnen am besten gefällt. Eine einfache Möglichkeit ist das Verbinden mit dem Nadelknoten. Hierbei „gräbt" sich das Backing unter Zug in den Mantel der Runningline ein, dann werden die überstehenden Enden gekappt und mit Bindeseide überwickelt. Einige Tropfen mit wasserfestem Kleber (Minicon Glue / Roman Moser oder Aquaseal) versiegeln die Montage. Diese Verbindung gleitet dank des Überwickelns mit Bindeseide gut durch die Ringe. Ich habe noch nie Probleme mit dieser Art der Montage gehabt. Die nötigen Materialien: eine Nadel mit großem Öhr, reißfeste Bindeseide, Kleber, scharfe Schere. Diese Dinge können auch als Reiseset in einem kleinen Etui unterbracht werden. Selbst am

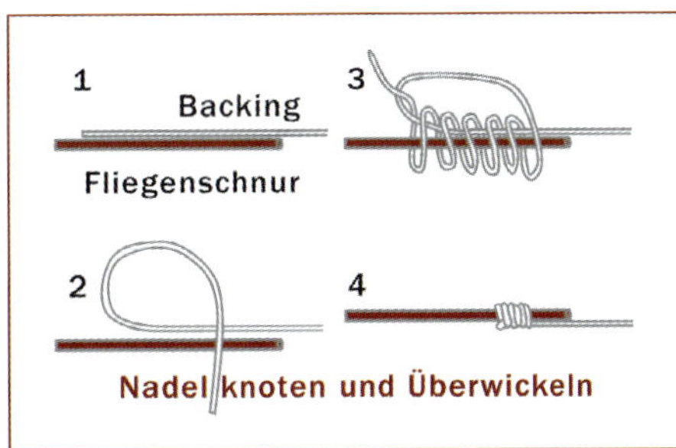

Nadelknoten und Überwickeln

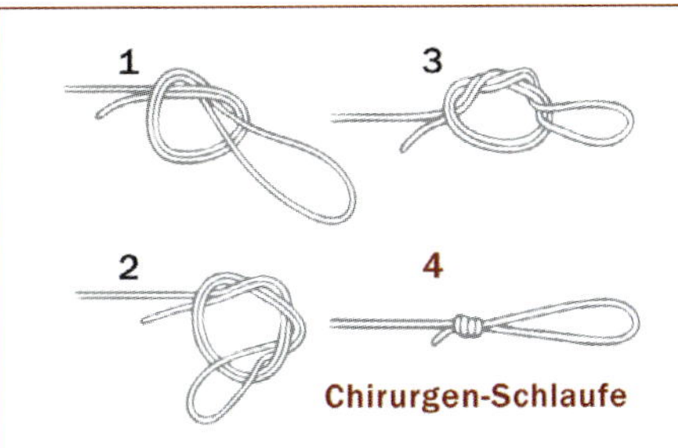

Chirurgen-Schlaufe

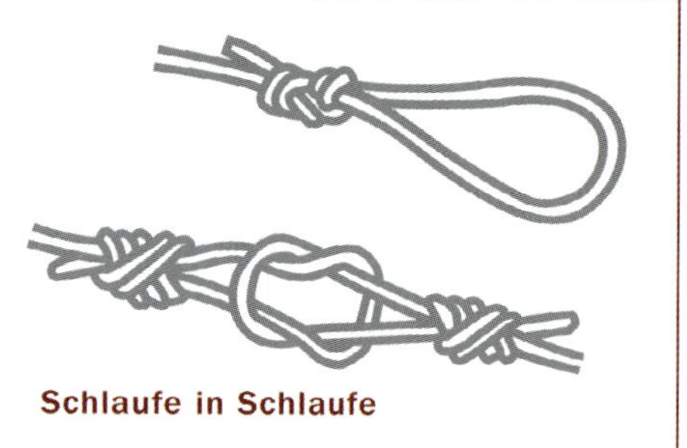
Schlaufe in Schlaufe

Wasser sollte dieses Set dabei sein. Sicher ist sicher!
Sehr solide ist auch die Verbindung von Backing und Runningline nach dem Prinzip „Schlaufe in Schlaufe". Eine Schlaufe aus dem Backing-Material zu formen, das ist einfach! Zur erhöhten Sicherheit knüpfen wir eine Chirurgen-Schlaufe!
Um eine Schlaufe in die Runningline zu schlagen, müssen wir die Seele der Runningline freilegen.
Dazu entfernen wir gut 15 cm des Nachschnurmantels, indem wir diesen Teil eine Minute in Nagellackentferner tauchen. Danach können wir den Mantel einfach abziehen. Nun liegt die geflochtene Seele der Runningline frei und wir können wieder eine Chirurgenschlaufe knüpfen, die mit dem Backingende „Schlaufe in Schlaufe" verbunden wird. Eleganter ist es, wenn Sie die Runningline mit einer eingezogenen Schlaufe versehen. Wie man das macht, sehen Sie im folgenden Abschnitt „Runningline".
Ferner ist es möglich, auf das Ende der Runningline eine starke Geflechtschlaufe vom Typ Minicon Salmon (Roman Moser) zu kleben und die Chirurgenschlaufe des Backings damit zu verbinden. Ebenfalls eine gute Lösung. Auch dazu mehr unter „Runningline".

Welches Backing soll es sein?

Alle Schnurfirmen bieten ganz spezielles Backingmaterial an. Und genau damit sollten Sie Ihre Rolle auch füllen. Experimente mit anderen Schnurtypen können zu Problemen führen!
Welchem Hersteller man sein Vertrauen schenkt, ist nicht erheblich. Lassen Sie sich von Ihrem Fachhändler beraten!
Die Entscheidung für eine vernünftige Tragkraft sollten Sie sich aber von niemandem abnehmen lassen. Wählen Sie wieder die solide, sichere Variante! Ich benutze ausschließlich geflochtenes Backing mit 30 lbs Tragkraft (13.5 kg). Eine knallige Farbe des Backings ist von Vorteil, um den Fluchtweg des gehakten Fisches besser einschätzen zu können.Zwei Backingtypen sind heute im Fachhandel zu finden.

- ✔ traditionelles Backing vom Typ Micron
- ✔ extra dünnes Backing vom Typ Gelspun

Es gibt keinen Grund, das traditionelle Backing zu schmähen. Es ist nur deutlich dicker als die moderne Gelspun-Variante. Man bekommt also weniger Backing auf die Rolle. Dieser Punkt ist bei allen Zweihandrollen mit hohem Schnurfassungsvermögen unerheblich. Faustregel: 100 Meter 30 lbs-Backing sollten immer auf der Rolle sein!

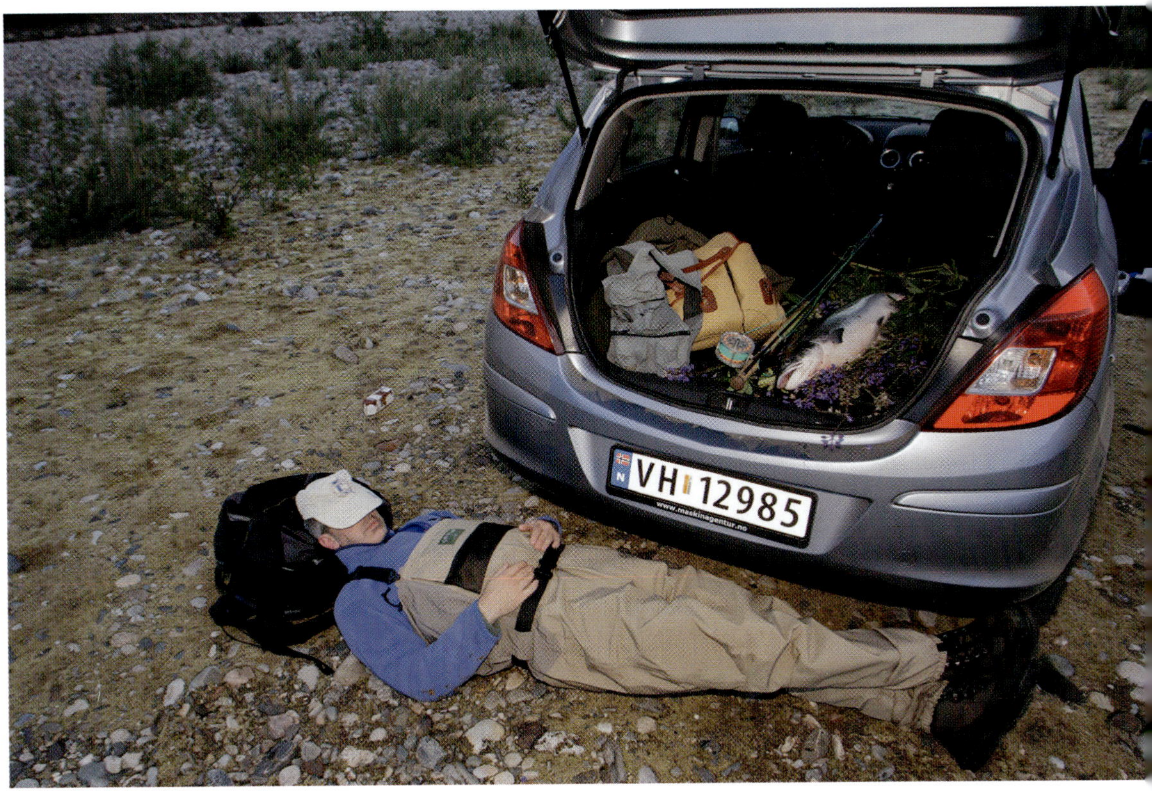

Nach dem großen Drill – eine wohl verdiente Rast!
Foto: Thomas Wölfle

Manche Rolle vom Typ Large Arbor fasst deutlich weniger Nachschnur der genannten Stärke. Hier ist auf jedem Fall der Typ Gelspun anzuwenden, denn davon geht bis zu 80 % mehr auf die Rolle.
Sie haben also die Wahl zwischen zwei guten Angeboten.
Möchte man so viel Backing wie möglich in Reserve haben, dann ist Gelspun die logische Wahl. Hält ein Fischer 100 Meter 30 lbs-Nachschnur für ausreichend (ich sehe das so), dann ist das traditionelle Backing okay.

Mein Rat: Prüfen Sie das Fassungsvermögen Ihrer Rolle und entscheiden Sie dann.

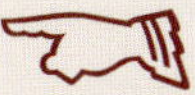

DIE RUNNINGLINE (SCHUSSLEINE)

Die Runningline bildet gemeinsam mit dem Schusskopf ein Team, das für weite Würfe bürgt. Der Schusskopf lädt die Rute zum Abschuss auf, die Runningline zischt hinterher. Daraus ergibt sich ein vollkommen unterschiedlicher Aufbau. Der Schusskopf ist dick und schwer, die Runningline dünn und leicht.

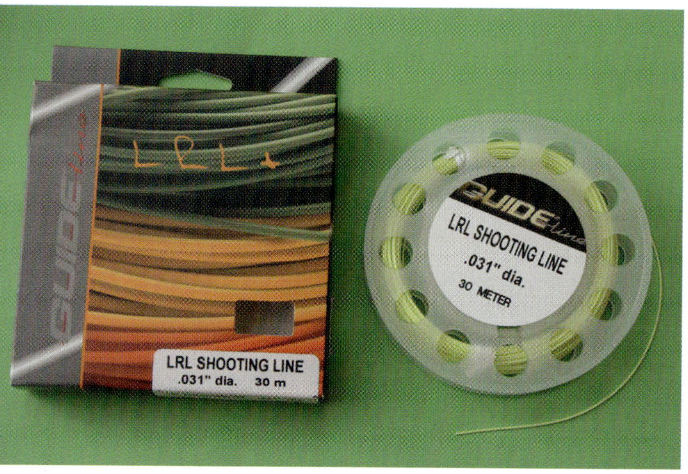

Bewährte Qualität: die LRL-Runningline von Guideline.

Je dünner die Runningline ist, desto weiter fliegt unser Köder hinaus. Warum also nicht eine superdünne Schussleine verwenden? Weil die Vernunft dagegen spricht.

Eine ultradünne Leine schneidet beim Einstrippen in die Finger und zudem lässt sie die nötige Tragkraft zum sicheren Drill großer Fische vermissen. Kein Wunder, dass viele Zweihandfischer da lieber zur klassischen Schussleine greifen, die gute Wurfeigenschaften mit komfortabler Griffigkeit verbindet. Außerdem schwimmen klassische Schussleinen, was die Handhabung einfacher macht. Sie lassen sich auf dem Wasser ablegen, schießen von dort gut aus und bilden keine Stolperfalle wie sinkende Versionen.

Die klassische Schussleine

Ich bin zu dem klassischen Typ zurückgekehrt, nachdem ich einige Jahre mit anderen „modernen“ Varianten gefischt habe (dazu später mehr). Konventionelle Schussleinen mit geflochtener Schnurseele und schwimmender Ummantelung haben folgende Vorteile:

- ✔ die hohe Zuverlässigkeit
- ✔ die Geschmeidigkeit
- ✔ die Griffigkeit, kein Einschneiden in die Finger
- ✔ die guten Wurfresultate
- ✔ das Schwimmen auf der Oberfläche

Beispiele für empfehlenswerte Schussleinen der klassischen Art:

- ✔ Wonderline Runningline von Orvis (30 Meter)
- ✔ 444 SL Runningline von Cortland (30 Meter)
- ✔ LRL + Runningline von Guide Line (30 Meter)
- ✔ Secret Taper Runningline von Taki Alvanos (30 Meter)

Verschiedene Durchmesser und Farben stehen zur Verfügung. Die Farbe ist letztendlich Geschmackssache. Angeboten werden überwiegend gut sichtbare Varianten, orange oder pink oder hellblau. Das ist sinnvoll, um die Drift verfolgen zu können und so den Zeitpunkt für ein Menden oder Einholen richtig abzuschätzen.
Der Durchmesser der Runningline sollte meiner Meinung nach nicht am unteren Limit der nötigen Tragkraft liegen. Ich rate zur sicheren Variante! Nehmen Sie eine richtig solide Stärke von mindestens 20 lbs (9 Kilo), im Zweifelsfall lieber 30 lbs (13.5 kg). Damit ist man für alle Belange des Zweihandfischens gut gerüstet. Pirscht man auf kleine Räuber (Rapfen, Barsche), so stört die kräftige Leine überhaupt nicht und auf kapitale Fische (Lachs, Großhecht) unterstützt eine solide Runningline während des Drills unser Selbstbewusstsein.

Die Alternative

Die Alternative sind Schussleinen, die nicht von einem schwimmenden Mantel umkleidet sind. Sie sind deshalb dünner und schussfreudiger. Als die wegweisende Entwicklung dieser Art, die *Flat Beam Shooting Line*, in den 90er Jahren auf den Markt kam, galt sie als Sensation. Damit ließ sich in der Tat ungeheuer weit werfen. Wenn nur das Kringeln nicht gewesen wäre. Und die mangelhafte Griffigkeit. Trotzdem nutzten viele Lachsfischer, die an großen Flüssen zu Werke gingen, sofort die Wurfvorteile dieser Runningline. Man nahm die Nachteile eben in Kauf. Entwickelt wurde die Flat Beam von dem japanischen Lachsfischer Ken Sawada, den ich seit vielen Jahren regelmäßig an der Gaula sehe, weil er, ebenso wie ich, gern an den Strecken des Norwegian Flyfishers Club fischt. Die Erfolge von Ken und seiner Frau Mary Anne sind beeindruckend; insofern war und ist er der beste Werbeträger für die Flat Beam.

Trotzdem fischen heute wieder viele Zweihandexperten mit konventionellen schwimmenden Schussleinen. Warum? Weil es einfacher ist, damit den ganzen Tag klar zu kommen und man mit der Zeit feststellt, dass sich auch so gute Weiten erzielen lassen. Das Werfen mit Schussköpfen ist eben heute, 20 Jahre später, besser erforscht und manche Sensation von gestern wird heute etwas realistischer eingeordnet. Man kann dünnen „modernen" Runninglines ohne Schwimmmantel einige Vorteile nicht absprechen, unverzichtbar sind sie jedoch nicht.

Wir wissen heute mehr über das Zweihandwerfen und lassen uns nicht mehr so leicht von Neuerungen verführen. Man sollte neugierig und aufgeschlossen bleiben, aber die Wahrheit sieht so aus: Das beste Hilfsmittel für gutes Werfen ist nicht zu kaufen! Unser *Können* gibt den Ausschlag. Und nur Übung macht den Meister.

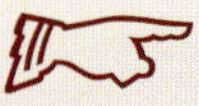

Aus dieser Feststellung ergibt sich meine Empfehlung: Setzen Sie beim Einstieg nicht auf den „neuesten Schrei", sondern auf den klassischen Typ Runningline, der einfache Handhabung und optimale Zuverlässigkeit bietet.

Weitere Tipps zur Runningline

Die konventionelle Runningline besteht aus einem geflochtenen Schnurkern und einem schwimmenden Schnurmantel. Den Mantel kann man durch Einwirkung von Nagellackentferner „weich" machen und anschließend leicht abziehen.

Daraus ergibt sich die Möglichkeit, beide Enden der Runningline mit perfekten Schlaufen zu versehen, die aus der freigelegten Seele bestehen. Dazu werden einige Zentimeter der Seele in den verbleibenden Mantel eingezogen, was dauerhaft sicheren Halt verspricht. Die Runningline bleibt auf der restlichen Länge durch den Mantel geschützt und schön geschmeidig.

Ob Sie diese Technik anwenden oder lieber nicht, bleibt Ihnen überlassen. Ich zeige den Ablauf, demonstriert durch Taki Alvanos, auf Seite 42/43 in einer Bildfolge, weil es einen Einblick in die Beschaffenheit einer klassischen Runningline gewährt. Die Technik kann ebenfalls zum Herstellen einer Schusskopf-Schlaufe verwendet werden.

Die Alternative zur erwähnten Fertigung einer Schlaufe aus der Schnurseele ist das Aufkleben einer Geflechtschlaufe. Viele Ausführungen sind im Handel erhältlich und der Fachbegriff für solche Schlaufen lautet „Loop“.
Von deren Qualität hängt im wahrsten Sinne der Erfolg ab. Seit vielen Jahren vertraue ich in dieser Hinsicht auf die Kompetenz von Roman Moser, dessen Produkte ausgereift und zuverlässig sind. Sie haben sich unter härtesten Bedingungen, beim Fischen auf große Lachse, Hechte und Huchen, bewährt. Roman selbst ist der strengste Wächter über seine Produkte, denn er pirscht nach wie vor intensiv auf große und kampfstarke Fische! Der Vorteil für den Einsteiger liegt in der einfachen Handhabung der Moser-Verschlaufungen; sie ist zudem auf der Packung nochmals erläutert.

Roman Moser: ein Meister der Praxis und seit vielen Jahren mit dem Autor in freundschaftlichem Kontakt.

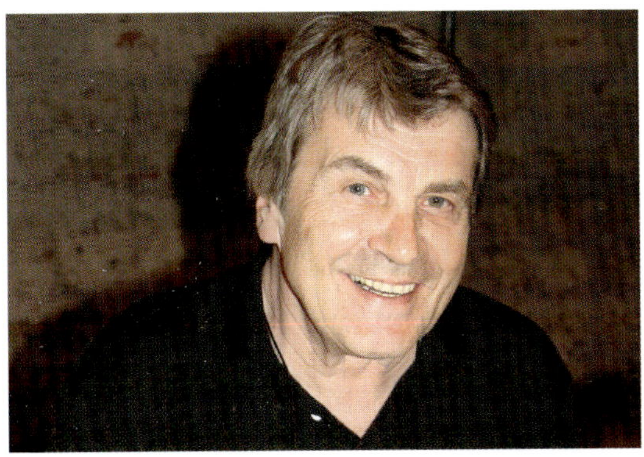

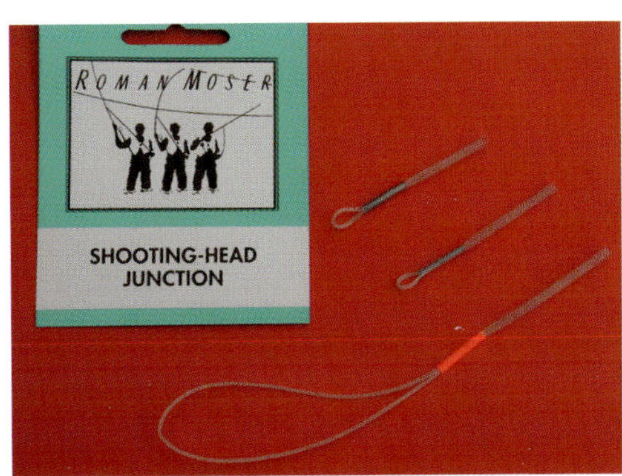

Zwei Produkte kann ich Zweihandfischern besonders empfehlen:

- ✔ *Minicon Loop Salmon*. Er wird auf die Spitze des Schusskopfes geschoben und dient somit als Relaisstation zum Einschlaufen eines Polyleaders. Abschließend mit wasserfestem Kleber fixieren (Minicon Glue oder Aquaseal).
- ✔ *Shooting Head Junction*. Bietet alles, was man zum Verschlaufen von Runningline und Schusskopf braucht. Der Loop mit der langen Schlaufe wird an der Runningline befestigt, der kleine Minicon am Schusskopf. Die Verbindungen sollten zur Sicherheit mit wasserfestem Kleber (zum Beispiel Minicon Glue) fixiert werden.

Empfehlenswert! Die Shooting Head Junction von Roman Moser macht das Verschlaufen von Runningline und Schussköpfen einfach.

Die genannten Produkte von Roman Moser sind im Fachhandel erhältlich oder aber bei Roman Moser direkt. www.romanmoser.com

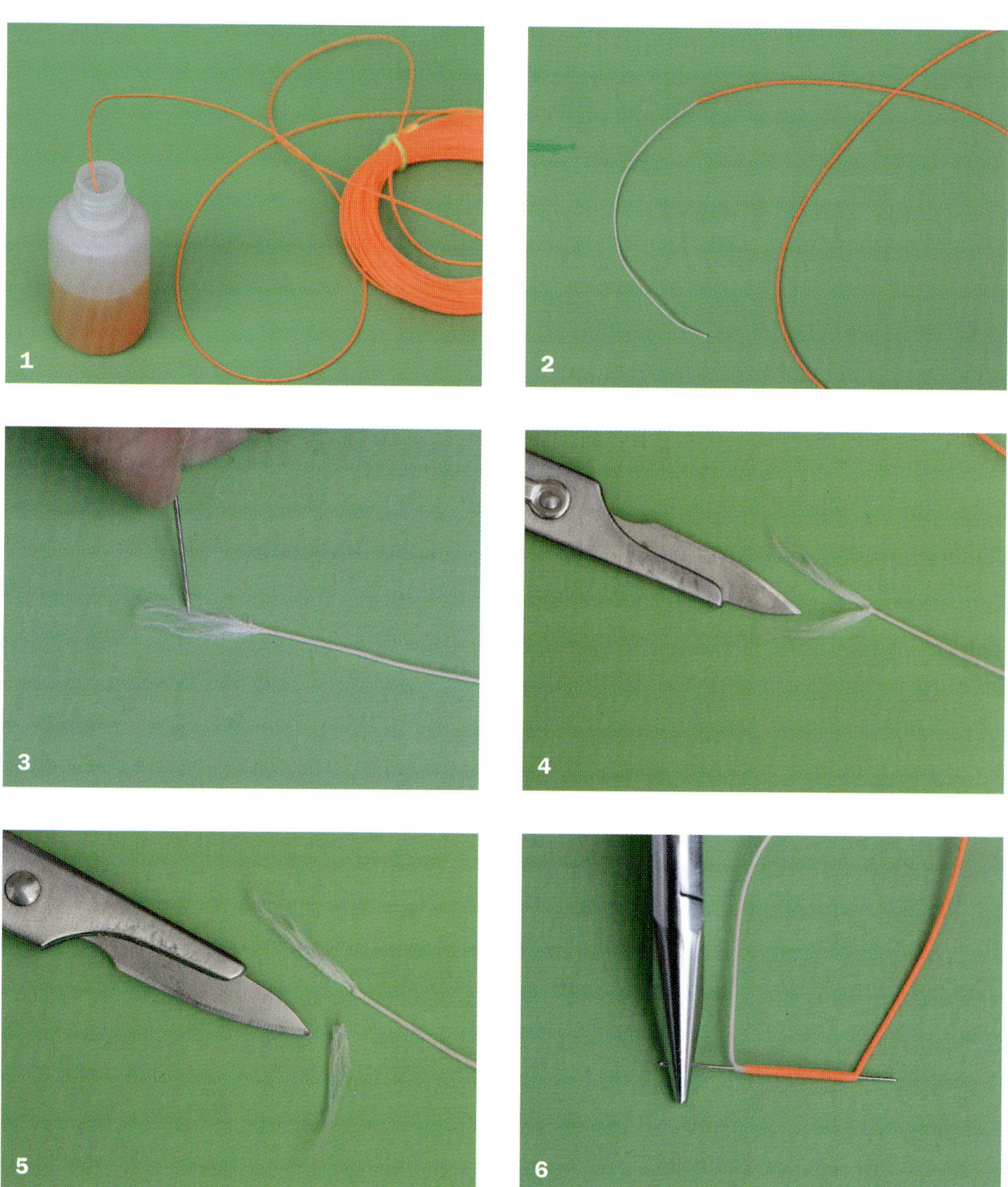

1 So wird eine perfekte Schlaufe in die Runningline geknüpft. Entsprechend lässt sich natürlich auch der Schusskopf mit einer Schlaufe versehen. Erster Schritt: Zunächst 10 cm der Runningline in Aceton oder Nagellackentferner tunken und fünf Minuten einwirken lassen. **2** Nach der Behandlung lässt sich der Schnurmantel abziehen und die Schnurseele liegt frei. **3** Das Ende der Seele mit einer spitzen Nadel auffransen. **4** Die Fransen hälftig teilen. **5** Eine Hälfte abschneiden. **6** Eine schlanke Nadel durch den Mantel der Runningline führen. **7** Das ausgefranste Ende

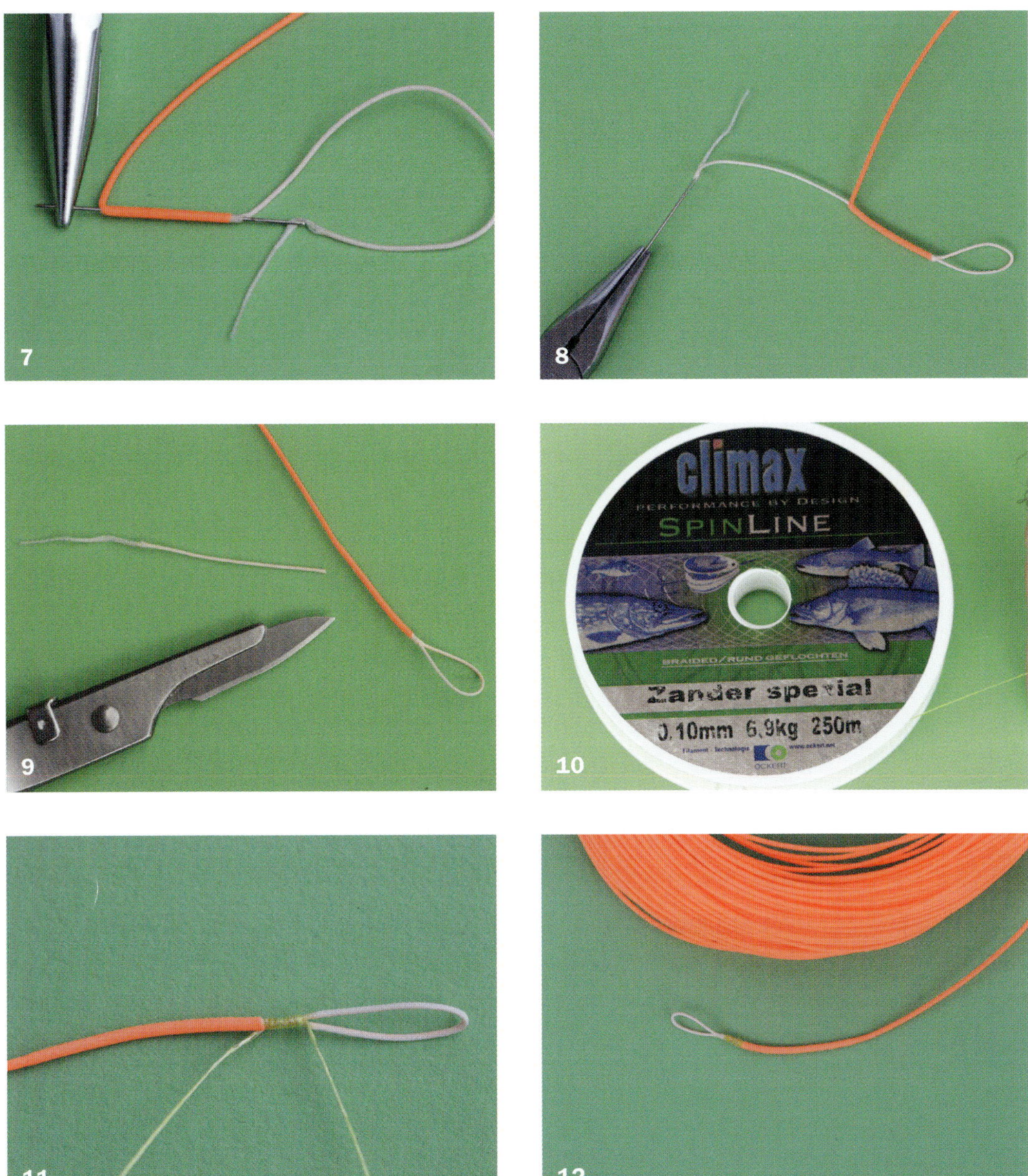

durch das Öhr der Nadel führen. **8** Die Nadel mit der Flachzange durch den Mantel ziehen. Der schwierigste Vorgang! **9** Die Schlaufe so eng formen, wie es Ihnen beliebt. Den Rest abschneiden. **10** Mit dünner Angelschnur (Fireline) in passender Farbe wird die Schlaufe abgebunden. **11** Dazu mit einem Stopperknoten die Schlaufe am Auftrittspunkt nochmals sichern und dann einen schönen konischen Übergang herstellen. **12** Zum Schluss: Die Schlaufe mit wasserfestem Sekundenkleber

DIE WAHL DES SCHUSSKOPFES

Dieses Buch ist geschrieben worden, um Zweihandfischern möglichst konkrete Anleitungen auf den Weg zu geben. Die Frage „Welcher Schusskopf passt für meine Rute?“ ist dabei ein ganz zentraler Punkt. Ein Schusskopf, der unsere Zweihand optimal auflädt, hat zwei Effekte zur Folge:

1. Der Werfer, auch der Einsteiger, entwickelt vom ersten Wurfversuch an ein Gefühl für das Zusammenspiel von Rute und Schnur. Ein Grundvertrauen stellt sich ein.
2. Durch das richtige Aufladen der Rute gelingt es dann bald, die Energie in gute Weiten umzusetzen. Dies gilt für alle Würfe, die wir anwenden. Für den Rollwurf, Unterhandwurf, Spey-Cast oder Überkopfwurf.

Kluge Köpfe

Schussköpfe hielten im Laufe der 90er Jahre Einzug in die Welt des Zweihandfischens. Schon vorher wurde experimentiert und erste Prototypen aus DT-Schnüren gefertigt, aber nur mit halbwegs überzeugenden Ergebnissen. Einen unaufhaltsamen Siegeszug traten die Schussköpfe für Zweihandfischer an, als innovative Lachsfischer aus Skandinavien in Zusammenarbeit mit Firmen wie Loop oder Guide Line vollkommen überzeugende Varianten auf den Markt brachten.

Die Schwierigkeit der Lachsfischerei an großen Flüssen wies den Weg zu den neuen Entwicklungen. Schussköpfe, so merkte bald jeder, machen das Werfen auf Distanz leichter. Außerdem überzeugte die Möglichkeit des schnellen Wechsels am Wasser, um die Fliege den Umständen entsprechend optimal anbieten zu können. Man konnte auf steigendes Wasser mit dem Einschlaufen eines sinkenden Kopfes reagieren und bald wieder zur schwimmenden Variante zurückkehren, wenn das Wasser fiel.

Aus meiner Sicht bietet ein Sortiment aus sinnvoll zusammengestellten Schussköpfen aber nicht nur beim Lachsfischen große Vorteile! Die Vorzüge kommen auch beim Raubfischangeln bestens zur Geltung. Vor allem, wenn man grundnah fischen möchte! Zander, Hecht,

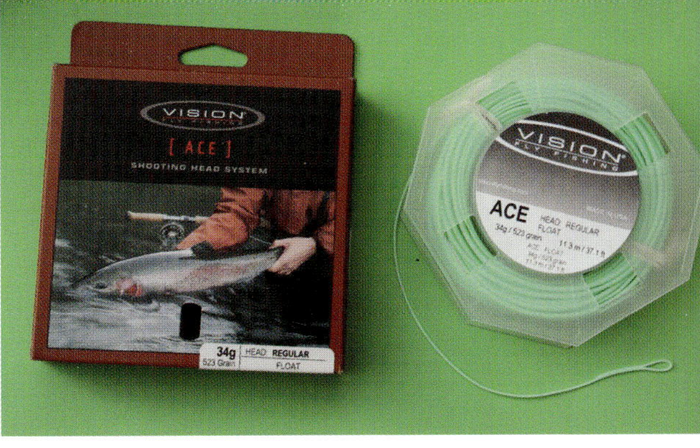

Huchen – alles geht deutlich besser mit einem Schusskopf. Dazu später mehr. Schussköpfe für Zweihandruten müssen eine ausreichende Länge haben, um das moderne Werfen per Unterhandwurf oder Speycast umsetzen zu können. Früher waren viele Köpfe zu kurz und auch zu leicht, das hat sich aber gebessert und der Zweihandfischer kann heute unter vielen guten Angeboten auswählen.

Fertig zugeschnitten und mit einer Schlaufe versehen: Ein schwimmender Schusskopf von Vision.

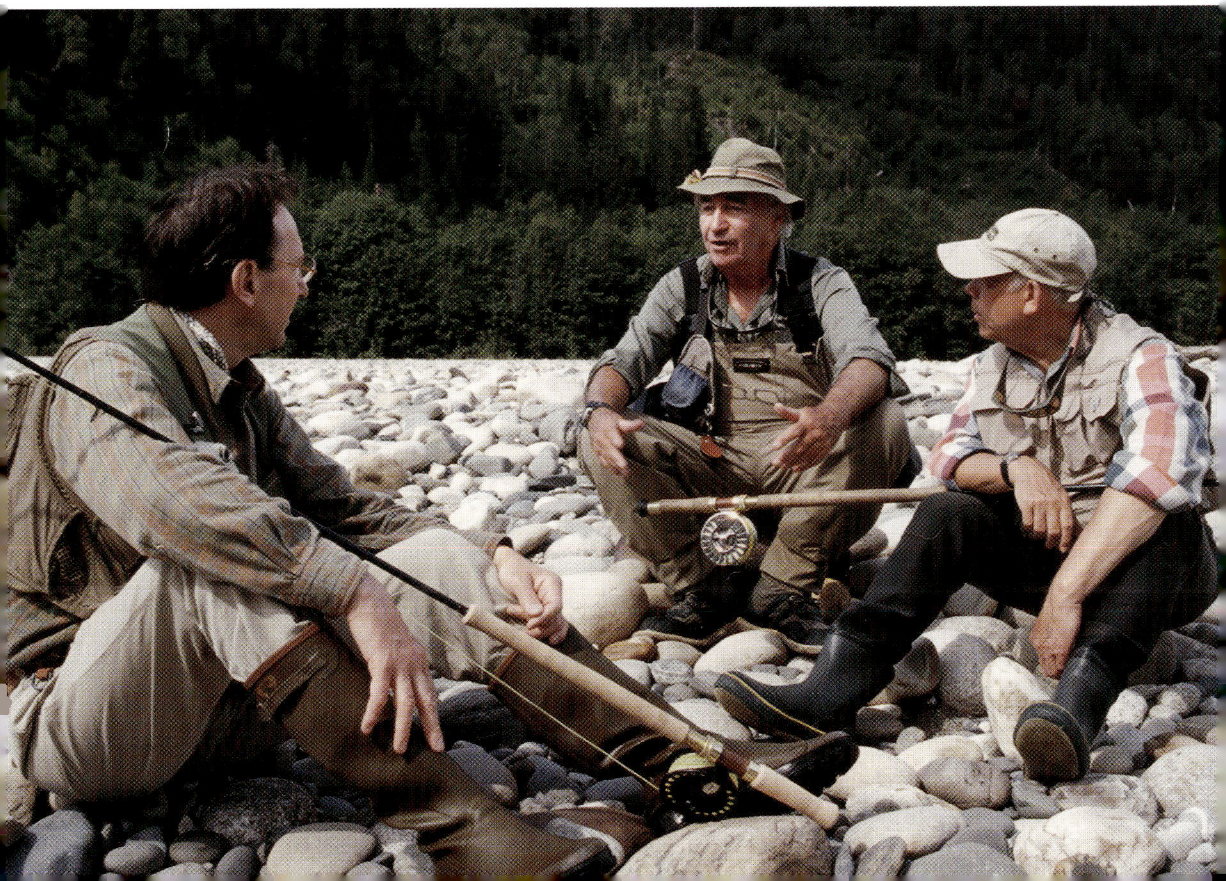

Es gibt Firmen, die fertig zugeschnittene Schussköpfe anbieten. Vision ist ein Beispiel. Der Vorteil für Einsteiger liegt in dem Rundum-Sorglos-Paket des Angebots. Man kann die fertig verschlauften Modelle sofort mit der Runningline verbinden und loslegen. Sollten Sie sich für solche Schussköpfe entscheiden, dann achten Sie auf die Gewichtsangaben auf der Packung und vergleichen Sie diese mit der Tabelle, die Sie auf Seite 50 finden. So ermitteln Sie den richtigen Kopf für Ihre Rute!

Andere Firmen bieten Schussköpfe an, die man kürzen muss, um sie auf die betreffende Rute abzustimmen. Das exakt passende Trimmen

Welcher Schusskopf ist heute die richtige Wahl? Ein beliebtes Thema für Gespräche am Fischwasser.

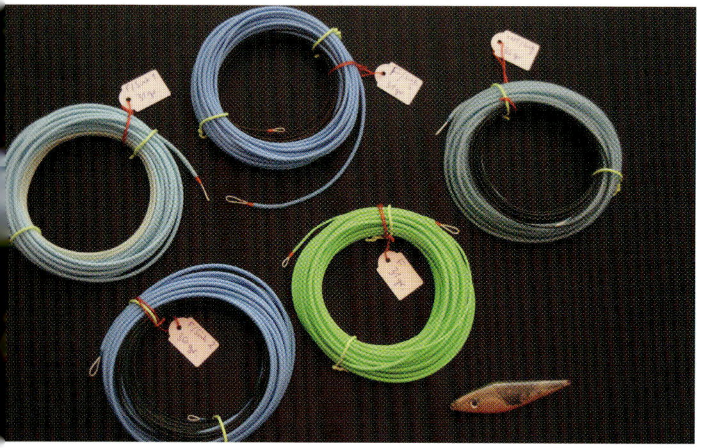

führt zu sehr guten Ergebnissen, wenn man sich ein wenig auskennt. Man erhält tatsächlich im Idealfall ein maßgeschneidertes Produkt. Da dies natürlich sehr erstrebenswert ist, müssen Sie sich mit der Materie beschäftigen, falls Sie nicht einen Fachhändler kennen, der das Trimmen kompetent für Sie erledigt. Da es die Freude am Zweihandfischen vertieft, wenn man sich selbst auskennt, folgen nun Informationen zu diesem Thema, das allerdings ein weites Feld ist. Je komplizierter etwas ist, desto schwieriger fällt es, den Überblick zu behalten. Ich versuche es trotzdem!

Eine Auswahl moderner Schussköpfe. Vorn rechts ein schwimmender Schusskopf, die anderen Ausführungen haben Spitzen, die unterschiedlich schnell sinken. Ein sinnvolles Sortiment.

Was ist ein Schusskopf?

Fliegenschnüre, wie wir sie zum Forellenfischen am Bach verwenden, haben eine Länge von 27 bis 30 Metern. Ein Schusskopf ist maximal halb so lang!

Die klassische WF-Schnur kommt dem Prinzip des Schusskopfes nahe, denn sie besteht aus einer so genannten Keule, gefolgt von einer dünnen Schussleine, die nahtlos angesetzt ist. Allerdings ist das Fronttaper (Spitzenprofil) einer WF relativ fein auslaufend gehalten, um die Präsentation von kleineren Fliegen, besonders von Trockenfliegen, elegant umsetzen zu können. Gute Distanzwurfeigenschaften plus sanfter Service sind also die Aufgaben der WF. Das Prinzip „Schusskopf“ hingegen geht aufs Ganze! Weniger Präsentationseleganz, mehr Dynamik. Hohes Gewicht und ein Taper, der die Rute mit „Power“ schnell und wirkungsvoll auflädt. Nicht umsonst tragen die bekann-

Perfekte Schlaufen machen das Auswechseln leichter.

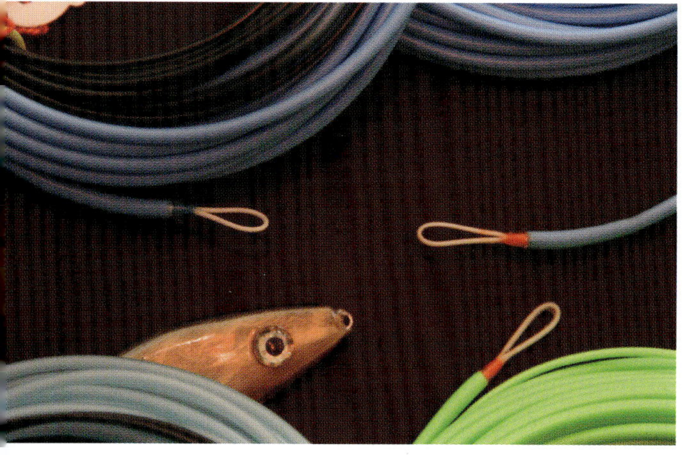

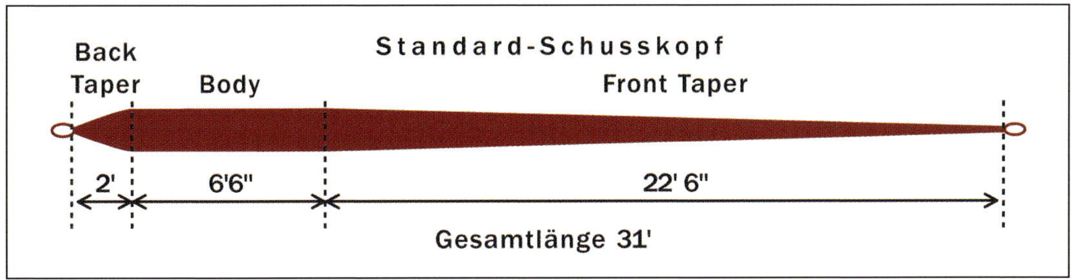

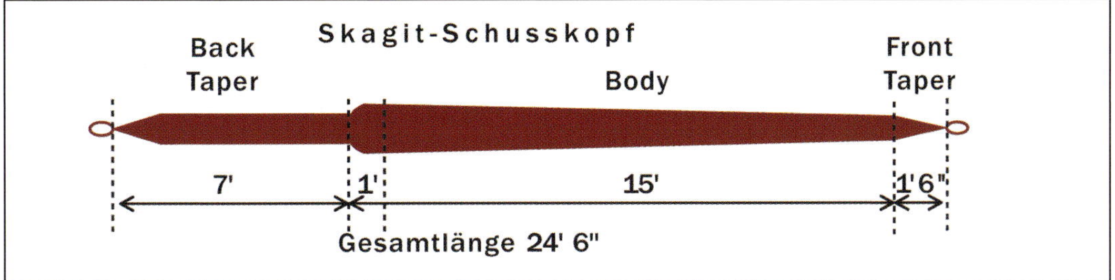

ten Schussköpfe von Guide Line den Namen Power Taper.

Neben dem Gewicht ist eine ausreichende Länge wichtig, um alle Wasserwürfe (Rollwurf, Unterhand, Spey) perfekt ausüben zu können. Zweihandruten von über 14' verlangen nach langen Schussköpfen über 11 Meter, während die kürzesten Zweihandmodelle (Switch-Ruten) sich mit 10 Meter langen „Shooting Heads" optimal werfen. Den Aufbau eines Schusskopfes sehen Sie in der beistehenden Zeichnung dargestellt.

Eine interessante Variante stellen die so genannten Skagit-Schussköpfe dar. Diese Köpfe sind kürzer und haben eine relativ starke Spitze, die den Transport größerer Fliegen erleichtert. Wie ein Skagit-Schusskopf aussieht, zeigt die Zeichnung. Das Werfen dieser Schussköpfe gelingt dann zufrieden stellend, wenn man sich der speziellen Skagit-Technik bedient. Die Darstellung würde hier zu weit führen. Ob sich die Skagit-Innovationen durchsetzen werden, wird die

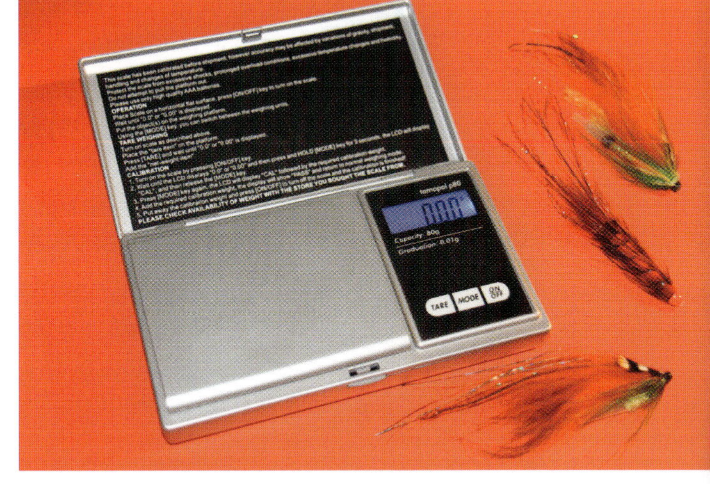

Nur mit einer präzisen Waage lässt sich das Gewicht des Schusskopfes exakt bestimmen. Das ist die Voraussetzung für eine perfekte Abstimmung auf die jeweilige Zweihandrute.

Zukunft zeigen! Wir sollten die Entwicklung im Auge behalten, denn: Die Zweihandszene ist in Bewegung. Alles fließt! Diese Aussage gilt auch beim Fischen.

Er muss passen

Es ist sehr wichtig, dass der Schusskopf genau zur Zweihand passt. Beim Werfen kann nicht so viel durch Geschick ausgeglichen werden, wie dies zum Beispiel beim Einhandfischen mit einer ganzen Schnur, einer DT oder WF, der Fall ist. Eine Forellenrute der Klasse 6 kann man oft gut mit einer 5er, 6er und 7er WF-Schnur werfen; über die Präferenz für eine Klasse entscheidet der Geschmack des Benutzers, denn beim oft verwendeten Überkopfwurf (Trockenfliegenfischerei) stehen Wurftricks wie der Doppelzug zum Ausgleichen zur Verfügung. Beim Zweihandfischen setzt sich jedoch immer mehr das Werfen mit dem Unterhandwurf oder Spey-Cast durch. Der Schusskopf, der auf dem Wasser liegt oder gleitet, bildet das Widerlager für das Aufladen der Rute. Sind jedoch Gewicht und Länge falsch gewählt, wird es nie gelingen, elegant, sicher und weit zu werfen!
Gute Schussköpfe sind teuer. Ein Fehlkauf ist ärgerlich und muss vermieden werden. Eine perfekte Beratung hinsichtlich des richtigen Produktes für eine Rute kann nur ein Fachhändler leisten, der die Zweihandrute, um die es geht, genau kennt und überdies weiß, welcher Schusskopf damit perfekt harmoniert. Außerdem muss dem Fachhändler klar sein, wie er den betreffenden Schusskopf kürzen muss, um ihn passend zu machen. Eine ganze Menge Spezialwissen ist dafür erforderlich.

Ich habe im Laufe der vergangenen 20 Jahre viel mit Schussköpfen experimentiert und anfangs durch falsche Entscheidungen eine ganze Menge Lehrgeld gezahlt. Mittlerweile glaube ich mich einigermaßen auszukennen und dennoch bin ich dankbar, dass mich bei diesem Beitrag ein absoluter Experte für Zweihandschussköpfe unterstützt hat. Es handelt sich um den Hamburger Lachsfischer Taki Alvanos, der selbst eine Kleinserie von Zweihand-Schussköpfen entwickelt hat, die ich intensiv getestet habe. Ich nannte ihm einfach nur die Zweihand (Marke, Länge, Klasse), für die ich einen passenden

Schusskopf brauchte. Taki suchte den richtigen aus, trimmte ihn und versah den Schusskopf zudem mit wunderschönen Schlaufen. Perfekt! Resultat: absolutes stimmiges Wurfgefühl, tolle Aufladung der Rute und als Ergebnis, einige Wochen später, schöne Fänge!
Natürlich gibt es im deutschsprachigen Raum weitere Ansprechpartner mit hoher Zweihandkompetenz.

Tipp: Wenden Sie sich an Fachhändler, die erfahrene Atlantiklachs-Fischer sind!

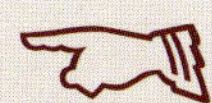

Ich stehe gern im Rahmen meiner Zweihandkurse für eine Beratung zur Verfügung. Es hat sich bewährt, dass Teilnehmer mit ihren Ruten zu mir kommen und am Fluss testen, welches Schusskopfgewicht und welche Länge zu ihrer Zweihandrute perfekt passt. Dieses Verfahren hat für den Kursteilnehmer den Vorteil, bei dem Fachhändler seines Vertrauens anschließend den richtigen Schusskopf ordern zu können.

Mehr Info zu meinen Zweihandkursen unter www.bernd-kuleisa.de

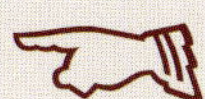

Nun aber zu einer Handreichung, die ganz konkret deutlich macht, wie schwer und wie lang ein Schusskopf sein sollte, um zu einer bestimmten Zweihand zu passen. Nicht alle Längen und Klassen sind genannt, das würde zu umfangreich sein, aber die gängigsten Versionen.
Die angegebenen zwei Gewichte sind so zu verstehen: Die erste Angabe gilt für eine Rute mit mittelschneller Aktion, die zweite für eine schnelle Zweihand. Daraus ergibt sich ein Bereich von einigen Gramm als Spielraum, der Platz lässt für persönliche Vorlieben. Für das exakte Auswiegen ist die Anschaffung einer präzisen Waage wichtig.

Die beiden wichtigsten Tipps für das Kürzen: immer von *hinten* und in *kleinen Schritten* trimmen!
Also nie die Spitze, mit der das Vorfach verbunden wird, einkürzen.

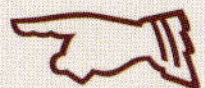

Der passende Schusskopf

	Switch-Ruten 11 ft # 8	Zweihandruten 12.6 - 13' # 8/9	Zweihandruten 13.6 - 14' # 9/10	Zweihandruten 14.6 - 15' # 10/11
Aktion „mittelschnell“ Schusskopfgewicht in Gramm	21–23 g	29–30 g	34–36 g	37–39 g
Aktion „schnell“ Schusskopfgewicht in Gramm	23–25 g *(schnell)* 27–29 g *(sehr schnell)*	31–33 g	36–38 g	40–42 g
Schusskopflänge	10–10,5 m	10,5–11 m	10,5–11 m	10,8–11,5 m

* Switch-Ruten können sehr unterschiedlich ausfallen, deshalb die Differenzierung in „Schnell“ und „sehr schnell“.

Schussköpfe für alle Fälle

Nein, man muss nicht jeden Schusskopf haben! Aber eine sinnvolle Zusammenstellung von drei oder vier Köpfen pro Rute ist erstrebenswert, denn in der Regel liegt hier der Schlüssel zum Erfolg. Je schwieriger die Fischerei, desto mehr trifft das zu.
Wichtig ist es, dass wir mit unserem Schusskopfsortiment unterschiedliche Wasserschichten absuchen können. Eine vernünftige Anschaffung wäre also zum Beispiel ein Quartett aus folgenden Typen:

- ✔ schwimmend
- ✔ leicht sinkend
- ✔ mittelschnell sinkend
- ✔ schnell sinkend

Zur schwimmenden Version ist nicht viel zu sagen. Damit fischt man bei höheren Wassertemperaturen auf Atlantischen Lachs oder Meerforelle, man verwendet sie zum Zanderstreamern in der Dämmerung, zum Rapfenfischen oder bei der Hechtpirsch in flachen Seen. Die Fliege zieht ganz dicht unter der Oberfläche ihre Bahn.
Was aber bedeutet „leicht sinkend“? Und wann setzt man diesen Kopf ein? Schussköpfe, die langsam absinken, sind zum Beispiel sehr wichtig beim Lachsfischen in schnellem Wasser.

Sie verhindern, dass die Fliege auf dem Wasser driftet! Ein solcher Schusskopf ist eigentlich *der* Lachsbringer schlechthin bei normalen Bedingungen, also bei weder extrem kaltem, noch sehr warmem Wasser.

Früher benutzte man in der Regel Schussköpfe, die auf der ganzen Länge leicht sanken. Diese Versionen tragen den Namen „intermediate“ und sind auch heute noch fängig. Noch besser allerdings sind für meinen Geschmack Schussköpfe, die aus einem Schwimmteil plus Sinkspitze bestehen. Also ein „float / sink 2“ zum Beispiel. Oder ein „float / sink 1“. Das Werfen mit diesen Teilsinkern, so der Fachbegriff, ist sehr angenehm, da nur die Spitze versinkt und der schwimmende Rest dafür sorgt, dass die Leine bequem wieder ausgeworfen werden kann. Regel: Je mehr Leine versinkt, desto schwieriger wird es!

Weitere gute Typen: „float / intermediate“ oder „float / sink 3“.

Mittelschnell sinkende Schussköpfe bringen unsere Fliege in den Bereich des Mittelwassers oder in flachen, strömungsarmen Gewässern sogar in Grundnähe. Die Erfahrung zeigt, dass einige Typen wie „sink 1 / sink 2“ beim Lachsfischen überragende Erfolge bringen. Als ich das erste Mal einen „sink 1 / sink 2“ von Guideline benutzte, war ich begeistert! Nicht, weil ich sofort damit fing. Dies geschah erst einige Tage später, aber von Anfang an fühlte ich mich damit an

Der Schusskopf stimmte! Fänge sind die beste Bestätigung.

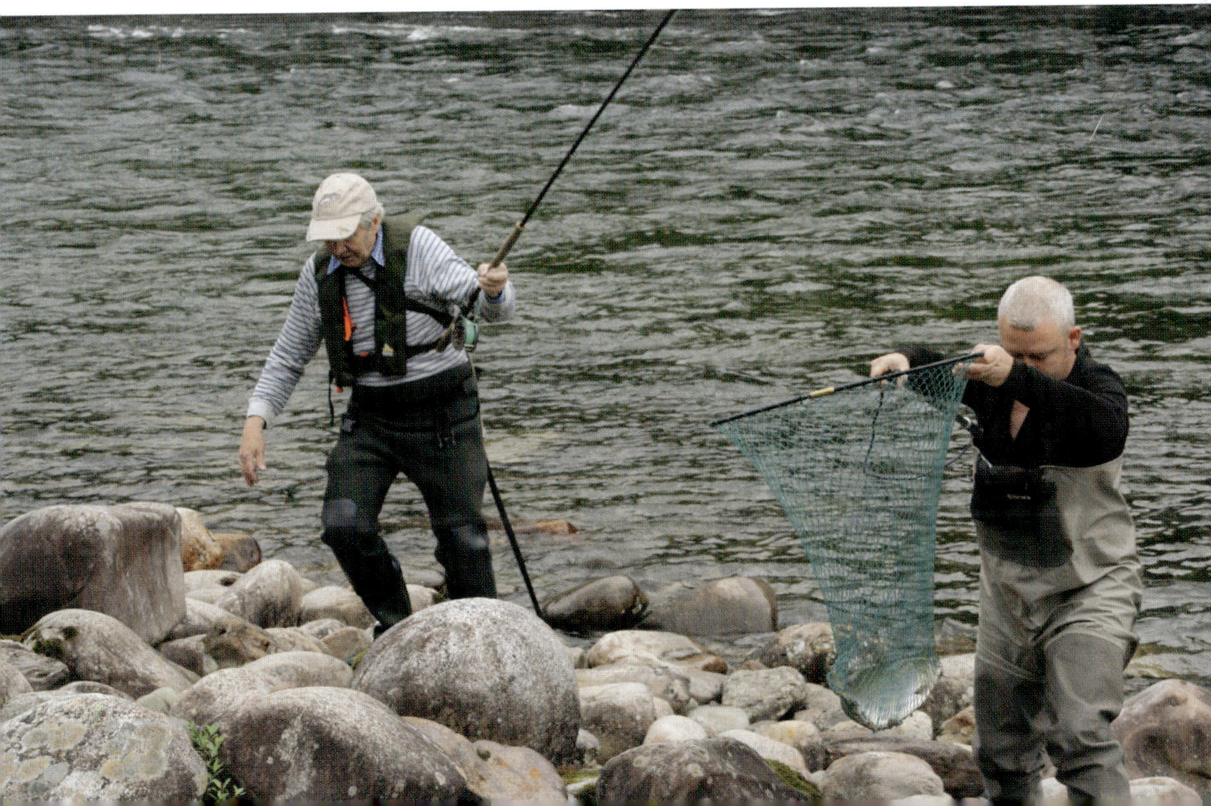

meinem Lieblingsrevier, der Gaula, bei leicht erhöhtem Wasserstand optimal ausgerüstet. Die Würfe zischten nur so hinaus! Toll! Und zu tief lief die Fliege auch nicht, keine Hänger im Randbereich. Weitere empfehlenswerte Typen: „float / sink 5", „intermediate / sink 2". Schnell sinkende Schussköpfe sind für Einsteiger schwer zu beherrschen. Man muss sich jedoch mit ihnen auseinandersetzen, um noch Chancen zu haben, wenn man in kühlen Flüssen fischt (Lachs) oder auf Fische pirscht (Zander, Meerforelle tagsüber), die grundsätzlich gern tief stehen. Der bekannte Typ „sink 2 / sink 4" von Vision wird von mir gern benutzt und hat auch vielen Kollegen schöne Fänge beschert. Er hat zudem den Vorteil, nicht zu rasch zu sinken. Allzu viele Hänger können so vermieden werden. Aber wenn die Sinkrate höher wird, ist dies immer wieder ein Risiko. Es muss allerdings unter Umständen eingegangen werden, um überhaupt Chancen zu haben. Zum Beispiel bei Wassertemperaturen von höchstens 6 Grad auf Lachs oder beim Ausfischen sehr tiefer Flussgumpen auf Zander. Weitere empfehlenswerte Typen: „sink 3 / sink 4" oder „sink 3 / sink 5". Ich verwende an einem sehr tiefen Gumpen meines Heimatflusses sogar einen ultraschnell sinkenden Kopf. Aber ich kenne die Hängerstellen genau und kann übermäßigen Ärger so vermeiden. Mein Rat: Versuchen Sie erstmal, mit Versionen wie „sink 2 / sink 4" zum Erfolg zu kommen. Damit macht das Fischen Spaß und auch ich wechsele sofort auf diesen Typ zurück, wenn ich meinen Spezialgumpen durchgefischt habe.

SPEYLINE – EINE ALTERNATIVE

Das System Schusskopf plus Runningline ist mein Favorit. Ich rate allen Zweihandfischern, sich so auszurüsten. Der größte Vorteil ist nicht von der Hand zu weisen. Man kann den Schusskopf auswechseln und so mit einer Rolle ans Wasser gehen. Das Mitführen von Wechselrollen ist nicht nötig, man tauscht einfach den Schusskopf je nach Belieben aus.
Und nun? Ist damit das Thema Schnurwahl abgeschlossen? Nein! Es folgt nun ein Plädoyer für die Anschaffung einer zweiten Rolle, bespult mit einer besonderen Schwimmschnur. Die Rede ist von ei-

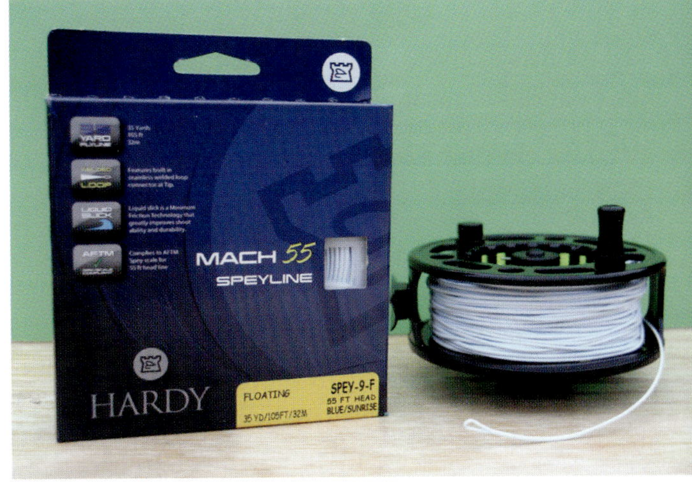

Die schwimmende Mach 55 von Hardy ist eine Speyline, die dem Verfasser rundum gut gefällt. Sie wirft sich wunderschön und ist eine Alternative zu einem schwimmenden Schusskopf.

ner so genannten Speyline! Eine schwimmende Speyline ist eine herrliche Sache zum Lachsfischen bei höheren Wassertemperaturen oder zum nächtlichen Meerforellenfischen an größeren Flüssen oder bei der oberflächennahen Pirsch auf Rapfen.

Einige Erläuterungen zu dieser Schnur: Die Speyline ist im britischen Raum verwurzelt. Das verrät schon der Name Spey, denn dieser schottische Fluss gehört zu den besten Lachsrevieren der Welt. Noch heute wird in Schottland bevorzugt mit Speylines gefischt. Werfer, die zu den besten der Welt zählen, setzen auf diesen Leinentyp. Die berühmten Lachsfischer Ian Gordon und Andy Murray sind nur zwei Beispiele. Wenn solche Profis mit diesem Leinentyp fischen, dann muss etwas dran sein!

Was ist eine Speyline?

Die Speyline ist eine so genannte ganze Schnur; Schussleine und Keule sind also nahtlos verbunden. Ein schnelles Wechseln der Schnurart, um verschiedene Wasserschichten abzusuchen, ist also nicht möglich. Dennoch rate ich zu einer Anschaffung. Eine schwimmende Speyline ist meiner Ansicht nach eine schöne Ergänzung zum Schusskopfsystem.

Diese Vorliebe von mir hat viel mit Andy Murray zu tun, der mir vor Jahren zu einer speziellen Speyline riet. Es handelte sich um die Mach 55 von Hardy in der Schnurklasse 9. Diese Schnur, so meinte er, würde ideal zu meinen beiden damaligen Lieblingsruten der Klasse 9/10 (13 ' und 14 ') passen. Also eine Schnur für zwei unterschiedlich lange Ruten! Geht das?

Und ob! Eine Speyline kann das im Idealfall leisten. Die extra lange Keule macht es möglich.

Ich testete die Mach 55 und bin bis heute so begeistert von ihr, dass ich sie so oft einsetze, wie es geht. Immer, wenn die Fliege

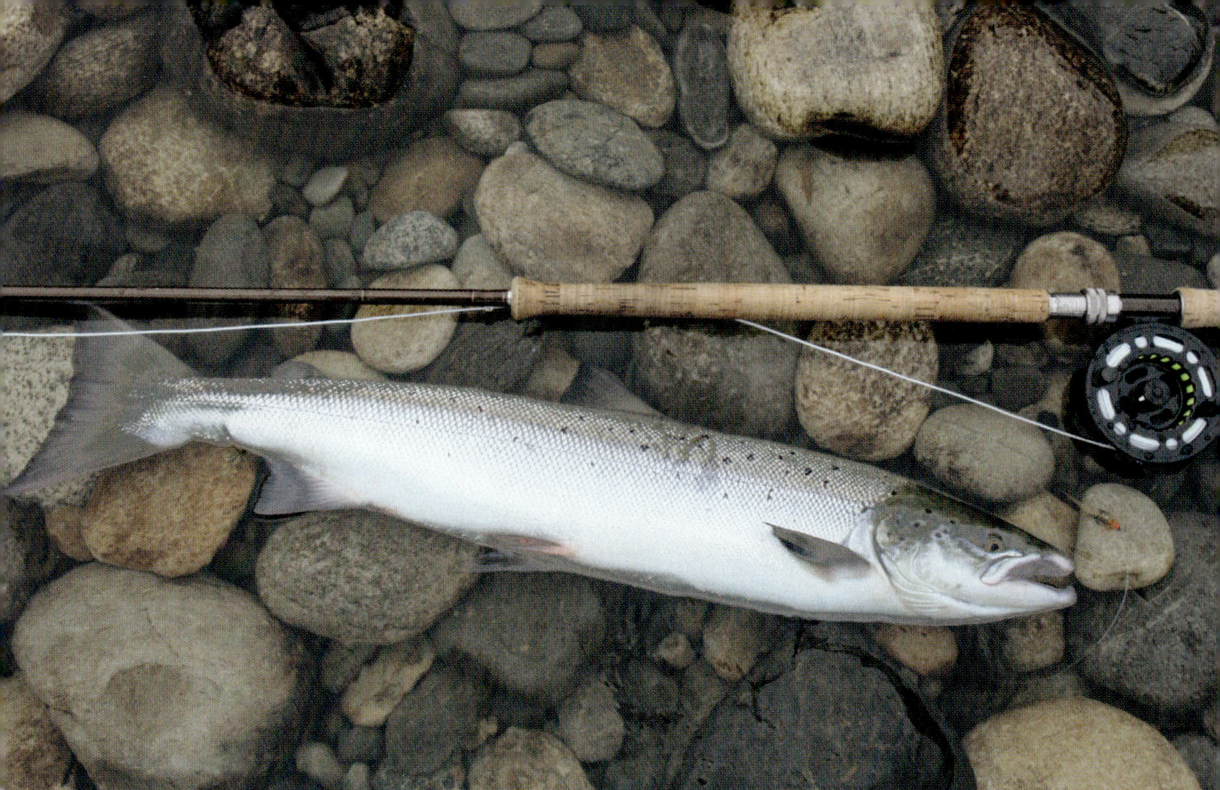

Die blaue Schnur kommt Ihnen bekannt vor? Ja, es ist die Mach 55.

obenflächennah angeboten werden soll, hole ich die Speyline hervor und habe Freude daran. Der Spaß entzündet sich nicht nur am Werfen, sondern auch an den Fängen, die mit Hilfe dieser perfekten Schwimmschnur gelingen. Ich habe bisher über 30 Lachse mit dieser Speyline gefangen. Viele Grilse, ein gutes Dutzend mittelschwerer Fische (5 bis 7 Kilo) und einen Großlachs von 10 Kilo.

Steigt die Wassertemperatur auf einen Stand, der die Verwendung einer Schwimmschnur erfordert (etwa ab 14 Grad), beginnt für mich die Genusszeit am Lachsfluss. Speyline-Time!

Der Speycast lässt sich, nomen est omen, mit dieser Schnur perfekt ausführen und die Präsentation moderat großer Fliegen (Größe 6 aufwärts) und kleiner Muster wird zum ungetrübten Vergnügen. Ich hoffe, dass die Firma Hardy die Mach 55 noch lange im Programm führen wird, aber sicher bin ich nicht. Selbst richtig gute Produkte halten sich selten über viele Jahre. Der Markt, so hört man immer wieder, verlangt ständig nach neuen Artikeln. Wie dem auch sei: Die Mach 55 gibt es, neben der schwimmenden Ausführung, auch mit einem durchsichtigen Intermediate-Frontteil oder mit einer Sinkspitze. Auch schön, aber diese Anwendungsbereiche decke ich mit meinem Schusskopfsystem ab.

Mein Loblied auf das Hardy-Produkt kommt zwar aus voller Überzeugung, muss aber relativiert werden. Auch andere Firmen stellen erstklassige Speylines her. Rio ist ein Beispiel. Diese Firma hat die Skagit Serie und die Windcutter II Spey-Serie herausgebracht. Ferner bietet Orvis empfehlenswerte Speyschnüre an. Zum Beispiel die Easy Cast Spey Line und die Beulah Elixier Switch Line. Lassen Sie sich von Ihrem Fachhändler entsprechende Angebote zeigen und erläutern.

Generell gilt: Eine schwimmende Speyline wirft sich äußerst angenehm. Die Keule ist länger als bei einem Schusskopf, aber einen langen Schwimmteil zu beherrschen, stellt kein Problem dar. Im Gegenteil! Die Rute wird von der relativ schweren Keule gut aufgeladen. Selbst Anfänger kommen damit sehr schnell klar. Woher ich das weiß? Ich benutze die Mach 55 in der Schnurklasse 9 gern in meinen Zweihandkursen und es macht immer Spaß zu sehen, wie rasch Einsteiger sich mit ihr anfreunden.

Der Faktor „eingebaute Wurfeleganz“ trifft nämlich auf eine erstklassige Speyline zu. Ja, Sie merken es, ich beginne zu schwärmen. Allein der Gedanke an einen schön auslaufenden Speycast lässt Vorfreude auf den Einsatz einer Zweihandrute aufkommen. Und Speyline-Stunden am Lachsfluss in Norwegen zu erleben, das ist für mich einfach unübertrefflich. Doch hier und jetzt muss ich einen harten Cut machen. Zurück zur harten Realität. Nicht immer ist man mit einer schwimmenden Schnur richtig ausgerüstet!

Deshalb mein Tipp:

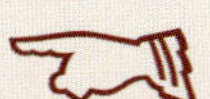

1. Eine Rolle mit Schusskopf-System für den harten Alltag bereithalten.
2. Eine weitere Rolle mit schwimmender Speyline für die Genussfischerei anschaffen.

Tipps zur Anwendung

Hat die Speyschnur eine integrierte Schlaufe (siehe Foto Mach 55), so ist die Befestigung des Vorfaches ein Kinderspiel. Nach Belieben kann ein konisch verjüngtes Monofilvorfach oder ein Polyleader hier eingeschlauft werden. Mein Favorit ist ein durchsichtiger Intermedi-

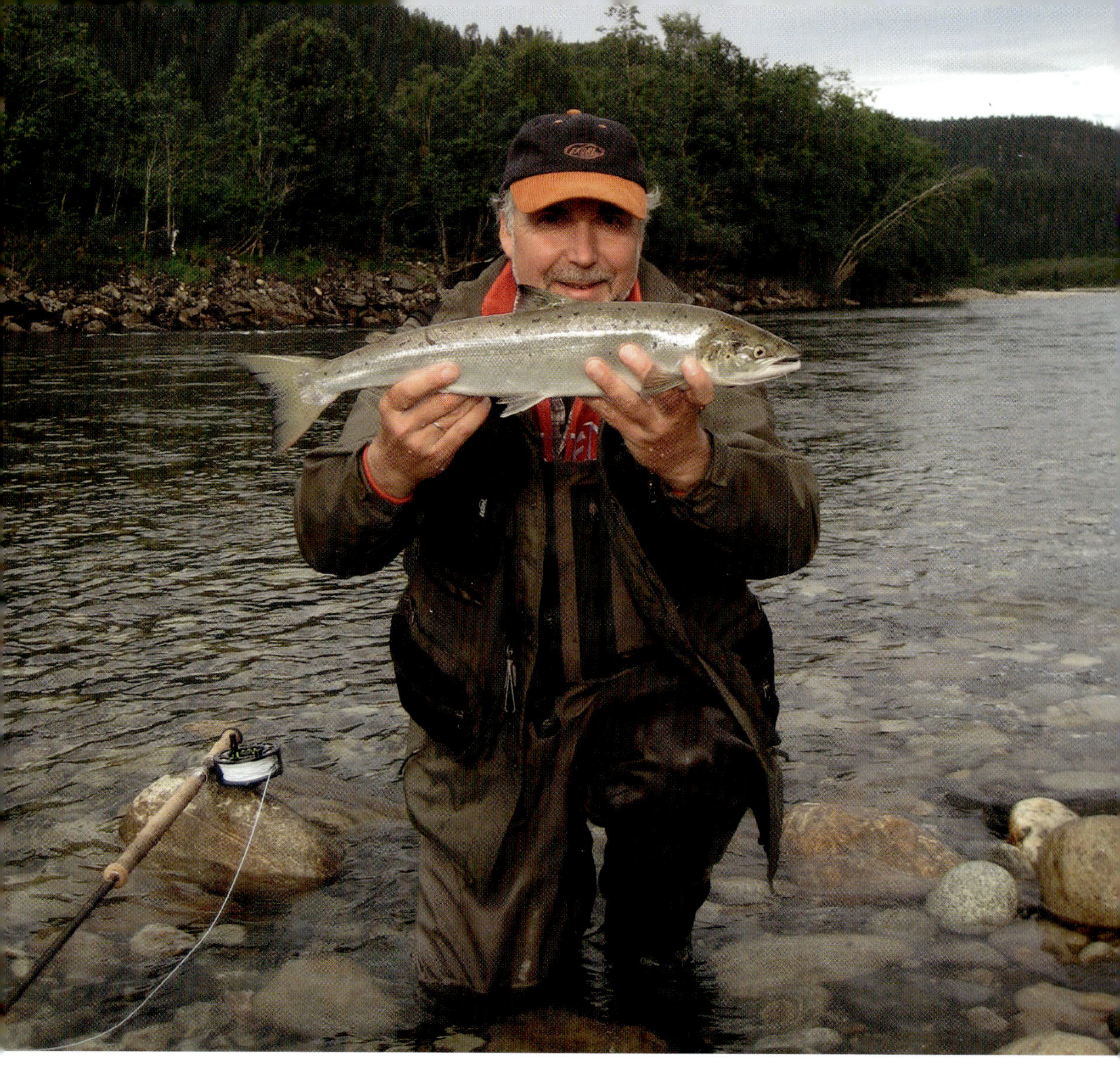

Und noch ein hübscher, kleiner Grils, der mit der Speyline gefangen wurde.

ate-Polyleader. Er wirft sich leicht und lässt die Fliege sofort in den Oberflächenfilm einsinken. Die Fliege „fischt“ also sofort.

In Verbindung mit einer 9er Speyline bringt dies beim Lachs- und Meerforellenfischen Vorteile, ebenso beim Raubfischangeln (Rapfen) mit entsprechenden Ruten von 13' oder 14'. Tipp: Ich benutze den Polyleader „Clear Intermediate“ von Airflo; er ist 10' lang. Zum Lachsfischen empfehle ich den Typ „Salmon extra strong“ mit einer Tragkraft von 40 lbs. An das starke Monofil-Ende knüpfe ich (Schlaufe in Schlaufe) einen Meter 0.40er als Standard. Zum Raubfischangeln auf Rapfen kann natürlich ein Polyleader verwendet werden, der eine geringere Tragkraft aufweist.

(Bei der Verwendung einer kurzen Switchrute (um 11 ' Länge) bietet sich eine leichtere Speyline der Klasse 7 oder 8 an. Diese Leinen tragen dann einen besonderen Namen: *Switch Line*. Entsprechende Schnüre gibt es zum Beispiel von Rio und Orvis.

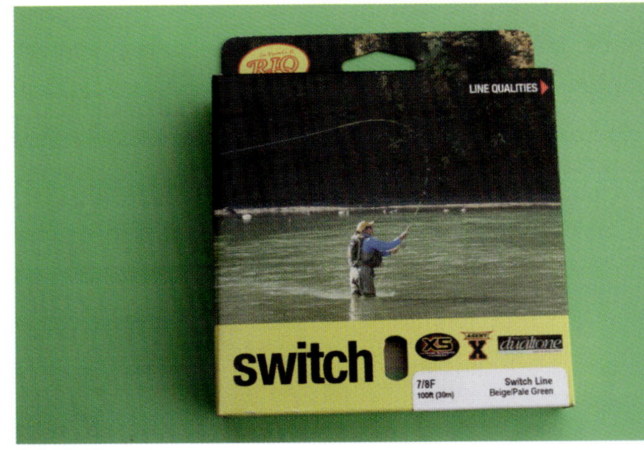

Die Switchline von Rio ist eine feine Sache für kurze Switchruten um 11 '. Auch sie wirft sich sehr angenehm und elegant. Das ist beim Fischen mit kleineren Fliegen und feineren Vorfächern sehr willkommen, denn eine zarte Präsentation des Köders kann in solchen Fällen nützlich sein.

Natürlich kann auch hier ein Schusskopf verwendet werden, aber – wie Sie ja gemerkt haben – ich neige zur Speyline in allen Bereichen, die eine Schwimmschnur zulassen. Zum Beispiel beim Meerforellenfischen an der Ostsee oder nachts am Fluss! Oder beim Rapfenfischen.

Ferner ist anzumerken, dass die schwimmende Spey-oder Switchline eine ideale Wahl für Einsteiger ist, um in das Zweihandwerfen einzusteigen. Regelmäßiges Üben mit dieser Schnur ist zu empfehlen, um nach und nach Vertrauen in die neue Art des Fliegenfischens zu fassen.

Fazit: Eine Spey- oder Switchline weckt den Ästheten in Ihnen. Und dieser Faktor, die gesteigerte Freude am Zweihandfischen, ist nicht zu unterschätzen.

Zu Risiken und Nebenwirkungen einer Anschaffung (plötzlicher Taschengeldschwund) befragen Sie bitte Ihren Fachhändler. Oder ihren Hausarzt. Denn Speylines machen süchtig.

Wie Sie gerade merken, bin ich das beste Beispiel.

DIE VORFÄCHER

Jeder Fliegenfischer weiß im Prinzip, wie wichtig ein optimales Vorfach ist. Zwei Dinge muss es leisten. Erstens: Das Vorfach muss halten und die Fliege muss problemlos ins Ziel transportiert werden. Der zweite Punkt ist der gute Service. Das ist beim Zweihandfischen ebenso entscheidend wie beim Trockenfliegenfischen mit der Einhandrute. Dies ist Einsteigern nicht immer klar! Es ist zwar nicht nötig, den Zweihandköder (Streamer, Lachsfliege, Tube) „wie eine

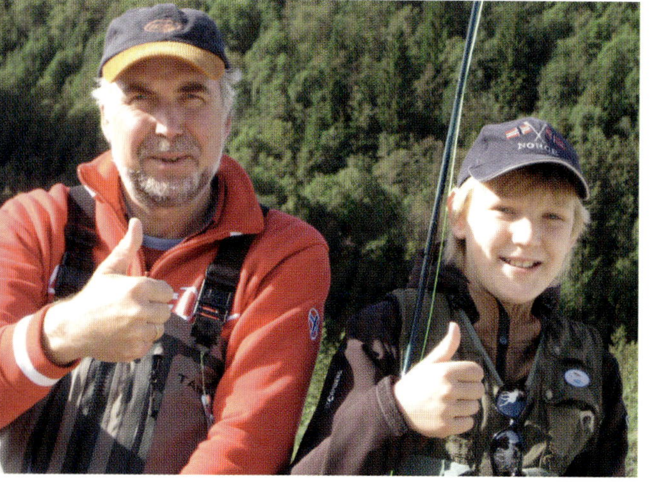

Schneeflocke“ auf das Wasser zu setzen, aber zielgenau und sauber gestreckt sollte das Vorfach schon ausgebracht werden. Gelingt das, beginnt unsere Fliege sofort nach dem Eintauchen zu fischen. Und genau das ist ein wichtiger Schlüssel zum Erfolg! Drei Typen von Vorfächern bieten sich zum Zweihandfischen an:

- ✔ selbst geknüpfte Monofilvorfächer
- ✔ konisch verjüngte Monofilvorfächer
- ✔ Polyleader

Der Verfasser und sein junger Zweihandkollege Alexander Raguse sind der Meinung: Alles klar! Also auch in Sachen Vorfach.

Alle drei Typen haben ihre Berechtigung!

Selbst geknüpfte Vorfächer

Ein selbst geknüpftes Monofilvorfach ist preiswert und deshalb ideal zum Üben geeignet. Und als Notbehelf, wenn wir feststellen, dass wir keinen Polyleader oder kein konisch verjüngtes Vorfach am Mann haben und schnell ein Reservevorfach brauchen.

Ein Allroundvorfach zum Üben sollte ungefähr rutenlang sein. Durch das Verknüpfen unterschiedlich starker Monofilteile stellen wir einen konischen Aufbau her, der das Abrollen erleichtert. Beispiel für eine 13' und 14' Rute: zwei Meter 0.50er Mono + ein Meter 0.45er Mono + ein halber Meter 0.40er Mono + ein halber Meter 0.35er Mono. Dieses Vorfach, sorgsam geknüpft, kann auch zum Lachsfischen verwendet werden. Der Chirurgenknoten ist zum Verbinden der Schnurteile zu empfehlen.

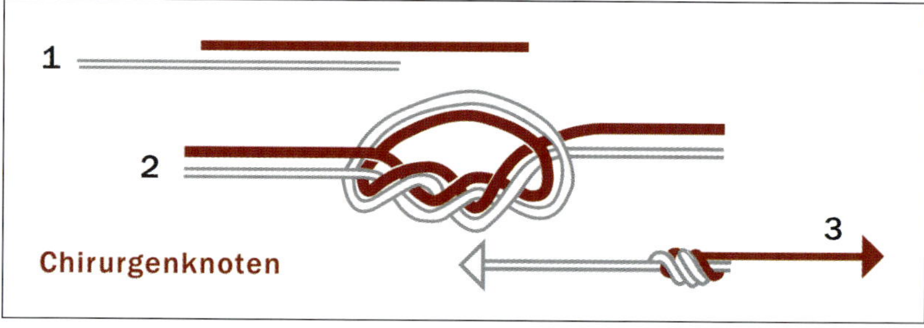

Chirurgenknoten

Natürlich sollte nur frisches Monofil allerbester Qualität zum Einsatz kommen! Ich verwende, wie viele Kollegen, seit vielen Jahren Stroft. Um immer genug Material zur Verfügung zu haben, kaufe ich nie eine der üblichen 25 Meter-Packungen sondern stets 100 Meter Spulen. Die Anschaffung von je 100 Metern 50er, 45er, 40er, 35er, 30er, 25er reicht in der Regel für zwei Jahre aus. Danach sollte man ohnehin wieder „frisches" Monofil kaufen, denn das Material kann altern und an Tragkraft verlieren.

Konisch verjüngte Monofilvorfächer

Das konisch verjüngte Monofilvorfach ist eine schöne Sache zum Lachs- und Meerforellenfischen in Verbindung mit einer schwimmenden Speyline oder einem schwimmenden Schusskopf. Vor allem bei der Verwendung kleiner Muster und immer, wenn es um eine sehr subtile Präsentation in flacheren Passagen geht (Niedrigwasser am Lachsfluss), ist dieser Vorfachtyp zu empfehlen.
Um ein solches Vorfach mit dem Schusskopf zu verbinden, schlägt man in das dicke Ende des Vorfaches eine Chirurgenschlaufe. Die Verbindung sollte also wieder Schlaufe in Schlaufe sein.

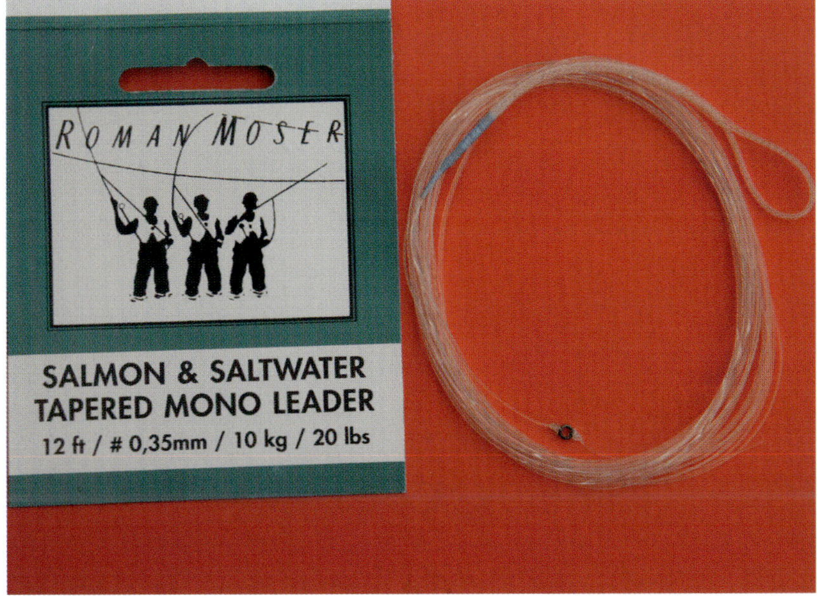

Dass Roman Moser sich mit Vorfächern auskennt, ist allgemein bekannt. Sein Zweihand-Monofilvorfach hat zwei Vorzüge. Erstens eine solide Schlaufe zum Befestigen am Schusskopf, zweitens ein solides „Ringerl" am Vorfachende. Am Ringerl können neue Spitzen angesetzt werden, ohne dass das Vorfach allmählich immer kürzer wird.

Polyleader

Polyleader sind unverzichtbare Helfer des Zweihandfischers. Der Hauptvorteil der Polyleader liegt im besseren Transport größerer Fliegen! Sie rollen sich gut ab und bringen unseren Köder sicher ins Ziel. Je größer unser Muster, je widriger die Winde und je schwieriger die Fischerei, desto deutlicher ist ein Polyleader von Vorteil. Und ähnlich wie beim Schusskopfsystem können wir durch eine kluge Zusammenstellung von Polyleadern variantenreich fischen. Es gibt Ausführungen, die langsam sinken (intermediate), schnell (fast sinking) oder sehr schnell (extra super fast sinking). Hat der Fischer diese drei Typen in der Weste, dann ist er für alle Fälle gerüstet. Polyleader haben bereits eine Schlaufe und sind deshalb mit dem Schusskopfende bequem (Schlaufe in Schlaufe) zu verbinden. Das Auswechseln fällt also leicht. Welcher Polyleader sich in den verschiedenen Bereichen der Zweihandpirsch konkret anbietet, schildere ich in den Beiträgen zur Praxis.

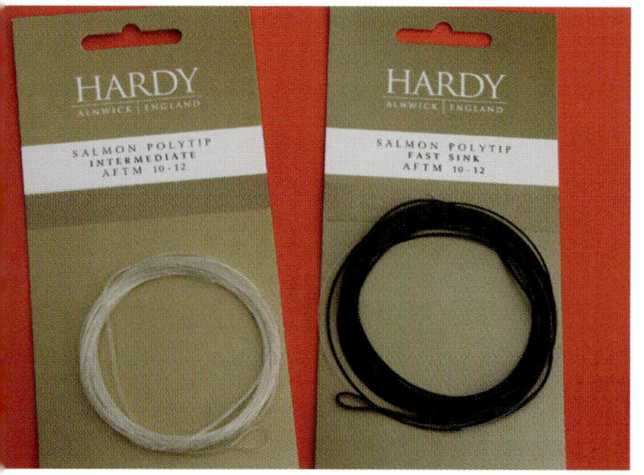

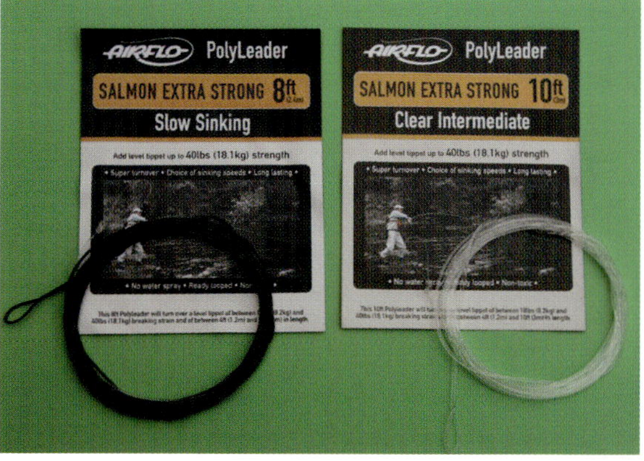

Links: Polyleader von Hardy für die Lachsfischerei. Intermediate und schnell sinkend Rechts: Polyleader von Airflo. Bewährte Qualität für den Lachsfischer, der flexibel auf die Bedingungen am Fluss reagieren will.

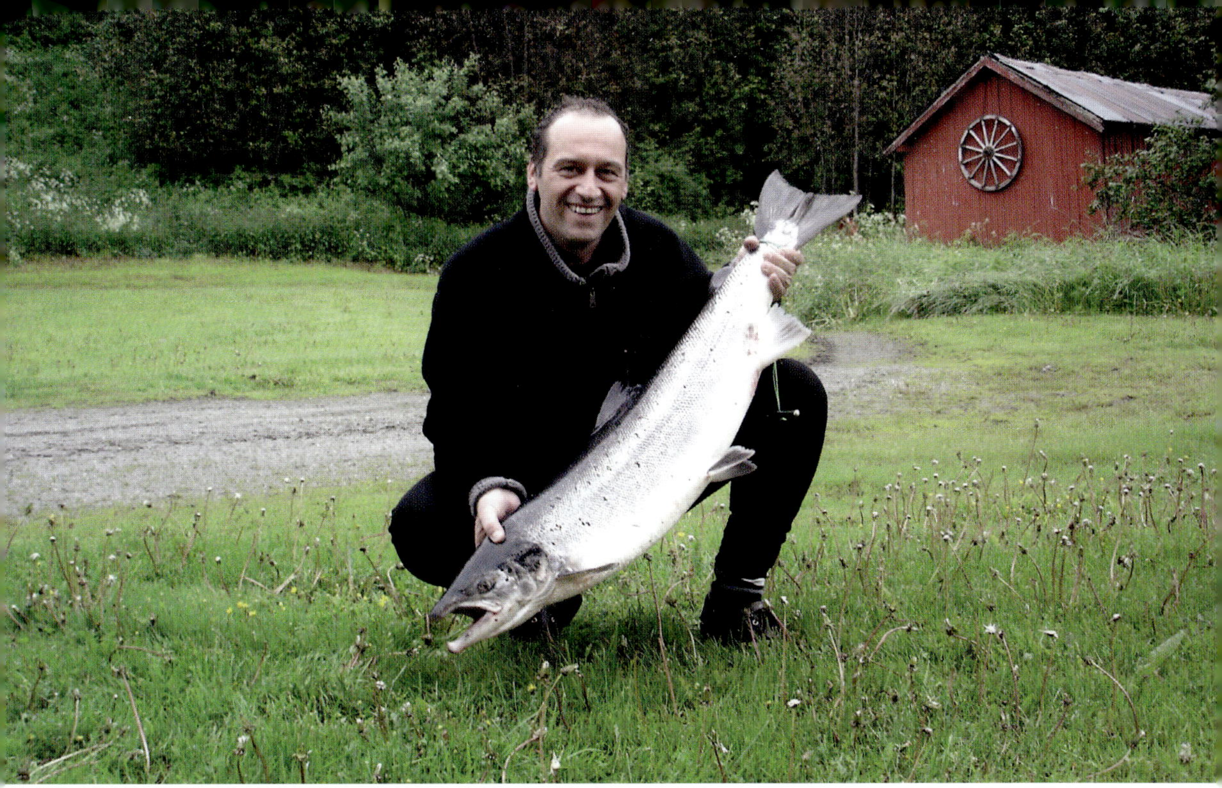

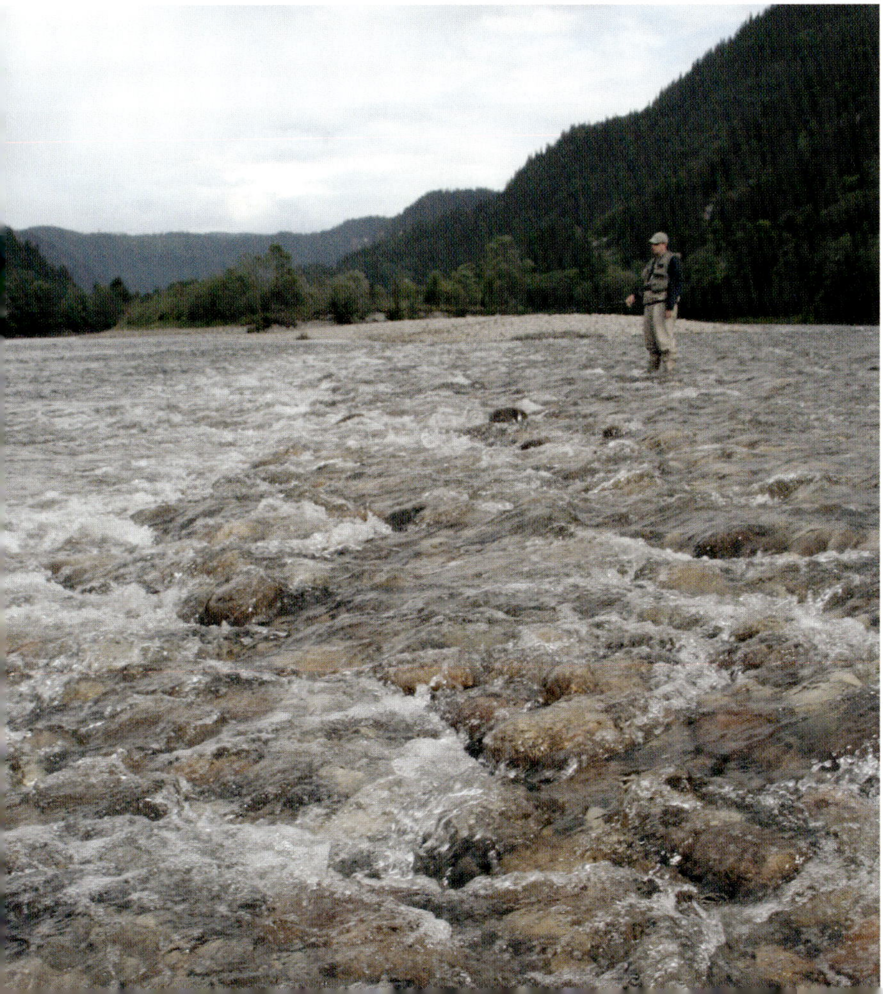

Taki Alvanos fischt stets mit Polyleadern und seine Erfolge können sich sehen lassen. Hier ein Lachs von über 10 Kilo aus der Orkla.

Schnelles Wasser, ein interessanter Einlauf. Hier wäre die Schwimmschnur mit einem sinkenden Polyleader eine gute Wahl.

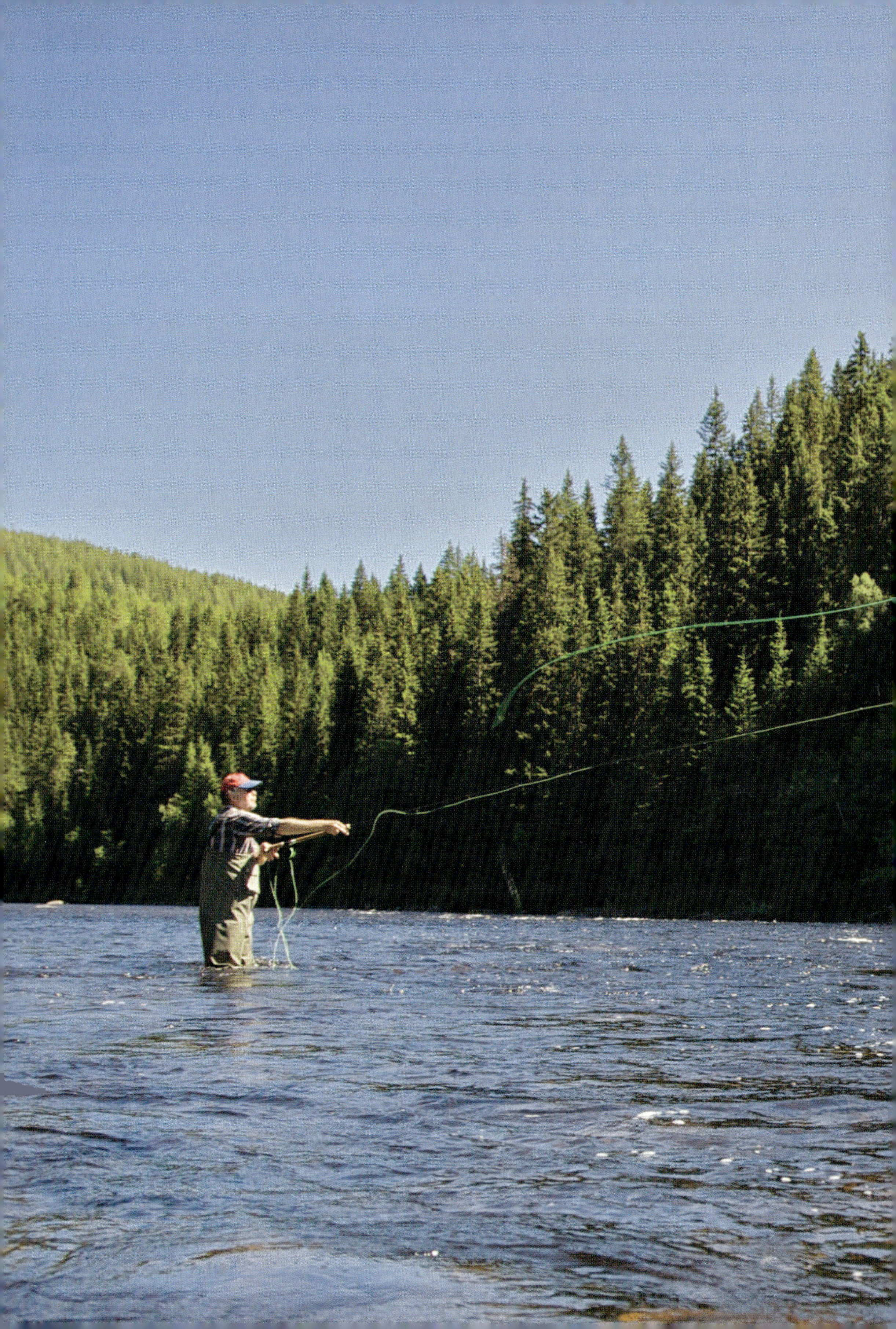

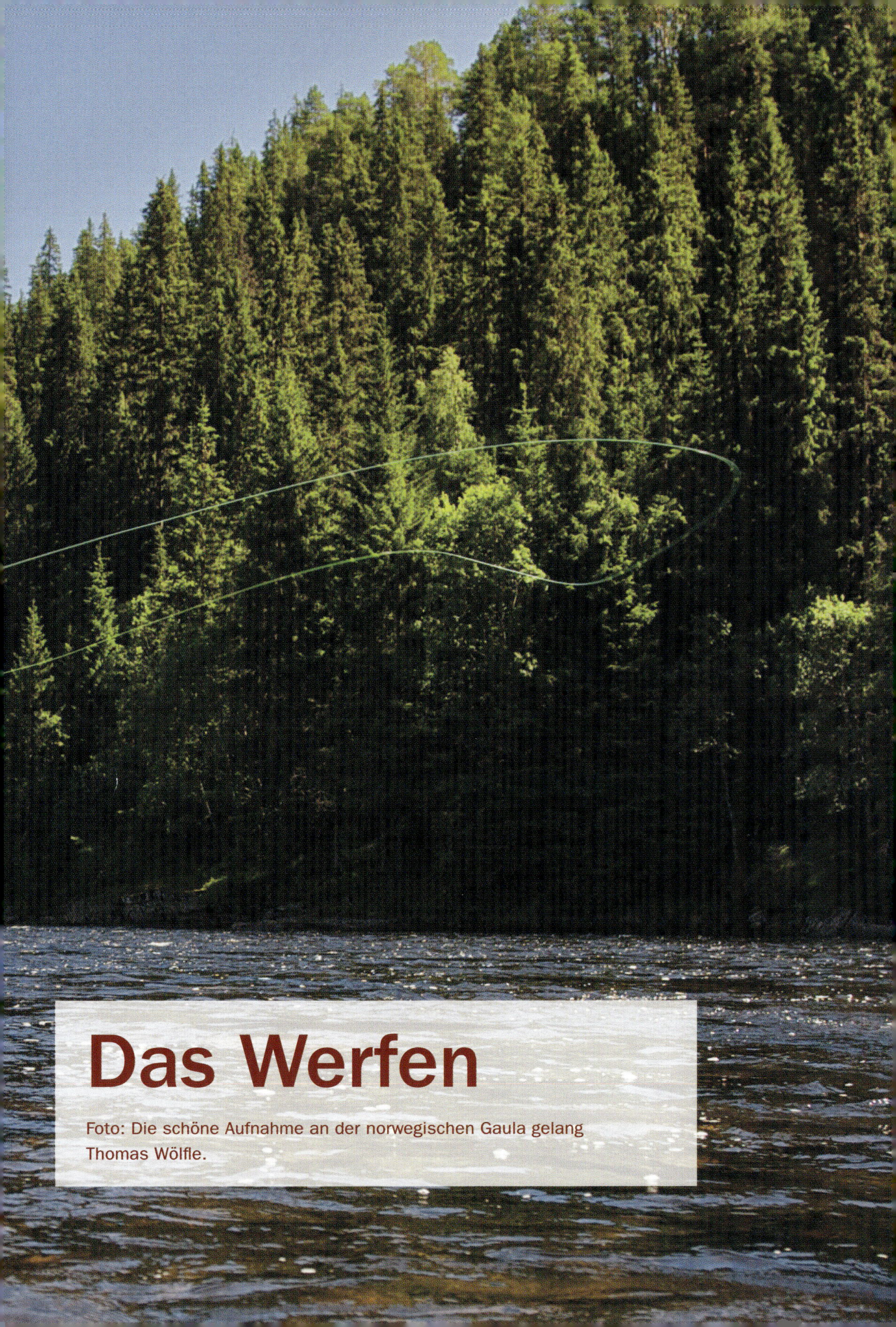

Das Werfen

Foto: Die schöne Aufnahme an der norwegischen Gaula gelang Thomas Wölfle.

WURFTIPPS IN WORT UND BILD

Zu einem Zweihandratgeber gehören natürlich Informationen zum Werfen mit diesem Gerät. Allerdings vermeide ich schon in der Überschrift den Ausdruck *Wurfschule* und wähle mit Bedacht die Bezeichnung *Wurftipps*. Einen kompletten Lehrgang im Werfen kann ein Buch eben nicht leisten. Ein Kurs unter der Leitung eines erfahrenen Lehrers ist die beste Lösung. Seit 12 Jahren veranstalte ich solche Zweihandkurse an geeigneten, großen Fließgewässern.

Durch den Umgang mit meinen Schülern kenne ich die Kernprobleme, die sich dem Einsteiger in den Weg stellen. Und die wichtigsten Dinge, das Rüstzeug zum Werfen, möchte ich Ihnen in Bildern zeigen, die ich mit einem entsprechenden Kommentar versehe.

Über das Zweihandwerfen generell

Ich möchte Sie darum bitten, offen für neue Wege und Erkenntnisse zu sein! Es ist nämlich beim Zweihandwerfen sinnvoll, sich vom

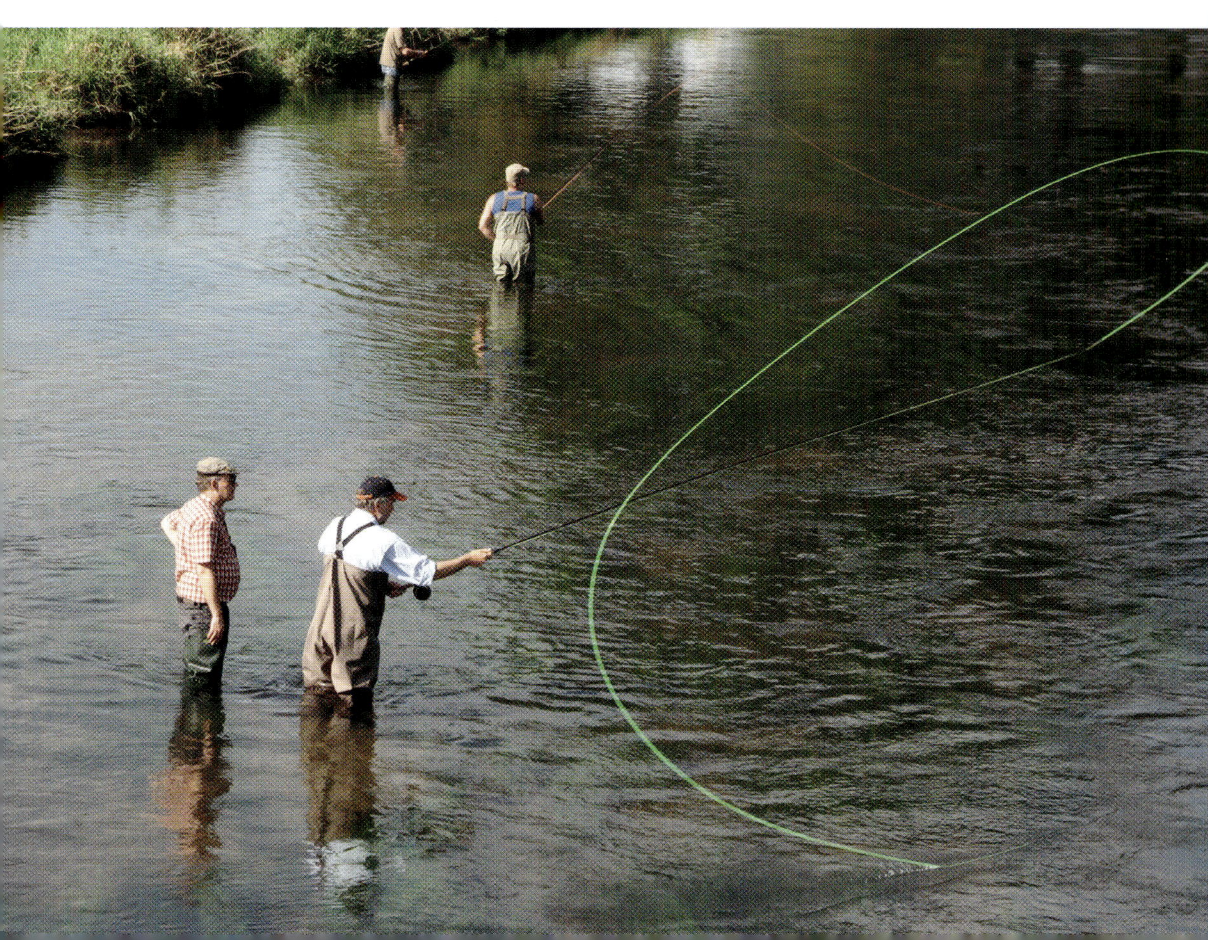

Der Verfasser zeigt den Rollwurf mit der Zweihandrute. Das Üben an einem Fließgewässer ist der beste Weg, das Werfen zu lernen.

Überkopfwurf als Standardwurf zu verabschieden. Dieser Abschied wird vielen von Ihnen schwer fallen, denn die meisten Fliegenfischer sind es gewohnt, die Fliege so zu präsentieren. Der Überkopfwurf ist natürlich beim Trockenfliegenfischen unentbehrlich, daran ist nicht zu zweifeln! Beim Werfen beschwerter Fliegen ist allerdings der Rollwurf oder Switchcast sinnvoller; dies trifft auch beim Forellen- und Äschenfischen zu. Ein Überkopfwurf mit beschwerten Fliegen ist immer ein Risiko! Allzu leicht trifft man sich selbst: am Hinterkopf, an der Jacke oder an noch heikleren Stellen. Sie wissen, was ich meine!

Die Gefahr der Selbstverletzung können wir beim Zweihandfischen mindern oder sogar ausschalten, indem wir grundsätzlich den Rollwurf, den Speycast oder den Unterhandwurf (Switchcast) anwenden. Bei diesen Würfen bleibt die Fliege stets vor uns auf dem Wasser oder genügend weit seitlich von uns. Sie kann uns nicht treffen!

Dies ist der wichtigste Vorteil. Es kommen aber noch zwei weitere Pluspunkte dazu. Beherrschen wir den Rollwurf, Speycast und Unterhandwurf, so können wir auch an Stellen werfen, die keinen Platz für einen Rückwurf bieten. Wir sind also in der Lage, alle Ufersituationen

Andy Murray (links), ein Speycaster der Spitzenklasse, demonstriert hier, wie man die Rute führt.

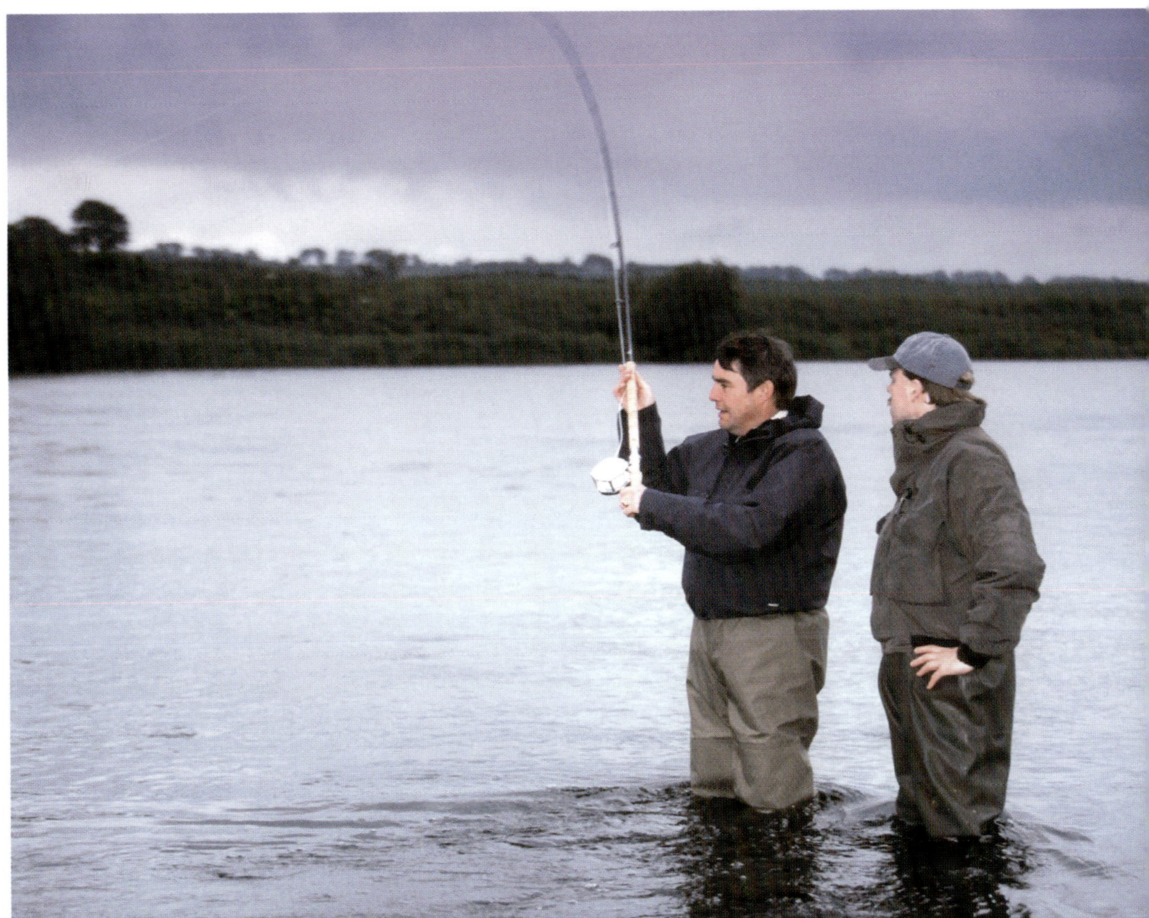

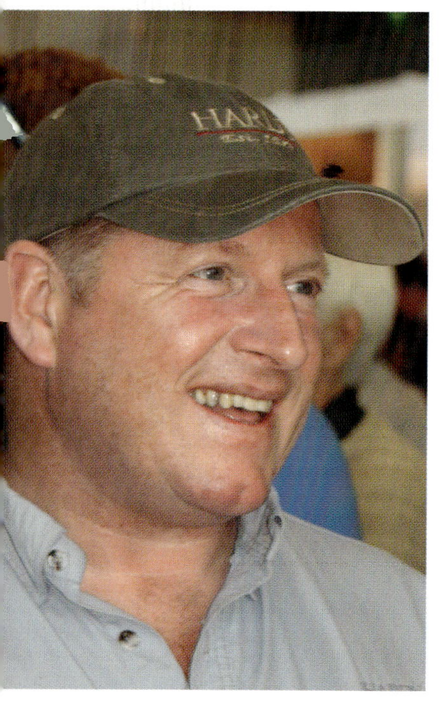

Ian Gordon, Speycaster erster Klasse.

zu meistern. An einem flachen Kiesufer zu werfen, das ist natürlich herrlich einfach. Aber gute Fische stehen oft gerade da, wo man keinen Platz für einen Rückwurf hat! An steilen Prallhängen etwa lauert hinter uns eine Felswand. Hier auf das Fischen zu verzichten, das wäre fatal, denn im tiefen Wasser, direkt unter uns, stehen wahrscheinlich schöne Fische! Mit kurzen Roll- oder Speywürfen können wir die Situation meistern! Andere Hindernisse für einen Rückschwung sind Stacheldrahtzäune, hohe Deiche oder Bäume. Oder Spaziergänger auf der Uferpromenade!

Ich war einmal Zeuge, als ein guter Freund von mir, mitten in der schönen Stadt Gmunden in Österreich, einen Radfahrer vom Sattel holte, den er mit seinem Streamer touchierte. Die Begeisterung des Radfahrers hielt sich in Grenzen. Ein gewaltiges Schimpfkonzert war die Folge, irgendwie verständlich! Der Verzicht auf den Überkopfwurf bringt also grundsätzlich Vorteile, die ich so zusammenfassen möchte: Man vermeidet Ärger!

Ein weiterer Gesichtspunkt in diesem Zusammenhang: Wir werfen beim Speycasten oder Rollwerfen so gut wie nie einen Knoten ins Vorfach. Und da wir mit der Zweihand auf wehrhafte Fische pirschen, ist allein dies ein gewaltiger Pluspunkt. Es kommt noch hinzu, dass ein Rückwurf immer die Gefahr mit sich bringt, dass die Fliege irgendwo weit hinter uns einen Stein oder Felsen touchiert. Verbogene oder zerstörte Haken können die Folge sein! Ich habe das einmal beim Lachsfischen leidvoll selbst erfahren. Ich bekam einen schönen Biss, aber der Fisch kam sofort wieder ab. Als ich die Fliege daraufhin observierte, sah ich das Malheur. Alle drei Spitzen meines Fliegendrillings waren verbogen und stumpf geworden! Damals benutzte ich eben leider noch den Überkopfwurf als Standard, was sich aber nach diesem Erlebnis bald änderte.

Ich stellte mich auf den Speycast um und hatte dafür einen der besten Lehrer der Welt an meiner Seite. Den ebenso kompetenten wie sympathischen Schotten Andy Murray! Ich verdanke Andy viele Erkenntnisse hinsichtlich des Wurfablaufs. Und zudem verbrachten wir schöne Stunden beim Fischen am Tweed in Schottland. Thank you, Andy!

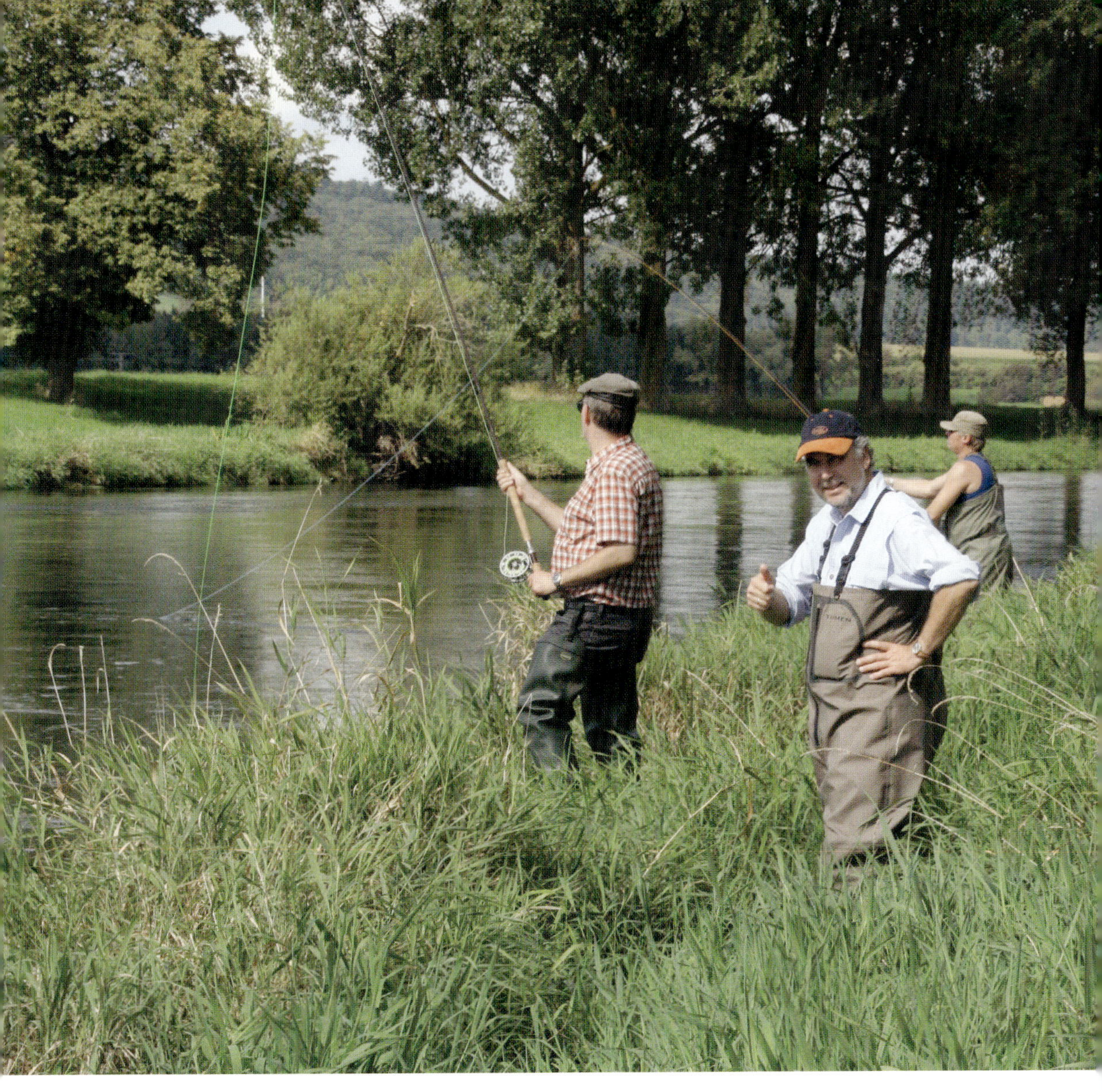

Ein weiterer großer Speycaster ist Ian Gordon, den ich ebenfalls persönlich kenne. Ian ist ebenfalls Schotte, spart aber nicht mit guten Tipps, wenn er über das Werfen spricht. Ich möchte Ian danken, dass er mir kürzlich für ein sehr instruktives Gespräch zur Verfügung stand. Interessant ist die Tatsache, dass auch Ian für den Einstieg ins Zweihandwerfen die Anschaffung einer 13' Rute der Klasse 8/9 empfiehlt.

Eine Variante ist der Scandinavian Speycast, der so genannte Unterhandwurf, der von skandinavischen Fischern wie Henrik Mortensen perfekt beherrscht wird. Auch diesen Wurf sollte man beherrschen.

Wurfkurse müssen nicht in Arbeit ausarten! Ein bisschen Spaß muss sein!

Ich rate Ihnen unbedingt, den Rollwurf, Speycast und Unterhandwurf zu üben und dann auch anzuwenden. Dies sollte der Regelfall sein! Tipps entnehmen Sie den folgenden Fotos.

Den Überkopfwurf empfehle ich nur in ganz bestimmten Ausnahmefällen. Zum Beispiel beim Zweihandfischen im Stillwasser wie zum Beispiel der Ostsee. Hier ist das „Herumrühren“ auf dem Wasser mit Rollwürfen nicht förderlich für den Fangerfolg. Außerdem ist der Überkopfwurf als Alternative zu sehen, wenn außergewöhnlich große Distanzen erreicht werden müssen. Dies ist aber selten der Fall!

Wie nähert man sich nun Schritt für Schritt dem sicheren, eleganten Werfen? Es wird Zeit für meine Wurftipps in Wort und Bild!

1. Die Handhaltung beim Werfen mit der Zweihand. Daumen der rechten Hand oben auf Korkgriffende, die linke Hand umfasst locker das Ende des Griffes.

2. Die Runningline schaut beim Werfen 5 bis 10 Zentimeter aus dem Spitzenring. Der Schusskopf ist also vollständig draußen.

3. Fortgeschrittenen Werfern gelingt es bald, dem Schusskopf einige Meter Runningline nachfolgen zu lassen. Es empfiehlt sich, die Runningline in losen Schlaufen in der linken Hand zu sortieren, um Verwicklungen zu vermeiden.

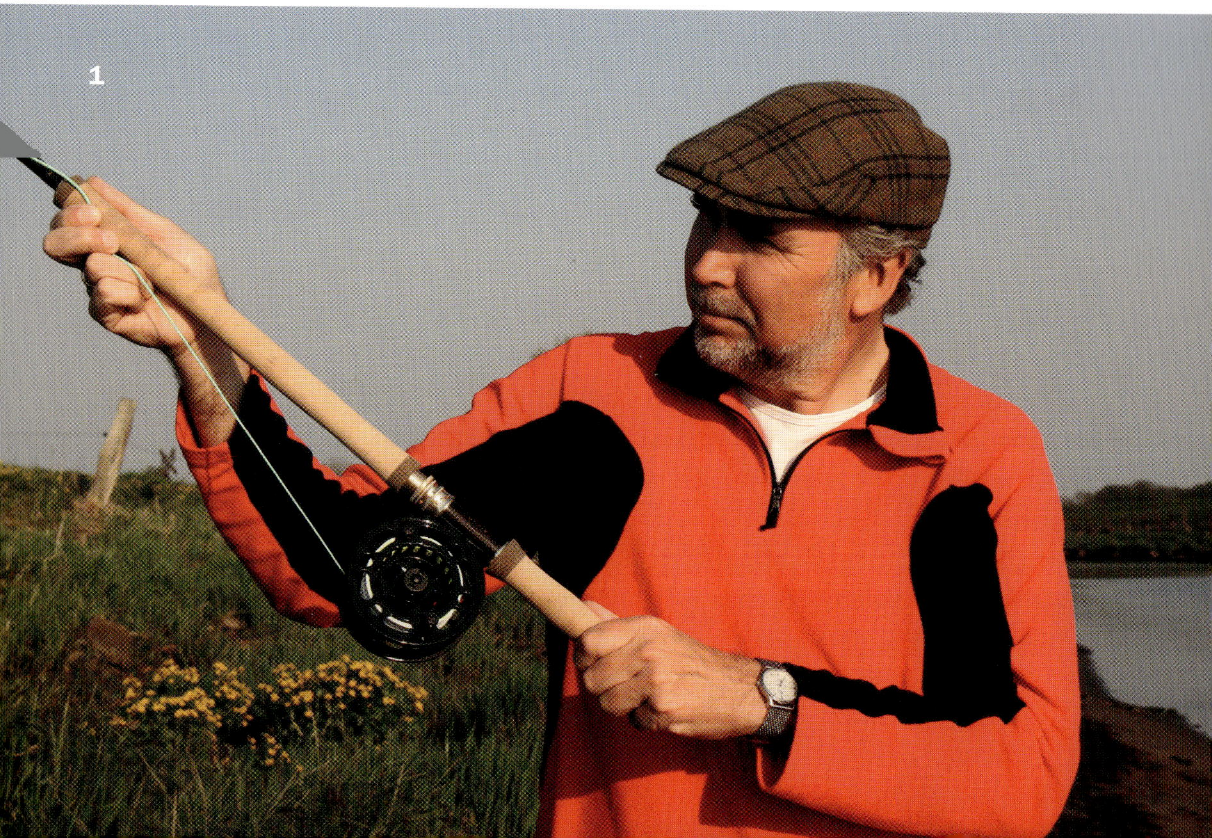

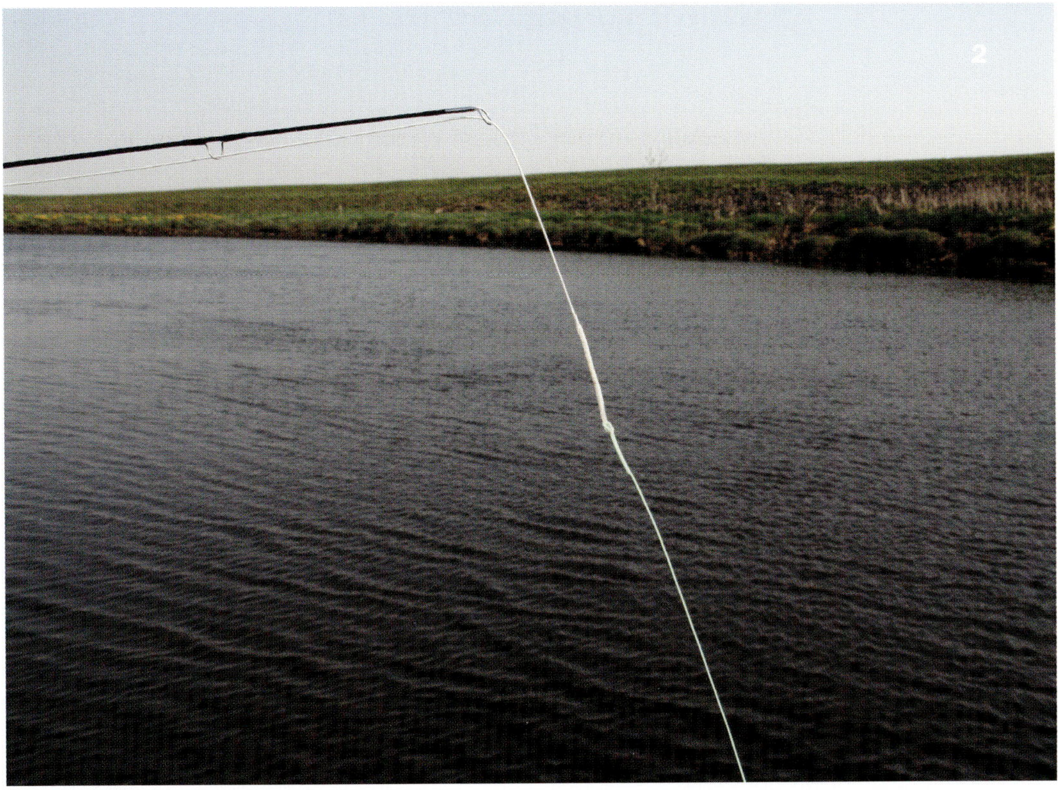

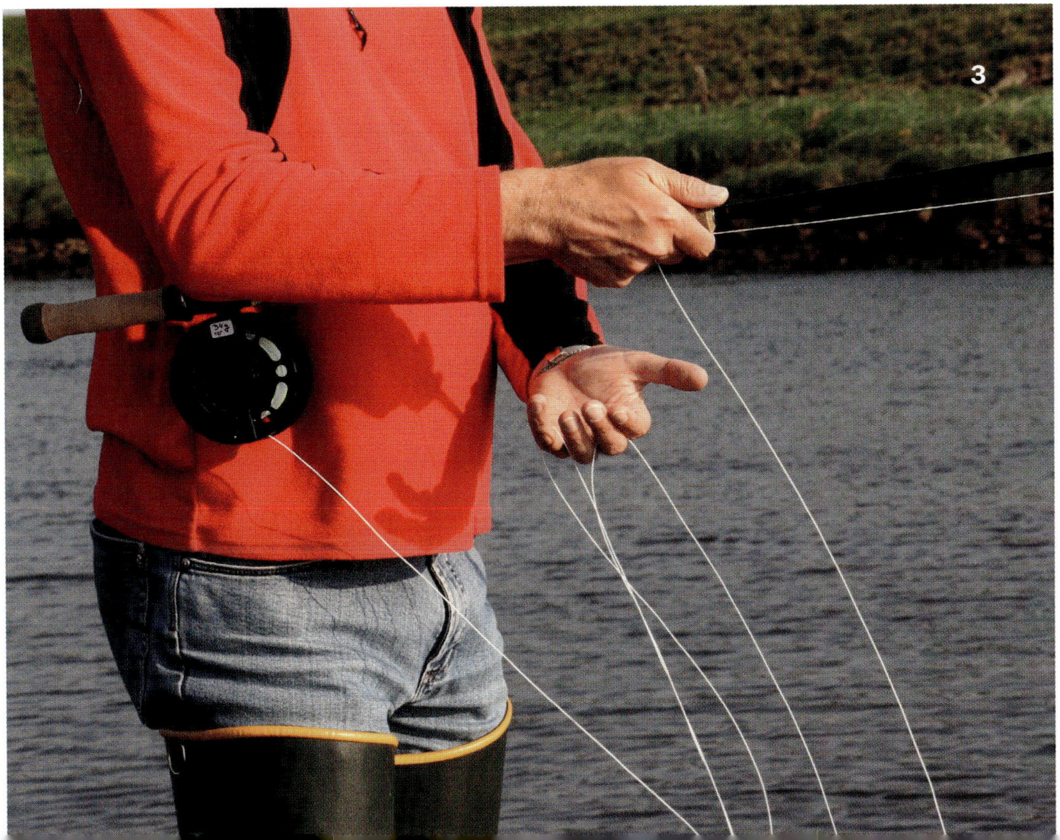

DER ROLLWURF

1. Der Rollwurf bildet die Basis für gekonntes und sicheres Zweihandwerfen. Für erste Versuche am Wasser reicht es aus, diesen Wurf zu beherrschen. Der Ablauf: Die Schnur wird an der rechten Schulter vorbei langsam, auf dem Wasser schleifend, herangeführt. Beide Arme sind leicht erhoben; die Rolle ist in Kopfhöhe. Die Schnur bleibt auf

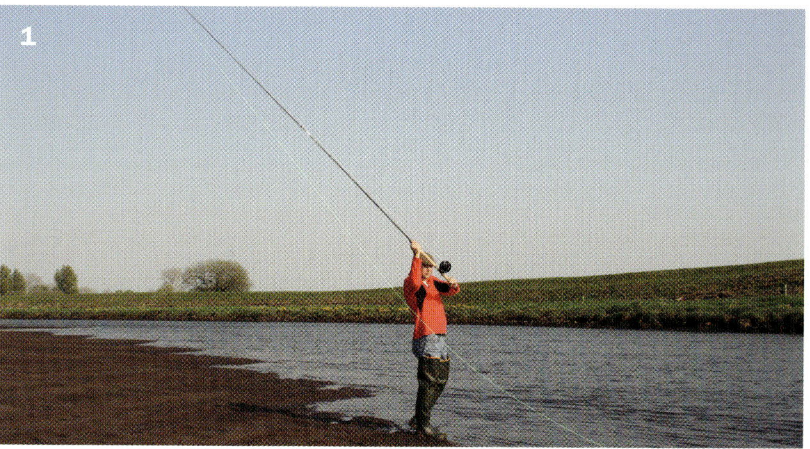
1

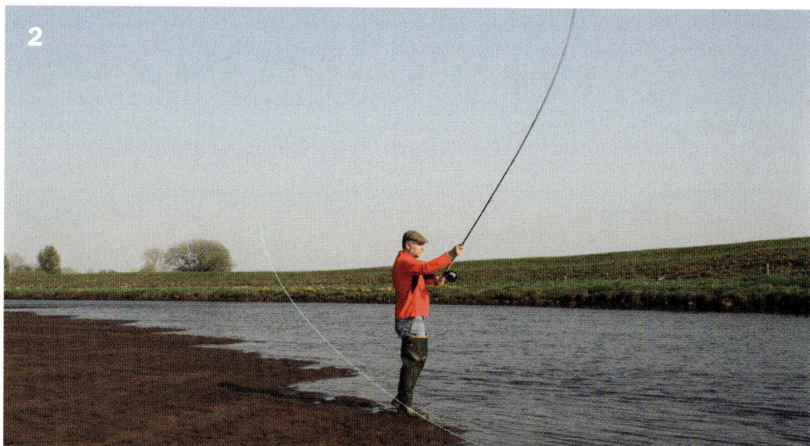
2

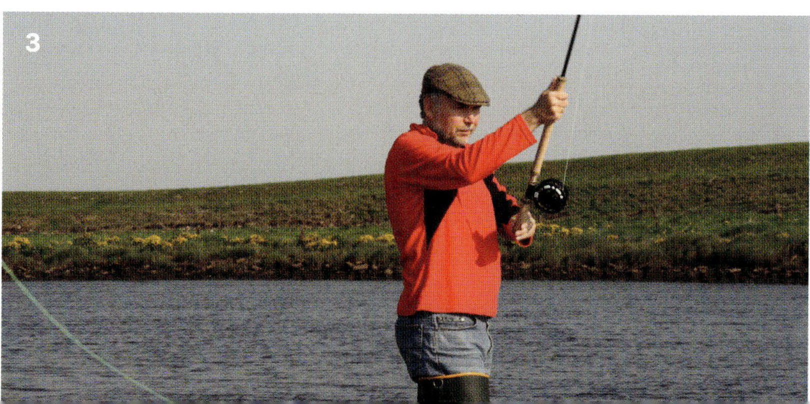
3

dem Wasser liegen. **2.** Erst dann, wenn sich neben dem Fischer das so genannte Schnur-D zeigt, ist es Zeit für den Vorschwung. Der Abwurfimpuls erfolgt nachdrücklich über das Wasser hinweg und nicht auf das Wasser deutend.

3. In der Endphase des Vorschwunges. Den Wurf mit nachdrücklichem Schwung abschließen. **4.** Und so entfaltet sich die Schnur auf dem Wasser. Wenn sich Schnur und Vorfach bis zur Streckung harmonisch abrollen, ist der Rollwurf gelungen. Bitte üben!

5. Kleiner Trick, große Wirkung. Anzuwenden bei störendem Wind von der „falschen“ Seite! Weht der Wind stark von der rechten Seite auf den Werfer zu, so empfiehlt es sich, den Rollwurf über die linke Schulter zu führen. Leine und Fliege können so den Werfer weder touchieren noch verletzen.

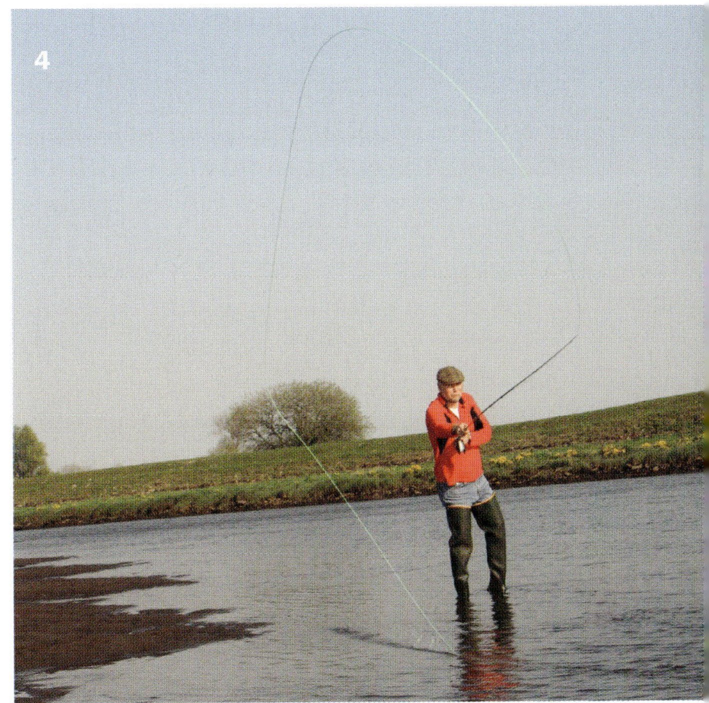
4

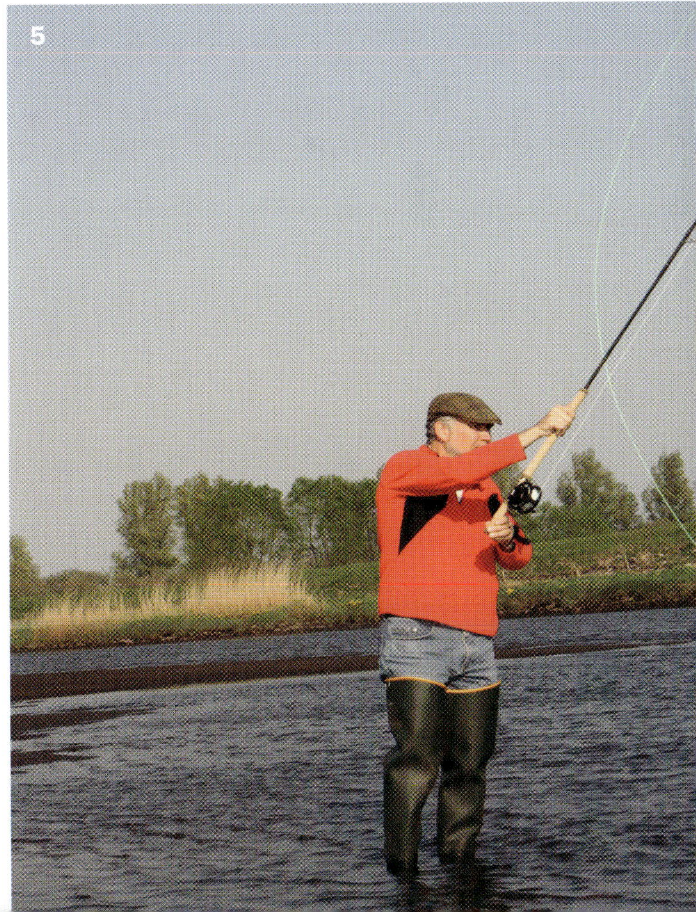
5

DER SPEY CAST

1. Der Spey Cast (oder Single Spey Cast) wird beim Fischen vom linken Flussufer* angewendet. (* Schauen Sie den Fluss stromab hinunter und das Ufer befindet sich links von Ihnen, der Fluss rechts – dann fischen Sie am linken Ufer.) Er dient dazu, die Leine nach dem Ausfischen wieder in die gewünschte Position quer zum Strom zu bringen. Siehe Foto 1: In dieser Phase ist die Leine nach dem Ausfischen gestreckt. Der Werfer hebt die Rute an und leitet den Spey-Cast damit ein. **2.** Der Schusskopf wird angehoben. Der Werfer leitet eine halbkreisförmige Bewegung mit der Rute ein, um die Leine nach rechts zu manövrieren.

3. Der Schusskopf folgt der Bewegung der Rutenspitze. **4.** Wie beim Rollwurf wird nun das Schnur-D aufgebaut. **5.** Der Vorschwung in die gewünschte Richtung. **6.** Die Leine liegt in der perfekten Position quer zum Fluss und nun kann sofort gefischt werden.

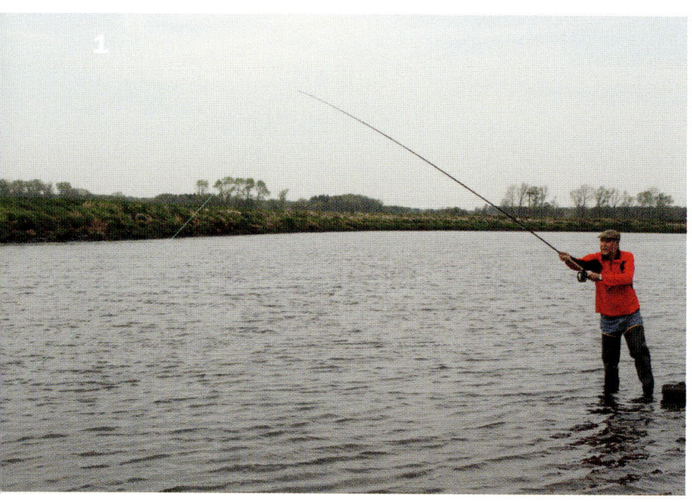

1

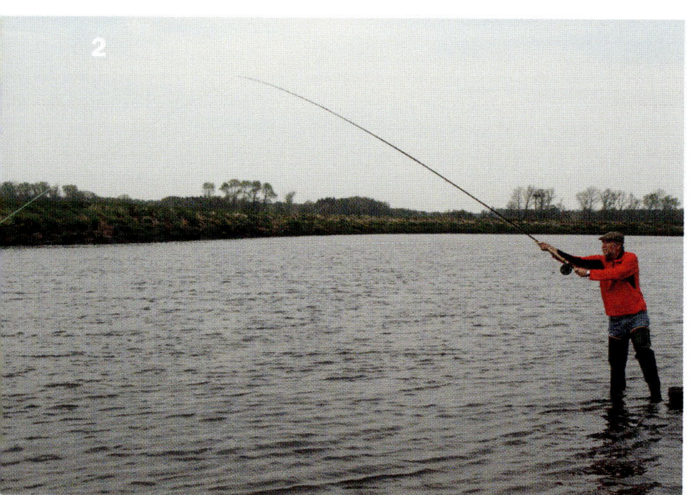

2

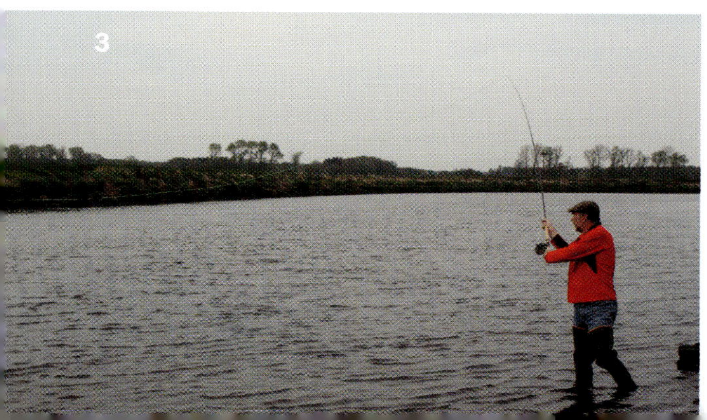

3

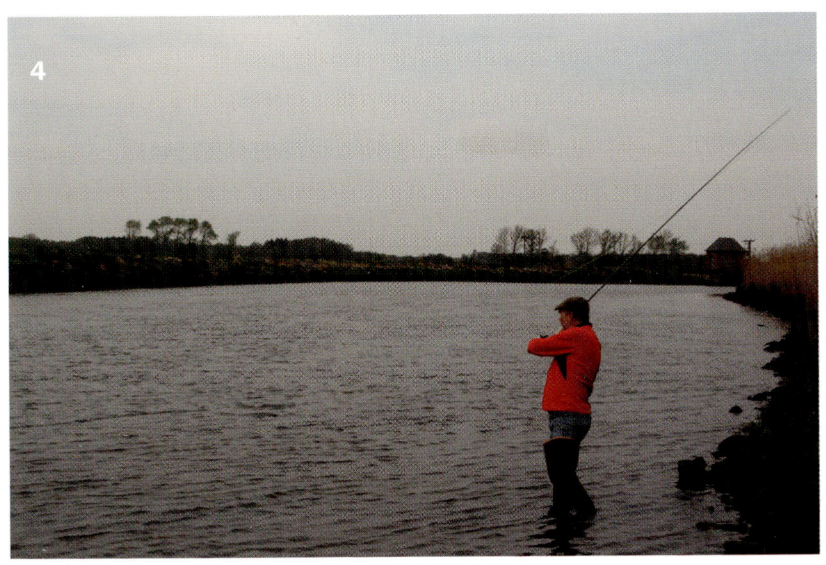
4

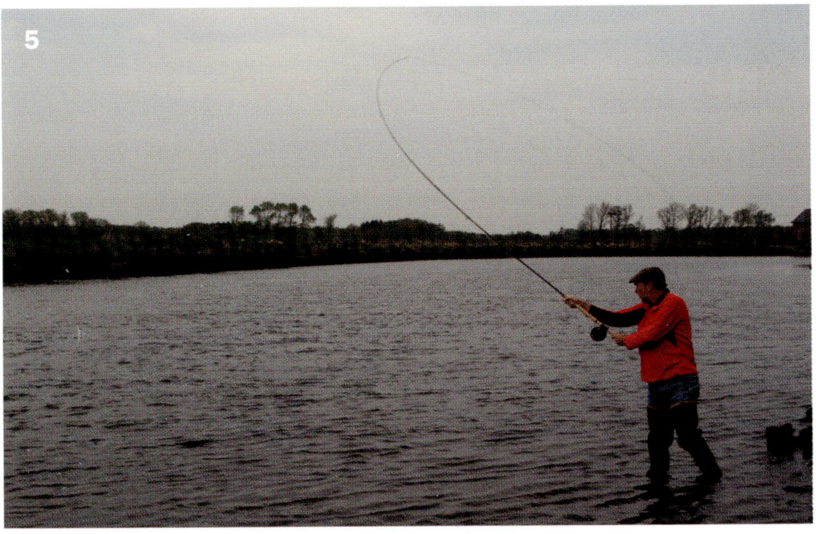
5

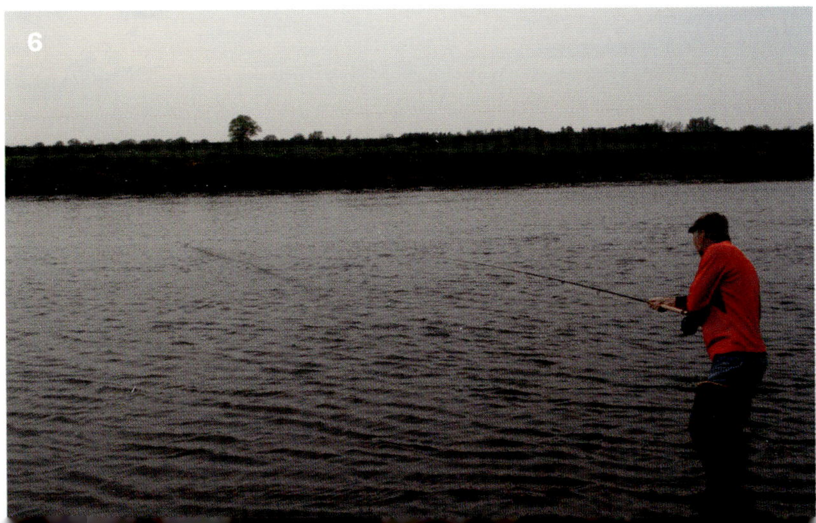
6

DER DOUBLE SPEY CAST

1. Der Double Spey Cast wird beim Fischen vom rechten Flussufer* angewendet. Der Ablauf: Den Schusskopf leicht abheben und mit einer Kreisbewegung der Rutenspitze nach links führen. (* Schauen Sie den Fluss stromab hinunter und das Ufer befindet sich rechts von Ihnen, der Fluss links – dann fischen Sie am rechten Ufer.) **2.** Hat der Schusskopf diese Position erreicht, wird ein leichter Schwung nach rechts ausgeführt. **3.** Bewegung des Schusskopfes nach rechts. **4.** Nun wird, wie beim Rollwurf, das Schnur-D rechts neben dem Werfer aufgebaut. **5.** Das Schnur-D nimmt Gestalt an. **6.** Das D ist da und der Vorschwung wird eingeleitet und **7.** dann ausgeführt. **8. + 9.** So endet der Double Spey Cast.

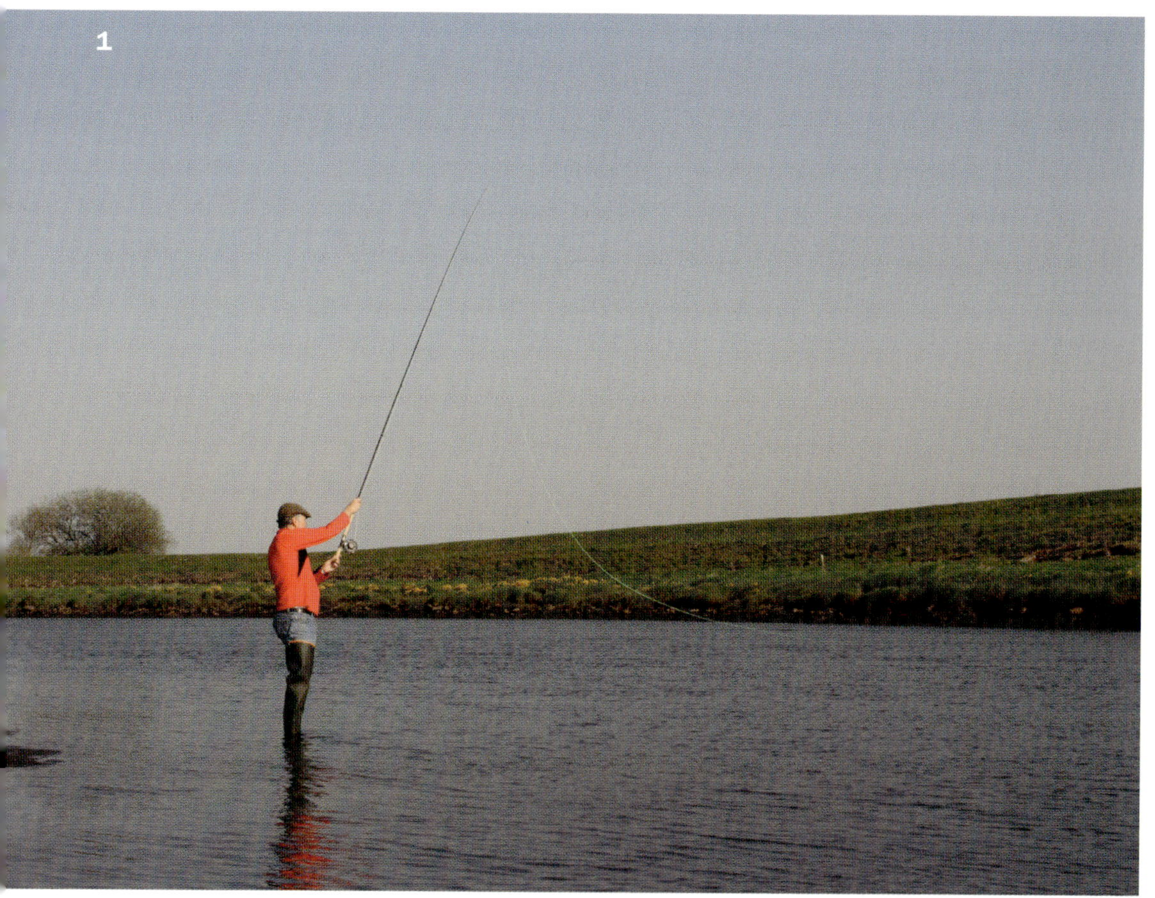
1

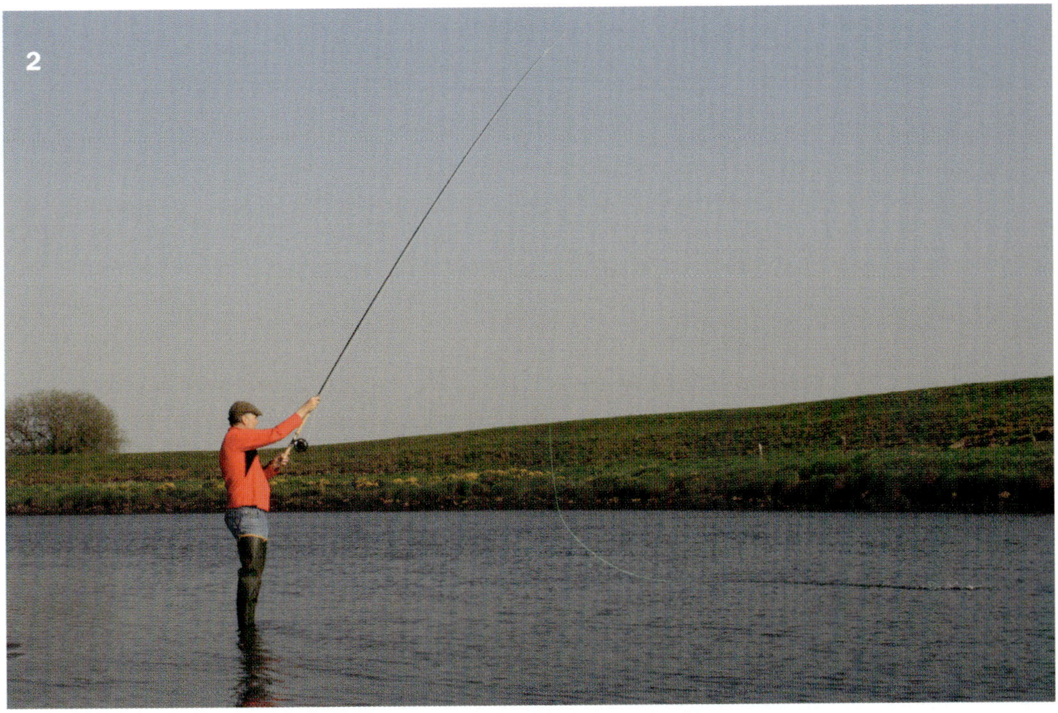

2

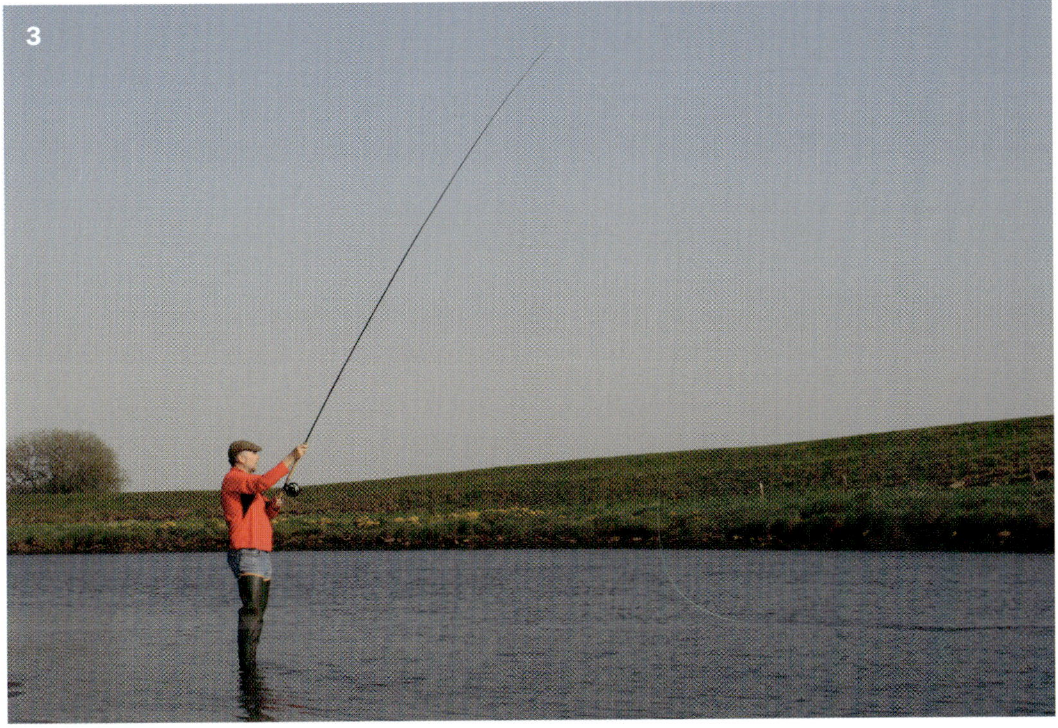

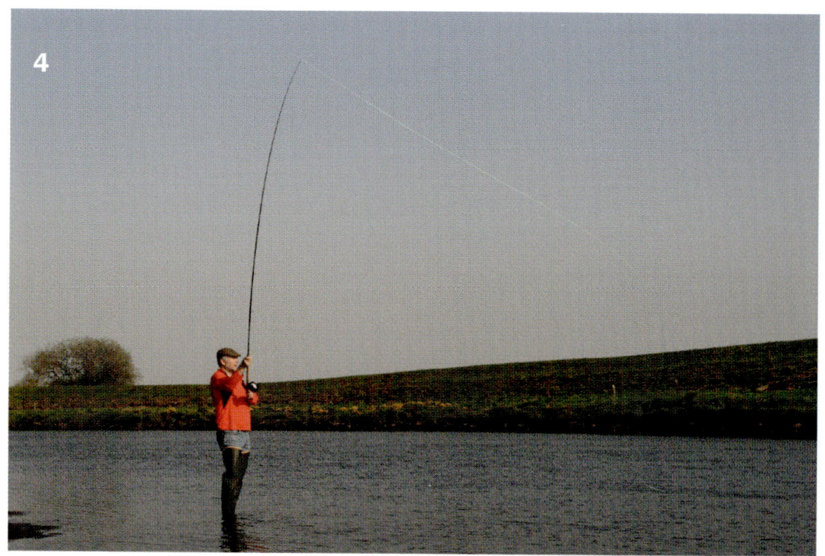
4

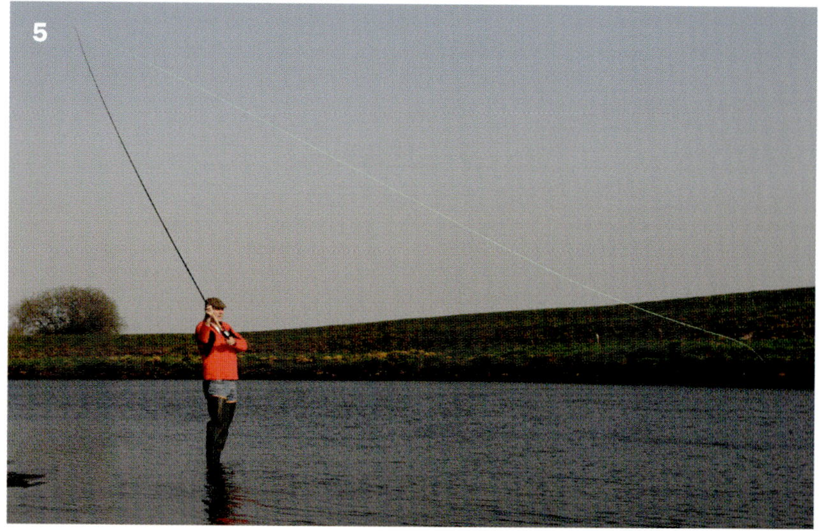
5

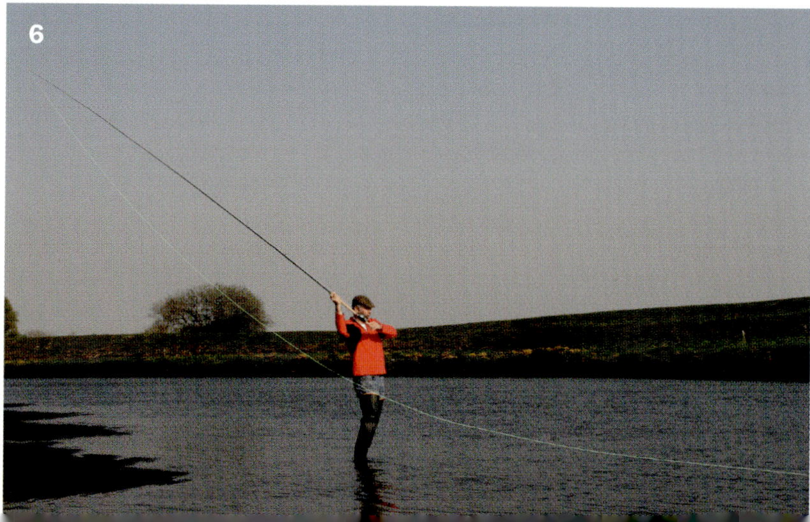
6

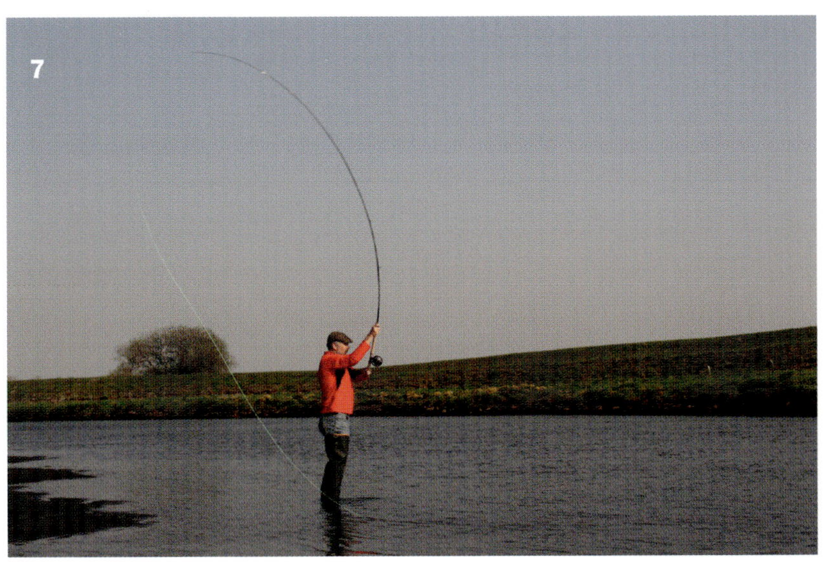
7

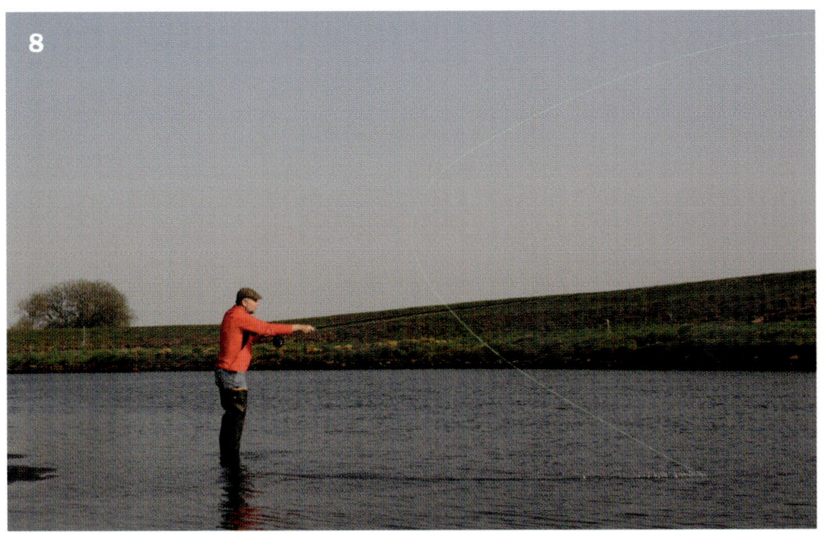
8

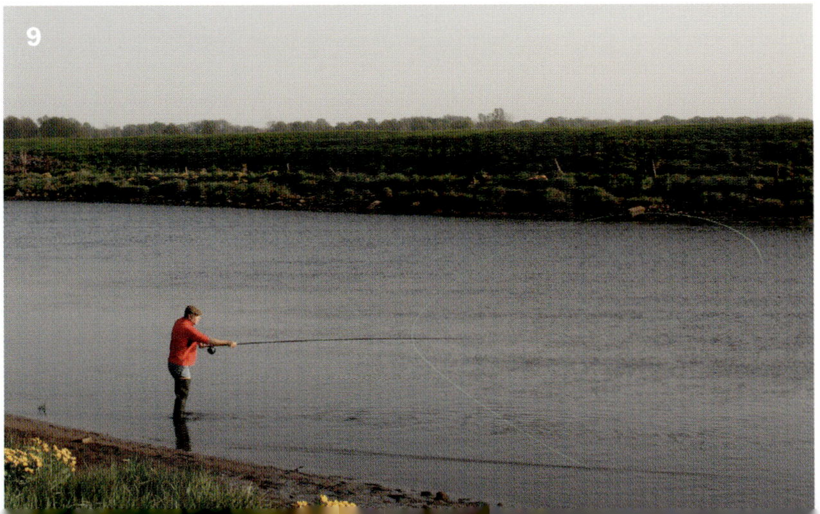
9

DER UNTERHANDWURF (Scandinavian Speycast)

Der Unterhandwurf ist eine Variante des Speycast. Bei beiden Würfen „ankert“ ein Teil der Schnur und das Vorfach als Widerlager auf dem Wasser. Unsere Fotos machen die Unterschiede deutlich: Die Schnur liegt in Wurfrichtung auf dem Wasser, nun startet der Unterhandwurf. Die Rutenspitze wird abgesenkt und nun führt man in einer zügigen Bewegung die Schnur nach hinten, bis die Rute in der Position „13.30 Uhr“ stoppt. Ziel ist, dass eine enge Schnurschlaufe rechts neben dem Werfer auf dem Wasser liegt.

Der Rutenweg beim folgenden Vorschwung stoppt bei 11 Uhr. Beim Abwurf soll sich die Schnur in einer engen Schlaufe nach vorn bewegen. Der Unterhandwurf entwickelt also mit weniger raumgreifenden Bewegungen mehr Dynamik als der Speycast, bei dem alles etwas runder und weicher abläuft.

Während beim Speycast ein Großteil des Wurfimpulses aus der oberen (rechten) Rutenhand und aus der rechten Schulter kommt, verrichtet beim Unterhandwurf die untere (linke) Rutenhand 70% der

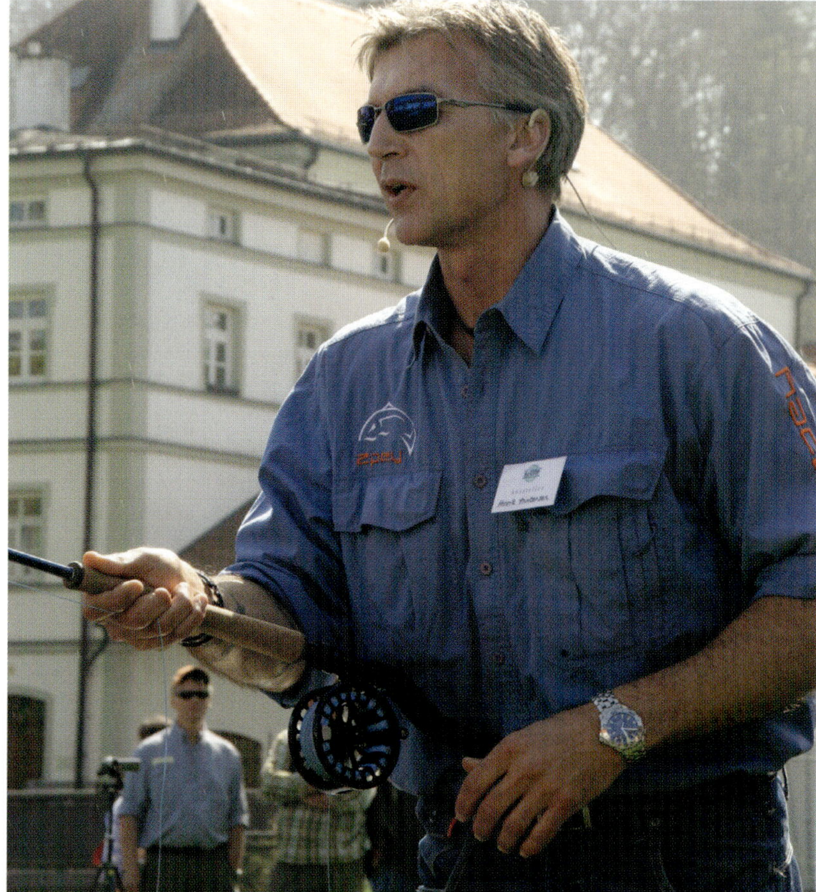

Prominenter Vertreter des Scandinavian Speycast (Unterhandwurf): Henrik Mortensen.

Arbeit! Die untere Hand wird beim Unterhand-Abwurf an den Körper gezogen. Die Bewegung endet dicht am Körper, ungefähr in Höhe des Bauchnabels.
Generell beim Unterhandwurf gilt: Beide Hände umfassen den Rutengriff ringförmig. Speycast und Unterhandwurf stehen gleichwertig nebeneinander: Welche Wurfart man bevorzugt, ist Geschmackssache und keine Glaubensfrage.

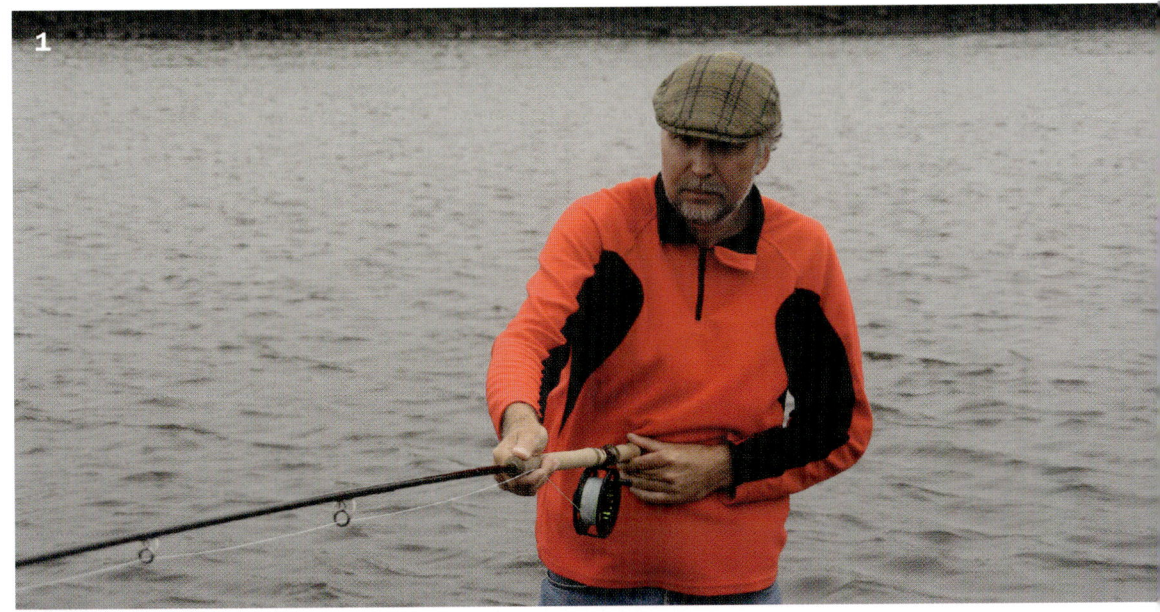

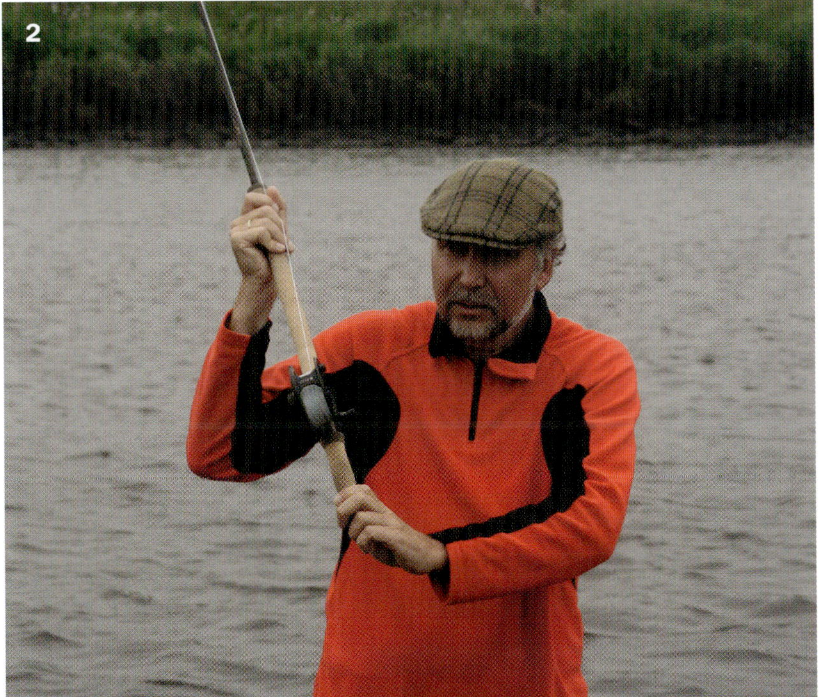

Oben: Die Rutenspitze wird beim Start des Unterhandwurfes abgesenkt.
Links: Bis zur Position „13.30“ erfolgt die Rutenbewegung beim Rückschwung.

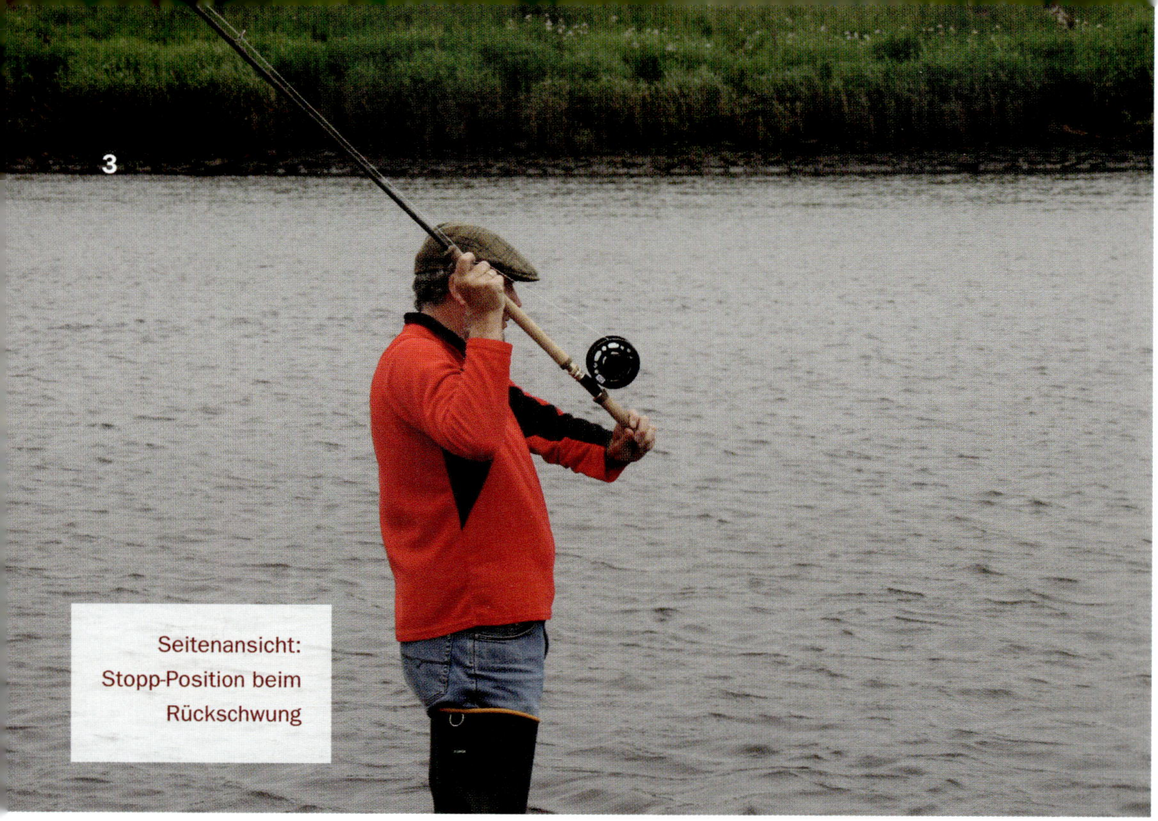

3

Seitenansicht: Stopp-Position beim Rückschwung

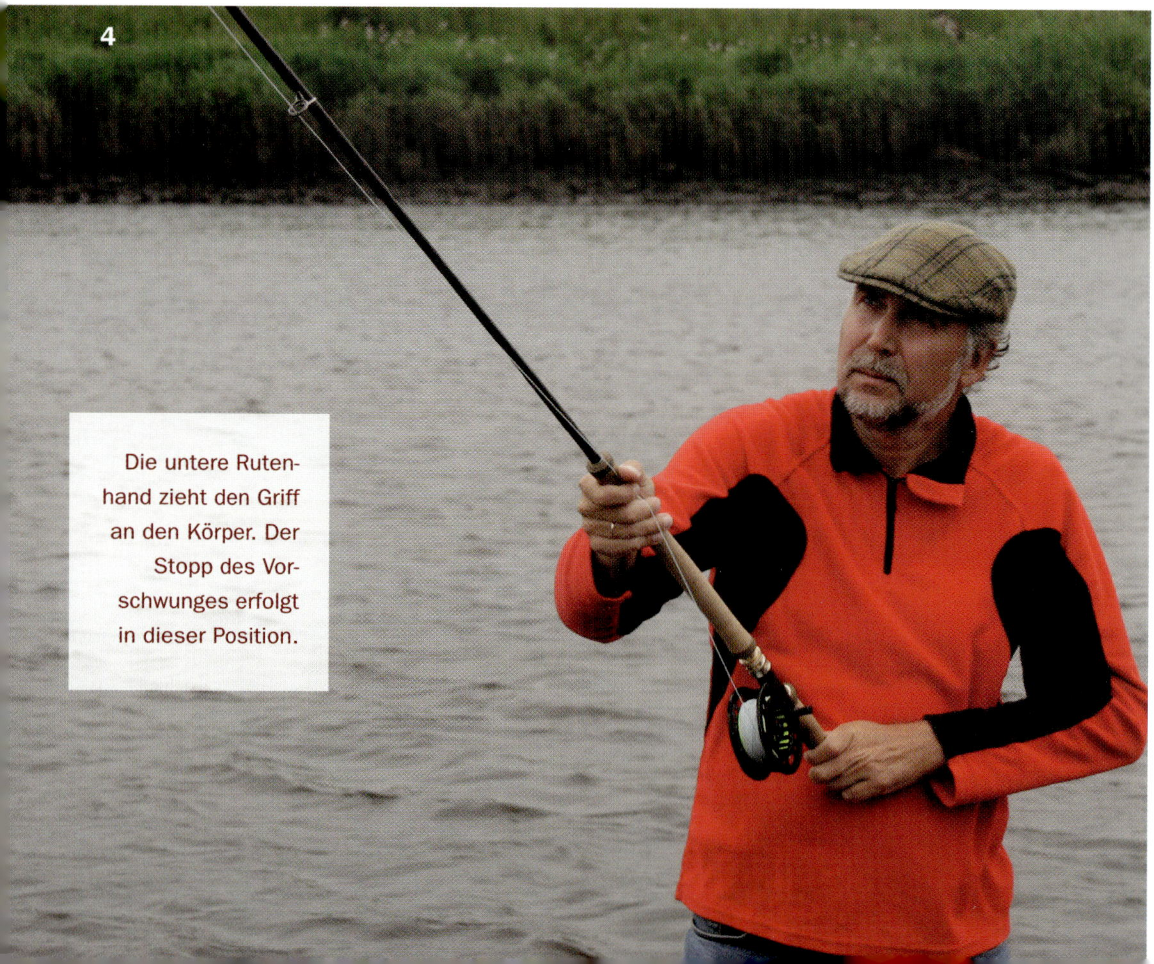

4

Die untere Rutenhand zieht den Griff an den Körper. Der Stopp des Vorschwunges erfolgt in dieser Position.

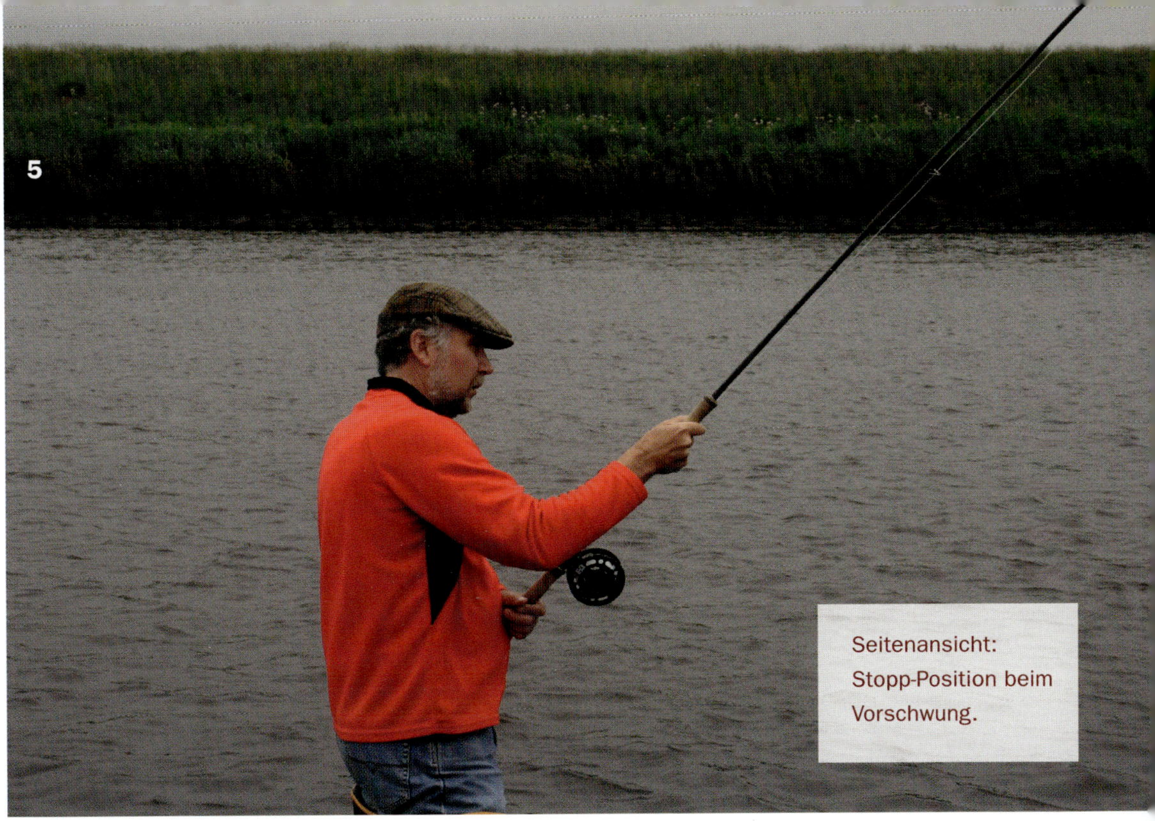

5

Seitenansicht: Stopp-Position beim Vorschwung.

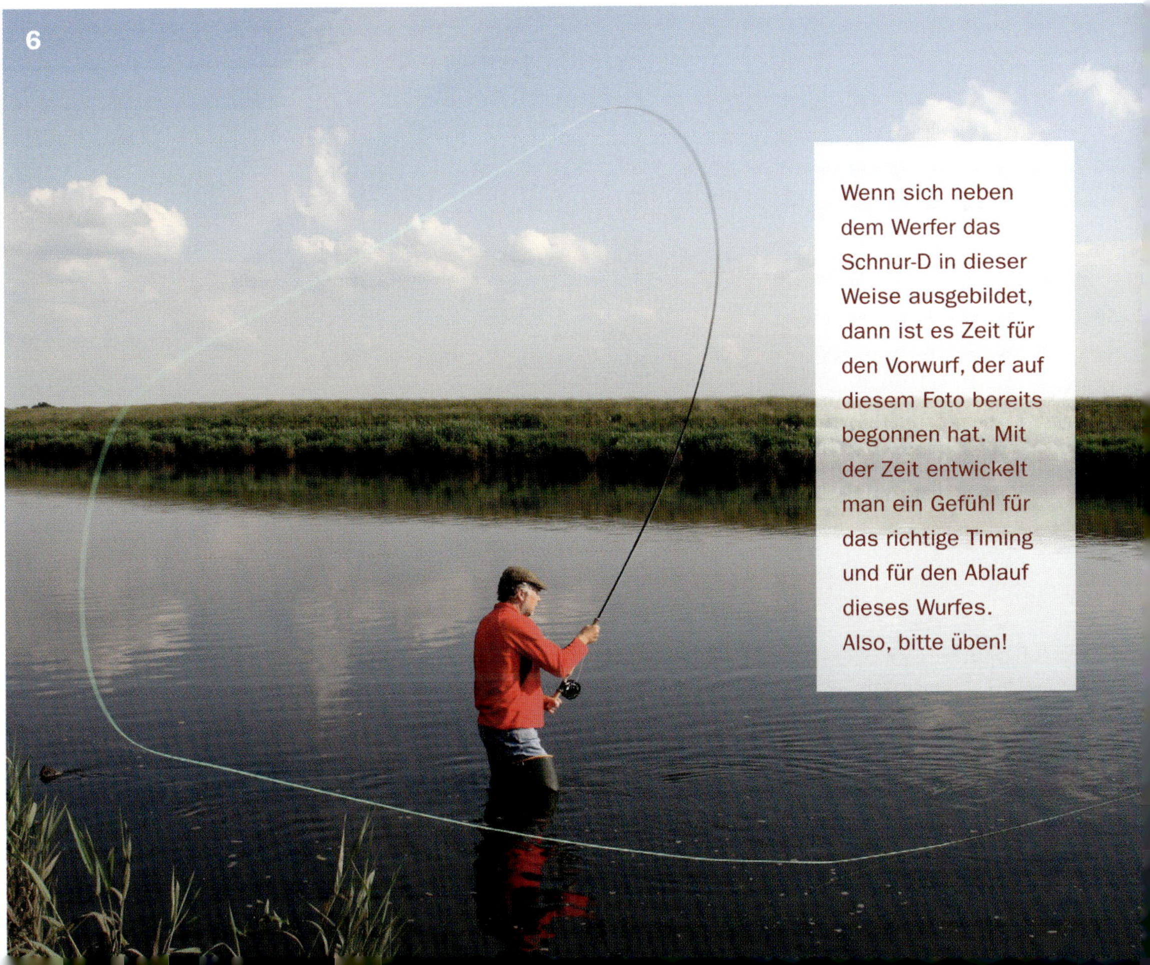

6

Wenn sich neben dem Werfer das Schnur-D in dieser Weise ausgebildet, dann ist es Zeit für den Vorwurf, der auf diesem Foto bereits begonnen hat. Mit der Zeit entwickelt man ein Gefühl für das richtige Timing und für den Ablauf dieses Wurfes. Also, bitte üben!

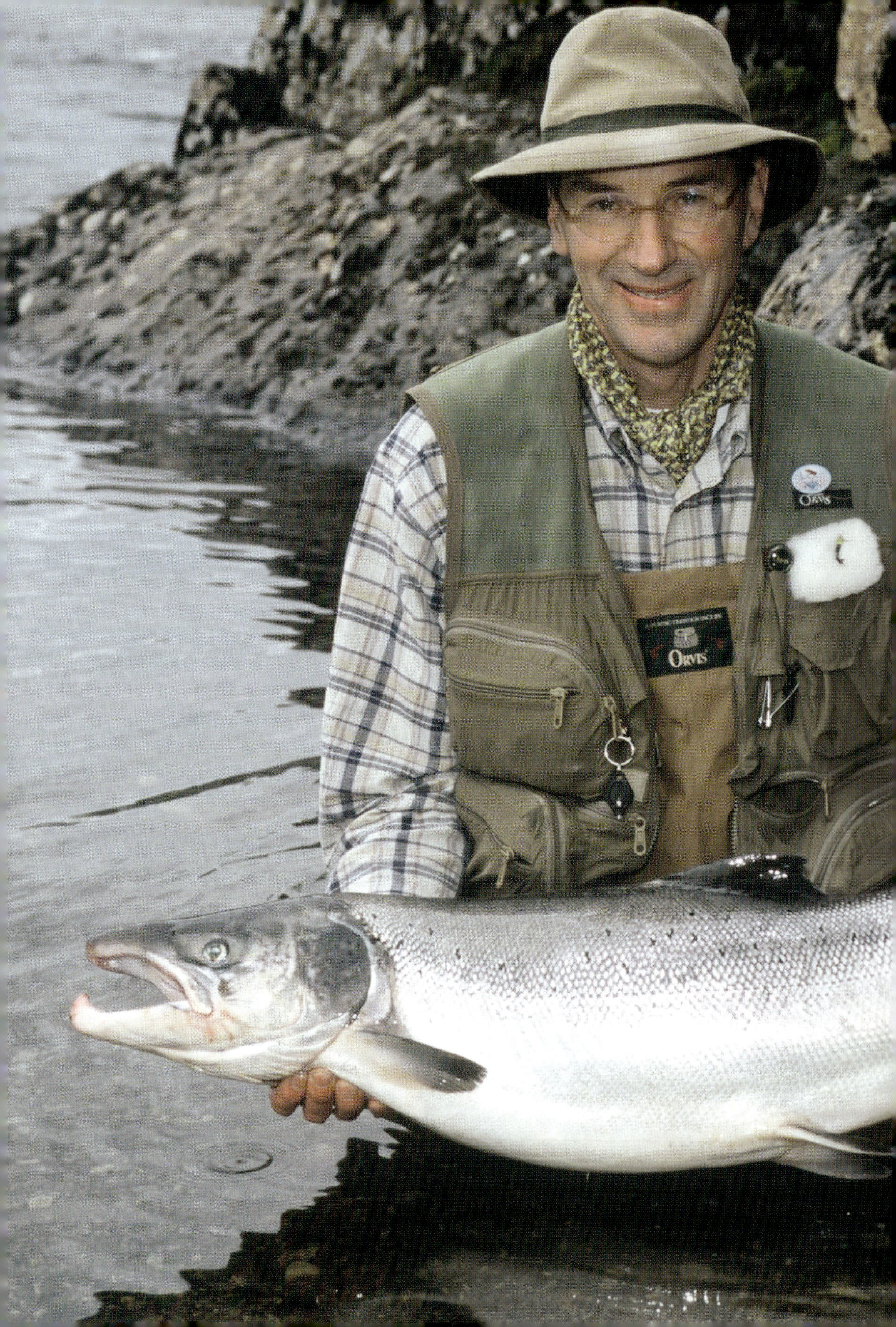
ORVIS
ORVIS

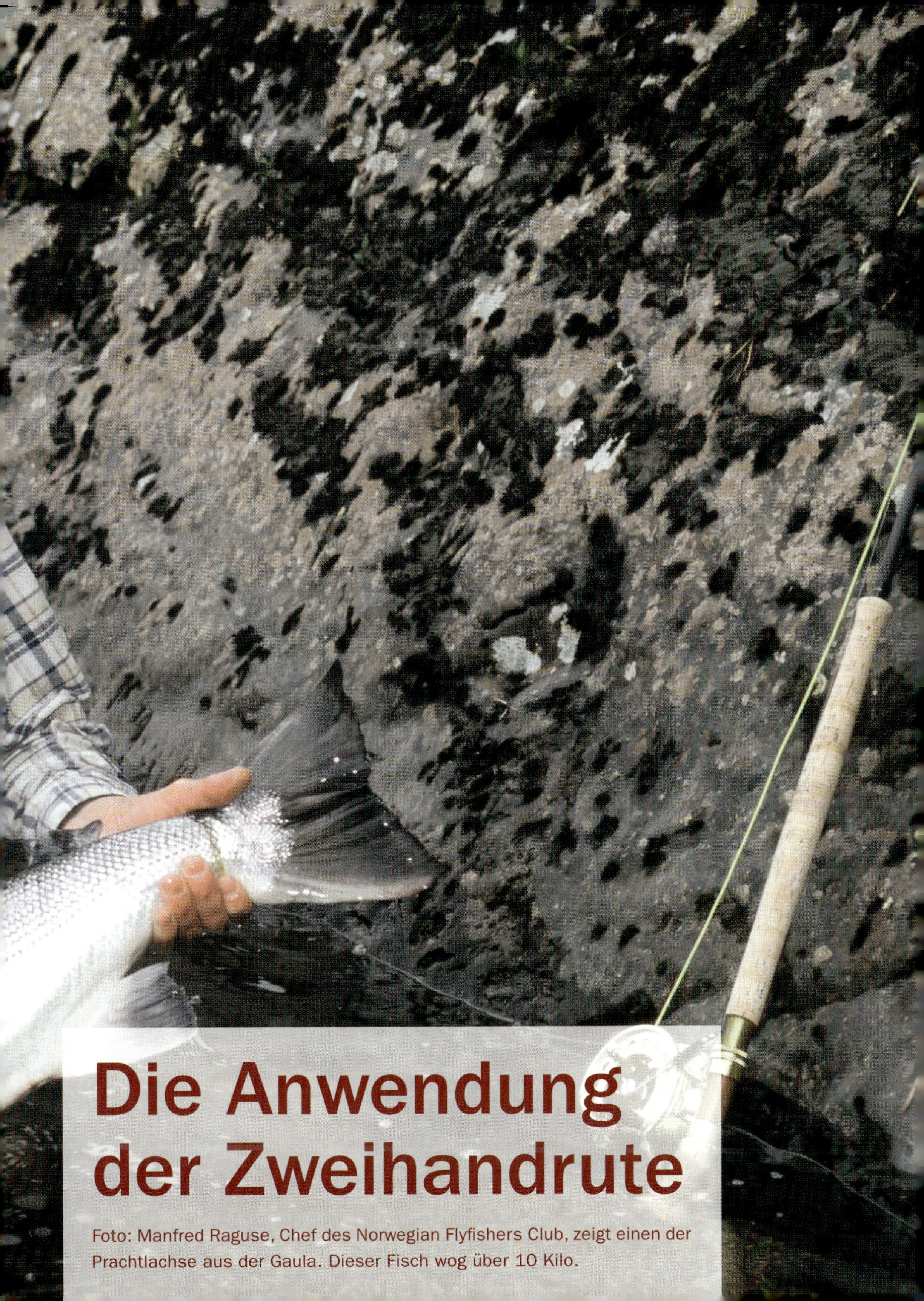

Die Anwendung der Zweihandrute

Foto: Manfred Raguse, Chef des Norwegian Flyfishers Club, zeigt einen der Prachtlachse aus der Gaula. Dieser Fisch wog über 10 Kilo.

LACHS

Der Atlantische Lachs ist der begehrteste Zielfisch des Zweihandfischers. Der Traum, einmal einen silbernen Salmo Salar mit der Fliege zu fangen, ist ein wichtiger Grund, weshalb sich immer mehr Angler für das Thema Zweihand interessieren. Deshalb folgen gleich breit gefächerte Informationen über die Facetten des Phänomens Lachs. Ich beginne, wie bei allen noch folgenden Zielfischen, mit den Geräteempfehlungen.

Gerätekiste Lachs

✔ *Ausrüstung für kleine und mittelgroße Flüsse mit kleinen Lachsen (Grilsen). 11 ' Switchrute der Klasse 7 oder 8. Dazu eine schwimmende Flugschnur (Switchline) kombiniert mit unterschiedlich schnell sinkenden Polyleadern. Minimalausrüstung: ein Polyleader vom Typ Intermediate. Alternativ ein monofiles, konisch gezogenes Vorfach. Vorfachspitze: 0.28er oder 0.30er Monofil.*

✔ *Ausrüstung für mittelgroße Flüsse mit Fischen unterschiedlicher Größe vom Grils bis zum Großlachs. Zweihandrute um 13 ' lang, Klasse 8 oder 9. Dazu ein Schusskopfsystem mit vier Ausführungen von schwimmend bis schnell sinkend plus Polyleader in verschiedenen Sinkraten. Vorfachspitze: 0.35er oder 0.40er Monofil.*

✔ *Ausrüstung für große Flüsse mit Lachsen vom Typ Grils bis Großlachs. Zweihandrute in 14 ' oder 15 ' der Klasse 10 oder 11. Dazu ein Schusskopfsystem von schwimmend bis schnell sinkend plus Polyleader in verschiedenen Sinkraten. Vorfachspitze: 0.35er bis 0.45er Monofil.*

✔ *Fliegenwahl. Das Angebot an bewährten Lachsfliegen ist riesig! Welche Größe und Farbe man vorzieht, orientiert sich zum Beispiel an der Wassertemperatur und Wassertrübung. Und an der Größe der zu erwartenden Fische! Ferner sind gewisse Traditionen in den verschiedenen Ländern für die Entwicklung zahlloser Kreationen verantwortlich. All dies verwirrt den Einsteiger! Ich komme zum Ende des Lachskapitels auf dieses Thema zurück und zeige Ihnen einige Favoriten, die sich immer wieder bewährt haben.*

Vorab eine realistische Einschätzung der Fangchancen. Und zwar aus dem Blickwinkel des Fischers, der viel erlebt und einiges Lehrgeld gezahlt hat. Lachse fangen, Atlantische Lachse wohlgemerkt, das ist nahezu überall ein schwieriges Geschäft. Selbst für alte Hasen. Pazifische Lachse steigen in großen Mengen auf, insbesondere Buckellachse, Rotlachse und Silberlachse, damit ist der Fang bereits vor Reiseantritt so gut wie sicher. Der Atlantische Lachs hingegen ist seltener und schwer zum Anbiss zu verführen; jeder Fang ist ein besonderes Ereignis. Wohl auch deshalb ist er so begehrt. Was selten ist, wird als besonders kostbar empfunden. Lohnt sich die Mühe?

Meine Antwort auf diese Frage ist klar. Ein silberner Salmo Salar, frisch am Ufer liegend, lässt alle Anstrengungen vergessen. So ein Fang ist ein Erlebnis, das den Angler tief berührt, aufwühlt und verändert. Man kommt schwer davon wieder los. Faszination Atlantiklachs!

Bei mir liegt die Initialzündung über 20 Jahre zurück. Reisen ohne Biss oder Fang stellten sich anfangs ein, bevor es endlich klappte. Es ist mein Ziel, Einsteigern zu helfen, diesen Weg abzukürzen.

1. Zunächst gilt es, das richtige Reiseland zu finden. Geldbeutel und verfügbare Urlaubszeit sind zu berücksichtigen! Sind Sie in finanzieller Hinsicht bestens gestellt, spricht viel für eine Reise in eines der Top-Länder. Russische Gewässer wie der Ponoi oder Spitzenflüsse auf Island wie der Ranga sind fast eine Fanggarantie.

Island und Russland sind allerdings für die meisten Angler uner-

Die Sonne geht, die Lachse kommen! Zwielicht an der Gaula in Norwegen.

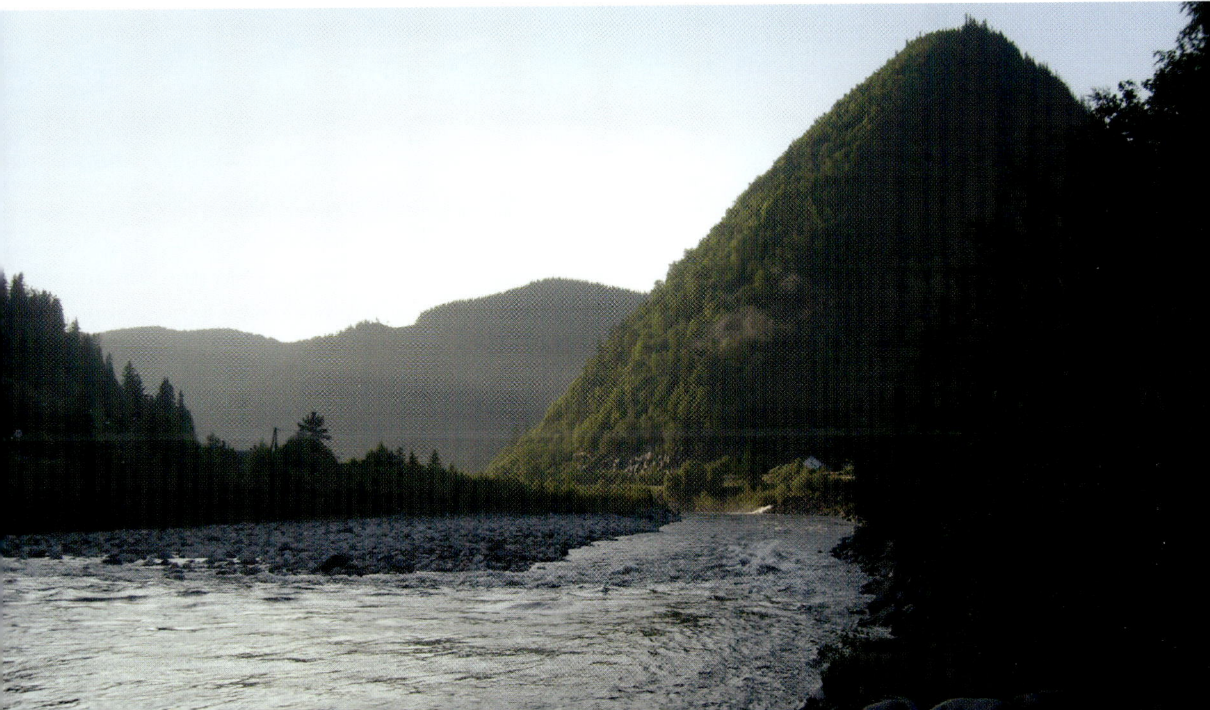

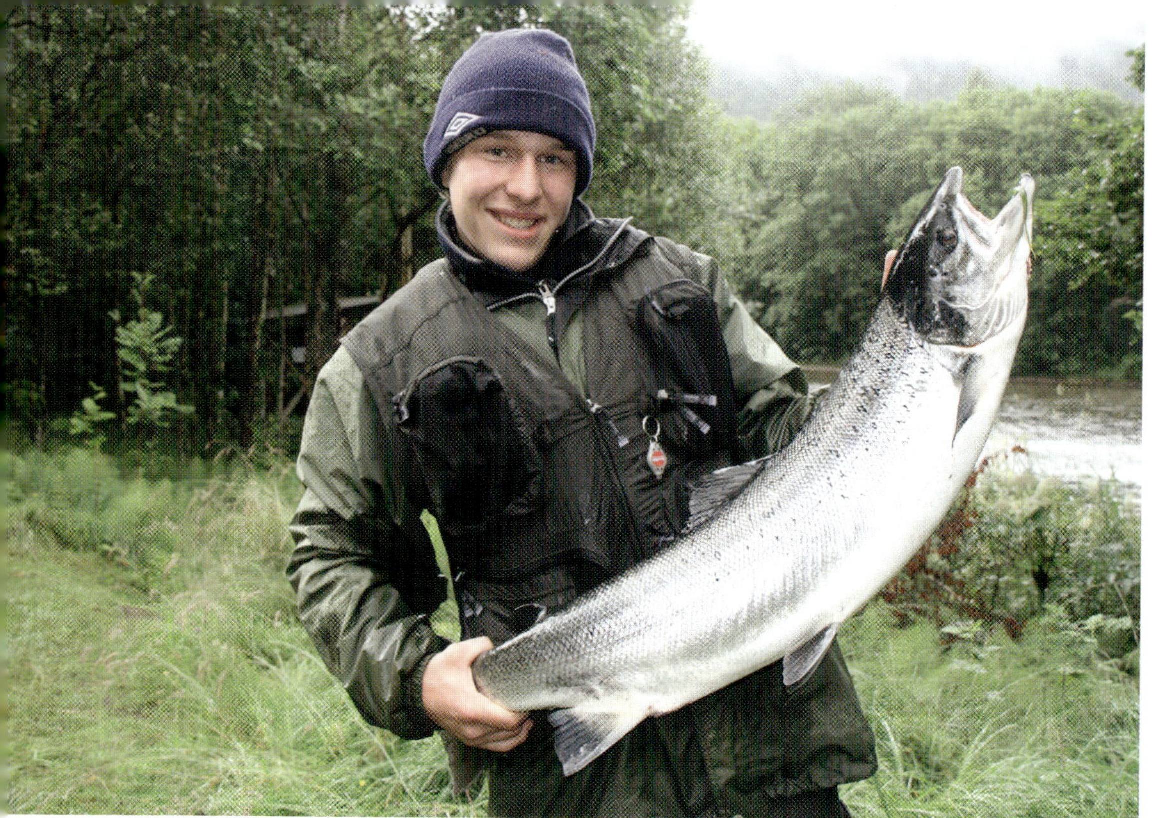

Wunderschöner 9 Kilo-Lachs aus dem Eidselva in Norwegen.

schwinglich. Gute Chancen zum moderaten oder kleinen Preis bieten folgende Länder: Schweden, Norwegen, Schottland, Irland und Finnland.

Welches Land man wählt, wird von der persönlichen Vorliebe abhängen. Es gibt Irlandfans, durch nichts zu erschütternde Norwegenfreunde (ich bin ein solcher) oder Angler, die das klassische Ambiente Schottlands über alles schätzen.

Nun zum Termin. Welche Monate bieten sich an?

Norwegen, Schweden, Finnland bieten gute Chancen von Juni bis September, der schwedische Fluss Mörrum sogar schon im Mai.

Irland und Schottland haben eine Besonderheit zu bieten: so genannte „frühe Flüsse", die das erfolgreiche Lachsangeln bereits zu Beginn des Jahres (Januar, Februar, März) ermöglichen. Anschließend erfolgt ein Frühlingsrun der „Springer" (Frühjahrslachse) im April und Mai und ein Sommeraufstieg kleinerer Lachse. Und dann laufen im Herbst bis zum Spätherbst (November) einige schottische Gewässer nochmals zur Hochform auf. Die große Auswahl! In Irland und Schottland ist die Lachssaison extrem lang.

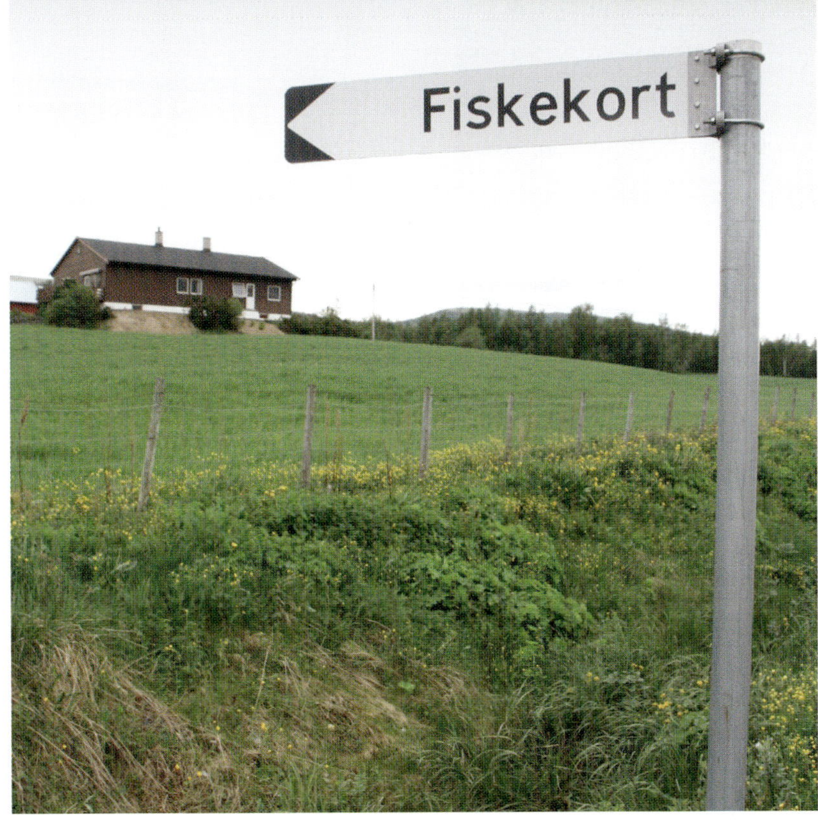

Hier gibt es Angelkarten. Günstige? Einfach mal fragen!

Island und Russland starten ab Juli in die Hochsaison und die fängige Zeit an einigen Flüssen reicht bis in den September. Hinweis: Vor der Einreise nach Island müssen Sie Ihr Angelgerät und Watzeug desinfizieren lassen. Die Bescheinigung muss bei der Einreise vorgezeigt werden. Auch in anderen Ländern (Norwegen) ist es an einigen Flüssen Pflicht, vor Angelantritt eine Desinfektion durchführen zu lassen. An zentralen Kartenausgabestellen wird dies gern vor Ort erledigt.
Kanada bietet an seiner Ostküste ebenfalls gute Atlantiklachsflüsse wie den Grand Cascapedia oder den Miramichi, dies sei der Vollständigkeit halber erwähnt. Gute Reviere sind ähnlich teuer wie die besten europäischen Strecken. Saison: Juni bis September.
Tipp für Sparfüchse: Eine lange Saison zu kleinen Preisen bietet *Dänemark*! Ich berichtete vor einiger Zeit im BLINKER und in FLIEGENFISCHEN über die tollen Fänge an der Skjern Au, Varde Au und Guden Au. Die Tageskarten sind sehr günstig, die Anfahrt gelingt mit dem Auto (ohne Fähre, ohne Flieger) und zur Auswahl stehen viele interessante Wochen von April bis Oktober. Startschuss ist am 1. April!
Für alle Länder gilt es, die Anzeigen von Angelreisefirmen in den Fachzeitschriften zu beachten; interessante Hinweise finden sich oft im

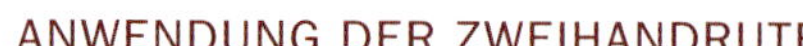

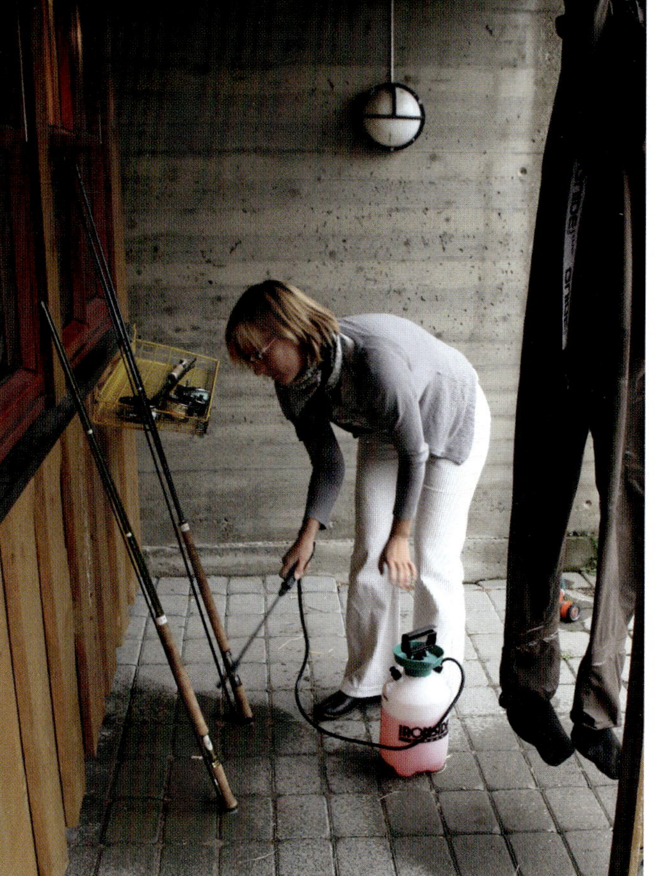

Desinfektion des Angelgeräts. Das ist in vielen Ländern vorgeschrieben und wird gern vor Ort erledigt.

Kleinanzeigenteil! Es ist von Vorteil, sich bei der ersten Lachsreise einer renommierten Angelreisefirma anzuvertrauen.

2. Haben Sie sich für ein Land entschieden, folgt nun die Suche nach dem Fluss. Er sollte Ihnen „liegen". Machen Sie die Wahl davon abhängig, ob Sie Ihre erfolgreichste Angelmethode sinnvoll anwenden können. Nicht jeder Fluss ist zum Fliegenfischen perfekt geeignet. Machen Sie sich diesbezüglich kundig!

Faustregel: sehr große Flüsse sind schwerer zu beangeln, bieten aber in Trockenperioden noch Chancen. Mittegroße und kleinere Flüsse sind schön handlich, sind aber meist abhängig von Niederschlägen, nur dann steigen Lachse auf. Wer viel Zeit am Fluss verbringen kann, 2 bis 3 Wochen vielleicht, kann auf Wetterglück setzen und sich an einem kleineren Fluss niederlassen. Kommt dann der Regen, werden die Lachse zur Stelle sein.

Noch eine Faustregel: Angelkarten für Flüsse, die hohe Durchschnittsgrößen aufweisen, sind teurer als jene für so genannte „Grilseflüsse" (Kleinlachsflüsse). Hier ist nur selten ein kapitales Exemplar zu fangen, dafür aber schöne Fische zwischen 2 und 5 Pfund. Hier trifft unter glücklichen Umständen (Regen!) das Motto „großer Spaß für kleines Geld" zu.

3. Haben Sie Ihr Land und Ihren Fluss ermittelt, gilt es, weitere Feinjustierungen vorzunehmen. Finden Sie den für Sie richtigen Flussabschnitt (Beat)! Vergleichen Sie die Preise für die Karten und die Fangchancen! Sehen Sie Statistiken im Internet ein. Frühes Buchen sichert gute Plätze!

Manche Beats erlauben nur das Fliegenfischen! Hier finden wir mit

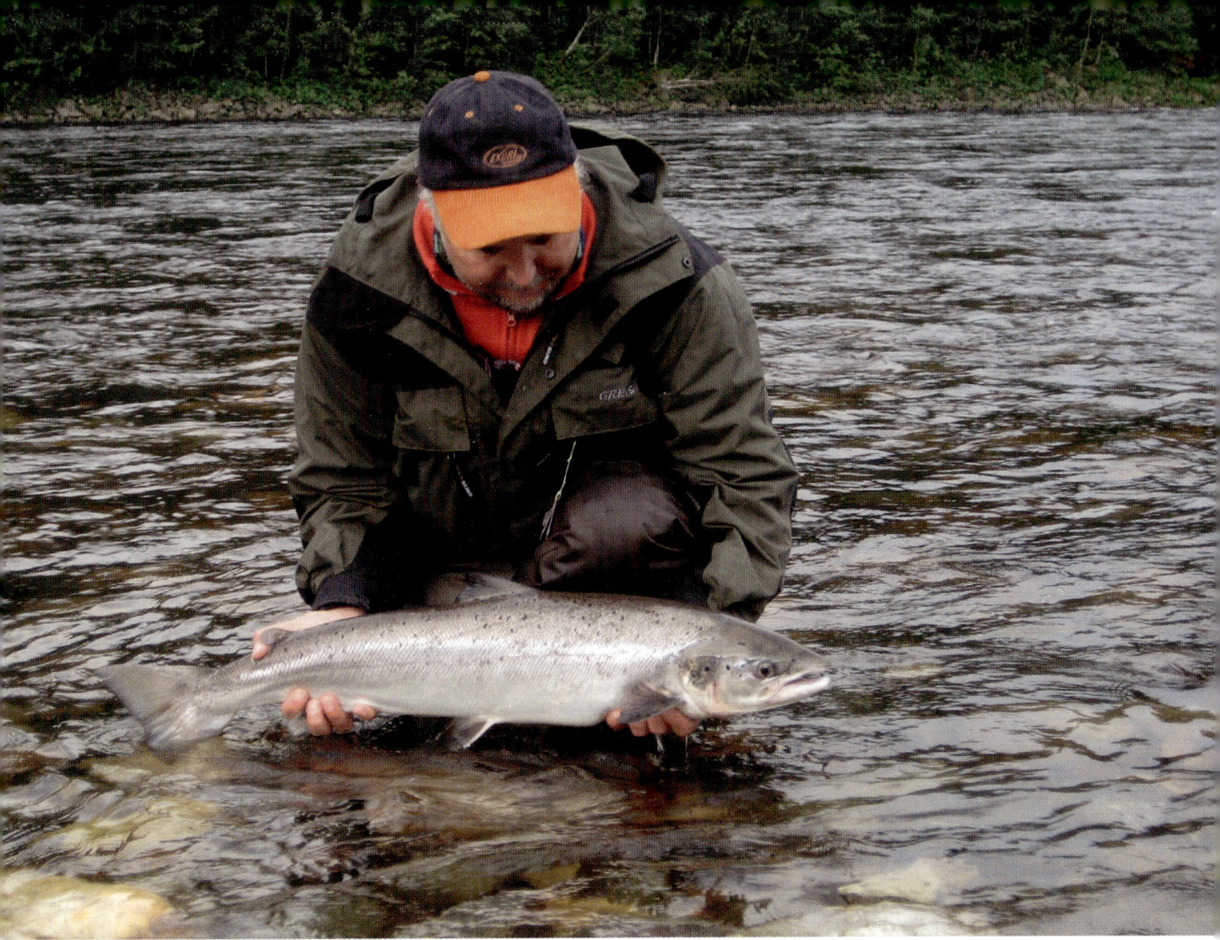

Der Verfasser mit einem schönen 6 Kilo Lachs aus der Gaula.

unserer Zweihand ein Umfeld, das uns Freude macht und den höheren Preis nehmen viele erfahrene Fischer gern einfach in Kauf.

Campingplatzstrecken mit freier Methodenwahl sind stets günstig; man muss allerdings mit viel Konkurrenz am Wasser rechnen. Ich kenne aber Angelkollegen, die mit dieser Situation umzugehen wissen.

4. Bevor Sie die Karten für den Beat reservieren, checken Sie nochmals die richtige Zeit! Buchen Sie wirklich eine Woche mit guten Chancen? Fragen Sie nach den besten Wochen der vergangenen Jahre oder recherchieren Sie dies im Internet!

Auch an einem Superfluss gibt es Wochen, die jedes Jahr wenig Erfolg versprechen. Wage Hoffnungen sollten Sie nicht verführen, auf solche Termine zu setzen. Buchen Sie lieber eine Woche an einem formal zweitklassigen Beat, der zu Ihrer Urlaubszeit jedoch normalerweise einen Höhepunkt erlebt.

5. Ist Ihnen der Fluss oder Beat nicht bekannt, dann ist vor Ort Hilfe nötig. Ein Infoblatt des Reiseveranstalters ist gut, ein Guide viel bes-

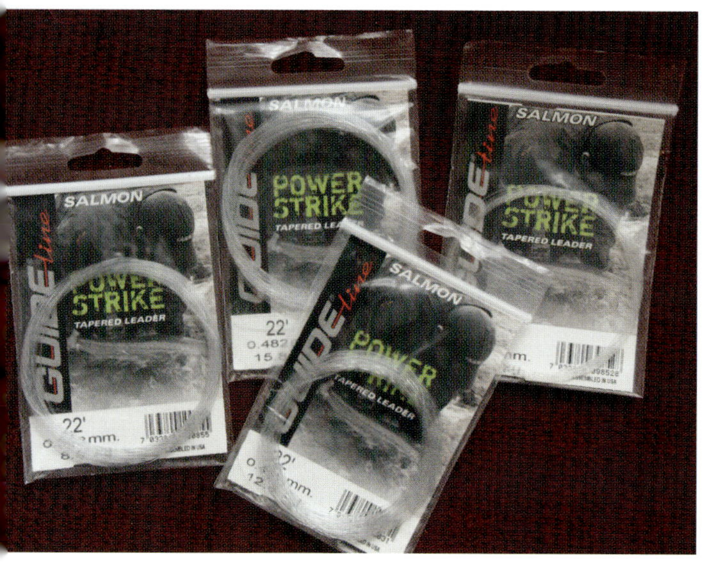

Konisch gezogene Monofilvorfächer von Guideline. Empfehlenswert zum Fischen mit der Schwimmschnur bei höheren Wassertemperaturen.

ser. Buchen Sie einen Angelführer für die ersten zwei Tage! Wobei ist ein Guide behilflich? Beim Finden der besten Angelstellen, bei der Einschätzung der besten Angelzeit, bei der Auswahl des Köders, beim Checken der Ausrüstung. Und natürlich beim Landen des Fisches. Wer darauf verzichtet, muss mit harten Lehren rechnen.

Die optimale Alternative ist es natürlich, wenn ein erfahrener Angelkollege Sie mit an „seinen" Fluss nimmt. Viele Lachsangler sind auf der Suche nach Mitfahrern, die sich an den Kosten (Hütte, Fähre, Benzin) beteiligen. Sprechen Sie erfahrene Kollegen an; es gibt in jedem Verein den einen oder anderen Salmo-Salar-Fan, der möglicherweise interessiert ist.

Warnung! Haben Sie einen Zweifel, dass Sie es mit einem Kollegen aushalten, lassen Sie die Finger davon! Lachsfischen ist eine Nerven- und Charakterprobe. Allzu leicht kommt es zu Krisen. Nehmen wir einmal an, Sie fangen bestens und der andere nicht. Kann Ihr Mitangler das vertragen?

6. Die Bedingungen während einer Lachswoche sind selten einheitlich gut oder schlecht. Es gilt, die magischen Momente zu nutzen! Wenn frische Fische in unseren Pool einschwimmen – nach einem Wasseranstieg ist das oft der Fall – müssen wir am Wasser sein. Halten Sie also stets Wasserkontakt! Eine Markierung am Flussufer (Steinhaufen) zeigt im Zweifelsfall an, ob das Wasser steigt. Ist dies der Fall, sollte unbedingt noch gerastet werden, denn bei steigendem Wasser beißen die Fische schlecht oder gar nicht. Stoppt der Anstieg oder fällt der Pegel, muss ausdauernd geangelt werden. Jetzt naht der magische Moment!

Es ist nämlich jederzeit mit Frischaufsteigern zu rechnen. Zudem werden die im Pool bereits vorhandenen Lachse wieder aggressiv, da unter den Fischen ein Kampf um die besten Standplätze ausbricht. Deutet sich eine solche Periode zu einer Zeit an, da man ausge-

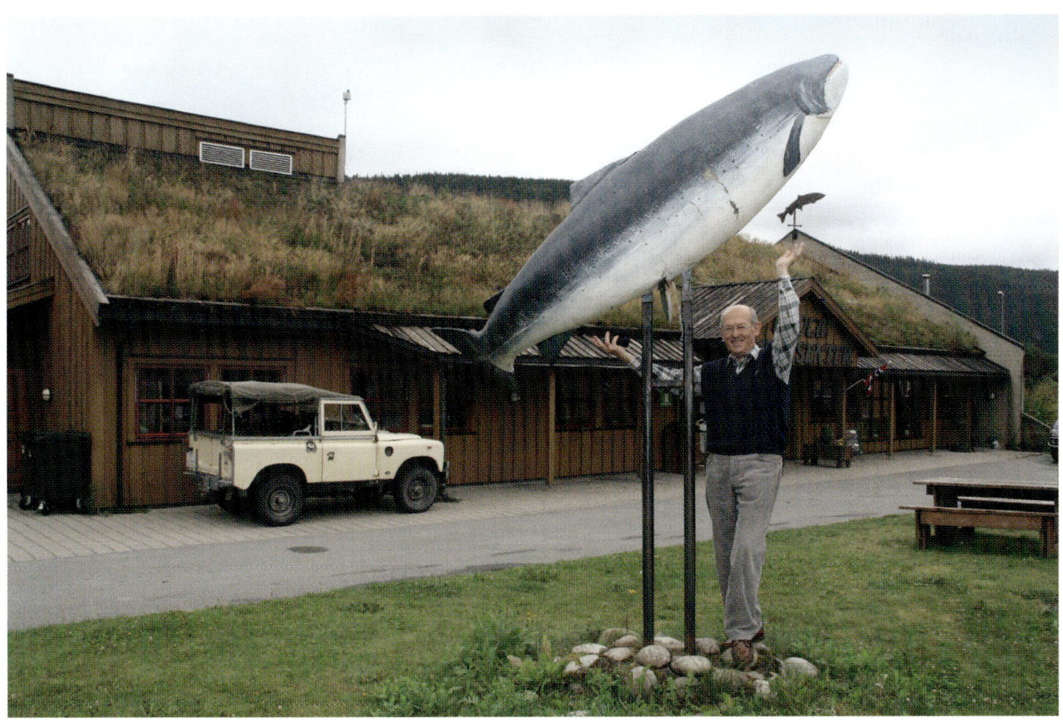

laugt und müde ist, sollte man sich eine ganz kurze Schlafpause gönnen (Wecker stellen!) und dann nach einer Tasse Kaffee wieder angreifen. Während einer magischen Periode lohnt es sich, den viel beschworenen Kampfgeist zu zeigen und zugleich einen kühlen Kopf zu bewahren. Den braucht man, um beispielsweise den nun angezeigten, also den „richtigen" Schusskopf zu montieren. Eine gute Wahl für leicht erhöhtes Wasser bei mittlerer Wassertemperatur (8 bis 16 Grad) wäre zum Beispiel ein *float/sink 2*. Bei stark erhöhtem Wasserstand würde ich zu einem *sink 1/sink 2* greifen. Dieser Rat gilt für alle mittelgroßen und größeren Lachsflüsse. Beispiele: Skjern Au, Orkla, Gaula, Spey, Tweed. An seichteren Flüssen würde ich dazu raten, eine Schwimmschnur mit sinkendem Polyleader zu verwenden, um ärgerliche Hänger zu vermeiden.

Jochen, einsatzfreudiger Fischerkamerad des Verfassers, hatte bis zu diesem Zeitpunkt noch keinen Erfolg auf Lachs. Aber den Humor hatte er nicht verloren!

Widmen wir uns nun dem weniger angenehmen Fall. Niedrigwasser! Anhaltende Trockenperioden mit praller Sonne sind leider immer möglich und nicht ganz leicht zu meistern. Es hilft nun, die Angelstunden konsequent in die besten Zeiten zu verlegen: in den späten Abend, in die Nacht und vor allem in den frühen, kühlen Morgen.

Bei einsetzendem Niedrigwasser sollte mit kleineren Ködern geangelt werden. Fliegenfischen mit kleinen Mustern der Größe 8 bis 12 ist nun angesagt, dazu eine schwimmende Schnur. Ich bevorzuge in solchen Situationen, wie bereits vorher im Buch erwähnt, eine schwimmende Speyline mit Intermediate-Polyleader oder kombiniert mit einem langen, konisch gezogenen Monofilvorfach. Ein sehr gutes Monofilvorfach für diese Fälle ist der *Salmon Tapered Leader* (460 cm lang) von Ken Sawada, den es in verschiedenen Spitzenstärken gibt. Dieses Vorfach ist im guten Fachhandel erhältlich.

Bei lang anhaltendem Niedrigwasser gilt es ferner, Stellen mit guter Sauerstoffanreicherung konsequent abzuklopfen: Rauschen, Pool-Einläufe, allgemein Bereiche mit schnellem, gebrochenem Wasser. Die Angelzeit sollte also auf die wenigen nun noch fängigen Plätze verteilt werden. Beweglich sein, probieren, weitergehen zum nächsten Spot. So lässt sich häufig doch noch ein Lachs überlisten!

Bei normalen Bedingungen angelt man einfach so lange, wie es Freude macht. Das ist ein gutes Maß. Nicht übertreiben! Morgen ist auch

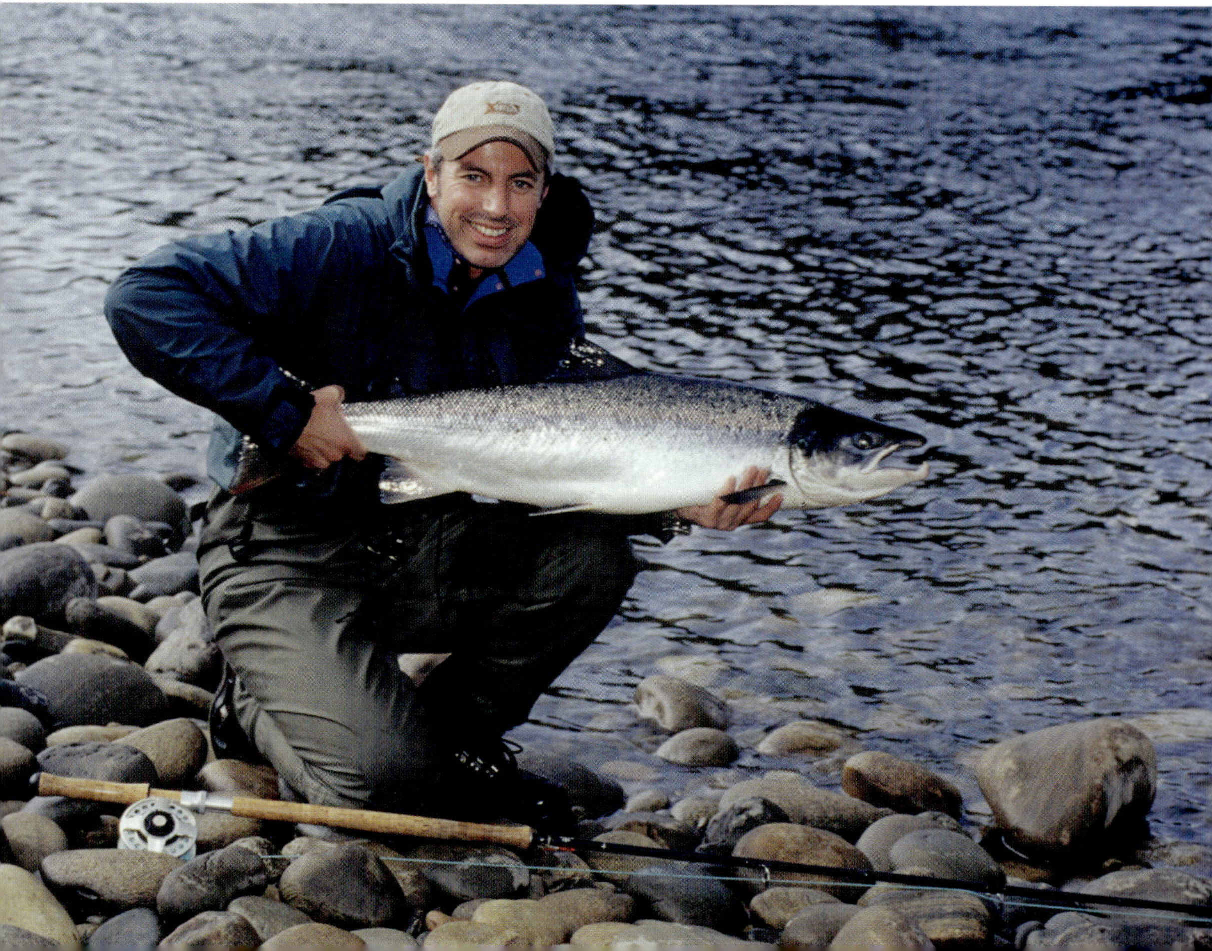

Thomas Wölfle, ein langjähriger Freund des Verfassers, mit einem Gaula-Lachs von 10 Kilo. *Foto: Thomas Wölfle*

noch ein Tag! Erfolge lassen sich nicht erzwingen. Schmackhafte und gut bekömmliche Mahlzeiten, klug gesetzte Schlaf- und Ruhephasen, wenig Alkohol – all dies sind wichtige Bausteine für den Erfolg!
7. Endlich ist er da, der Biss! Wie aus dem Nichts kommt der Einschlag, das ist elektrisierend; der Angler steht im wahrsten Sinne des Wortes unter Strom! Fehler geschehen deshalb häufig und machen die mühsam erarbeitete Chance zunichte. Was ist zu tun?
Man zwinge sich zur Ruhe! Alle hektischen Aktionen sind zu vermeiden: wuchtig gesetzte Anhiebe, schnelle Schritte am Flussufer oder gar im Fluss, überflüssiges Gefummel an der Bremse. Die falsche Reaktion auf einen Biss bildet die größte Fehlerquelle bei Einsteigern. Deshalb klammere ich diesen Aspekt hier aus. Das Thema ist so wichtig, dass ich es später separat behandle (siehe: Das Hakensetzen).
Gehen wir jetzt einmal davon aus: Der Fisch sitzt gut und startet seinen Kampf um die Freiheit! Was tun?
Man wartet ab, wie der Lachs sich verhält. Steht er, stürmt er davon, schwimmt er stromauf? Im Falle einer wilden, sehr langen Flucht bemühen wir uns, zügig am Ufer zu folgen. Nicht rennen! Nähert der Fisch sich einer Problemzone (Wasserfall, große Rausche, Felsen mitten im Wasser), gilt es, ihn rechtzeitig vorher durch Seitenzug zu stoppen. Solche Probleme sind aber der Ausnahmefall!
Sprünge und andere Kapriolen des Lachses sind kein Grund zur Besorgnis. Jeder Sprung schwächt den Fisch. Bleiben Sie stets auf Zug, lassen Sie den Fisch gegen die Rute arbeiten. Lachse sind aufregend, aber keine Wundertiere.
Unsere innere Stimme jedoch will davon nichts wissen: „Mein Gott, den krieg ich nie!" Das ist einfach Angelfieber, liebe Freunde, das geht jedem so. In Wirklichkeit stehen unsere Chancen gut, den gehakten Fisch zu landen.
Apropos: Bei der Landung müssen wir noch einmal wachsam sein. Die sicherste Methode, kein Zweifel, ist das Keschern mit einem großen Netz, geführt von einem kundigen Kollegen.
Angelt man jedoch allein, wird der Kescher auf dem Rücken getragen, um stets zur Hand zu sein. Selbst dann, wenn man dem Lachs 100 Meter stromauf oder stromab folgen muss.
Eine Alternative für geübte Angler ist das Stranden des Lachses; an

kiesigen Ufern gelingt dies sehr gut. Dabei nie den noch kampfkräftigen Fisch ans Ufer zerren! Warten, bis der Lachs ermüdet und ihn dann soweit ins Seichte steuern, bis er strandet und umkippt. Nun die Rute hoch halten, den Fisch umgehen, von hinten am Schwanzstiel packen, aufs Trockene nachschieben und dann einige Meter vom Wasser forttragen.
Finale Umklammerungen des im Flachen liegenden Fisches („Hab' ich dich!") habe ich schon böse enden sehen. Lassen Sie es! Die eiserne Regel heißt nun einmal: Man zwinge sich zur Ruhe! Und immer an den Erfolg glauben – bis zum Schluss.
Soweit der erste Überblick über das, was man unbedingt wissen muss. Nun steigen wir in einige Spezialgebiete näher ein. Ich gebe Antwort auf drei Fragen: Wie geht man einen Pool an? Welche Fliege soll man wählen? Wie setzt man den Haken?
Wir starten mit Informationen zum Lachspool.

Wie man einen Pool befischt

Ein klassischer Pool am Lachsfluss besteht aus einem Einlauf, Mittelteil und Auslauf. Es ist stets so, dass der Einlauf durch schneller fließendes Wasser gekennzeichnet ist. Der Mittellauf weist (im Idealfall) eine gleichmäßig flotte Strömung auf und im Auslauf beschleunigt sich die Wasserfahrt wieder.
Die ersten 20 Meter des Pools, den Einlauf, befischen wir mit einer Fliege, die etwas schwerer ist, damit unser Köder nicht zu hoch läuft.
Erreichen wir den Mittelteil, kann es sinnvoll sein, die Fliege zu wechseln und auf ein kleineres Muster umzusteigen. Ob wir nochmals im Auslauf auf eine größere Fliege umsteigen, hängt von der Tiefe ab, die wir dort vorfinden.
Wie weit sollen wir werfen?
Dies ist ein wichtiger Punkt. Wenn wir den Pool als erster befischen, würde ich dazu raten, zunächst einen kompletten Durchgang mit kurzen Würfen zu machen. Nur den Schusskopf ausbringen, fischen lassen, weitergehen. Die Erfahrung hat gezeigt, dass Lachse in Pools, die länger in Ruhe gelassen wurden, dazu neigen, randnah zu stehen. Mancher gute Fisch wird leicht „vertreten", wenn wir sofort tief einwaten, um möglichst weit zu werfen. Ich habe diesen Fehler oft

selbst gemacht und bekam die Quittung in Form von zögerlichen Bissen, als die Schnur sich dem Randbereich näherte. Die Fliege kam hier so matt angesegelt, was die Lachse meist nur zu einer halbherzigen Attacke animierte. Mit einer kurzen Schnur gelingt es viel besser, den Randbereich so zu befischen, dass die Fliege flott über den Lachs geht und er sich schnell entschließen muss. Jetzt oder nie! Eine schnelle Fliege ist – ausgenommen kaltes oder trübes Wasser – immer attraktiver für den Lachs.

Es ist deshalb ein Fehler, zu viel zu tun, um das Tempo zu vermindern. Das Stichwort in diesem Zusammenhang heißt *mending the line*. Damit ist das Umlegen der Flugschnur nach oben oder unten gemeint, also entweder stromaufwärts oder stromab. Meine persönliche Meinung: Es ist wichtiger, stromab zu menden als stromauf. Unsere Zeichnung auf der folgenden Seite zeigt den Unterschied.

Mit dem Mending stromab lege ich einen Bogen in die Schnur, um der Strömung zu ermöglichen, mehr Leine zu erfassen. Sie baucht sich aus, der Wasserdruck erhöht sich und unsere Fliege wird schneller. Im Mittelteil vieler Pools ist das ein Vorteil!

Das Mending stromauf verwende ich im schnellen Einlauf oder beim Fischen mit der Sinkleine – sonst kaum.

Nach dem ersten Durchgang des Pools haben wir nun Gelegenheit, uns mit den Standplätzen zu befassen, die in der Nähe des gegenüber liegenden Ufers zu finden sind. Gelingt es, dorthin zu kommen und die ganze Breite des Flusses mit einer flotten Fliege abzusuchen, so ist es ideal. Wenn nicht, sollten wir nicht verzagen! Es ist immer besser, systematisch und entspannt zu fischen. Viele Lachsfischer versuchen auf Krampf, Weiten zu erzielen, die außerhalb ihrer Möglichkeiten liegen. Das ist ein Fehler, den Sie vermeiden sollten!

Sehr viele Lachse, und dies ist ein Fakt, werden auf „Schusskopflänge“ gefangen. Also liebe Einsteiger: Machen Sie sich keine Sorgen, dass Sie zu kurz werfen! Gelingt es, den Schusskopf schön gestreckt auszubringen und die Fliege so abzulegen, dass sie sofort fischt, dann ist alles im grünen Bereich.

In meinen Kursen in Norwegen, also direkt am Lachsfluss, zügle ich meine Gäste stets, nicht zu viel zu wollen. Jeden Tag ein bisschen mehr, das ist vernünftig. Gleich auf Weite gehen, das ist Unsinn.

Die Frage, in welchem Winkel man die Schnur auslegt, sehen Sie in

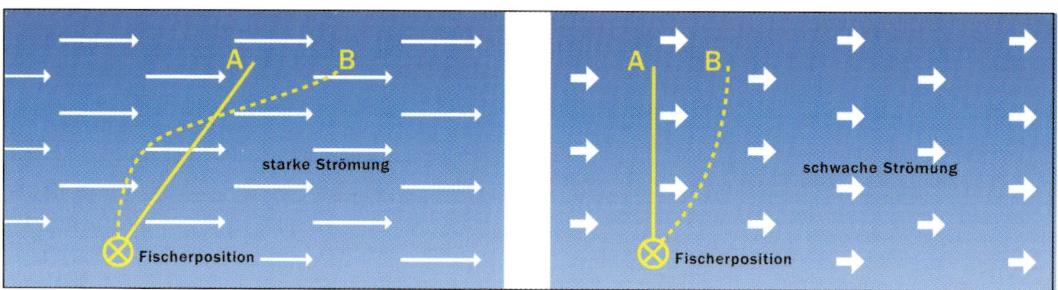

den beiden Zeichnungen. Man verwendet grob gesagt zwei Präsentationen:

1. Schräg stromab in schneller Strömung. Sofort nach dem Ablegen hebe ich die Rute an und lege einen Schnurbogen nach oben. Dann mache ich eine Weile nichts mehr und lasse driften. Ich wiederhole dieses Mending selten.

2. Habe ich eine schwache Strömung vor mir, werfe ich bevorzugt quer über. So erfasst die Strömung frontal meine Leine und zieht die Fliege flott nach. Nun lasse ich driften und mende stromab, wenn die Fahrt zu langsam wird. Die Fliege wird so wieder etwas schneller. Zusätzlich wippe ich in solchen Bereichen mit der Rute auf und ab, um einen zusätzlichen Reiz auszusenden.

Diese beiden Techniken muss man drauf haben. Mehr nicht. Lachsfischen ist eben im Prinzip gar nicht so schwer. Dies trifft auch für die Beantwortung der scheinbar so komplizierten Frage „Welche Fliege wählen?“ zu.

Die Fliegenwahl

Wie wichtig ist die „richtige“ Fliege überhaupt? Der Salm frisst nicht mehr, wenn er in den Fluss einschwimmt und muss insofern mit der Reizfliege quasi zum Biss überredet werden. Faustregel: Der frisch aufgestiegene Lachs ist ziemlich aggressiv; der schon einige Wochen im Fluss lebende Fisch ist schwerer zu verführen.

Grundsätzlich weiß aber niemand, ob der Lachs, der heute eine grüne Fliege nahm, nicht auch eine rote genommen hätte. Handelt es sich um einen Frischaufsteiger, einen blitzeblanken Burschen, würde ich meinen, die Chance dafür wäre nicht schlecht gewesen. Frischaufsteiger sind eben sehr „bissig“ und nicht wählerisch.

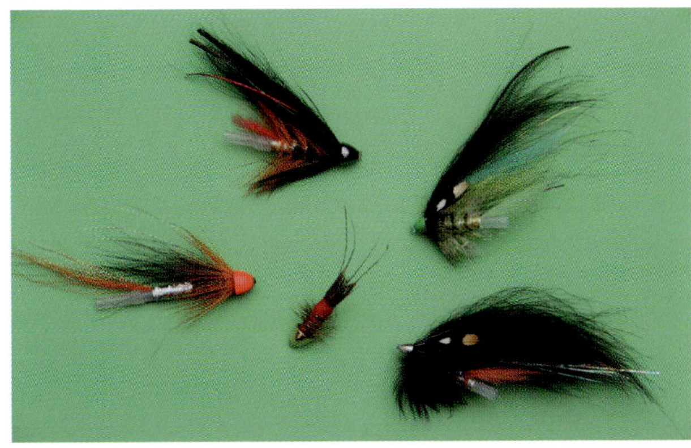

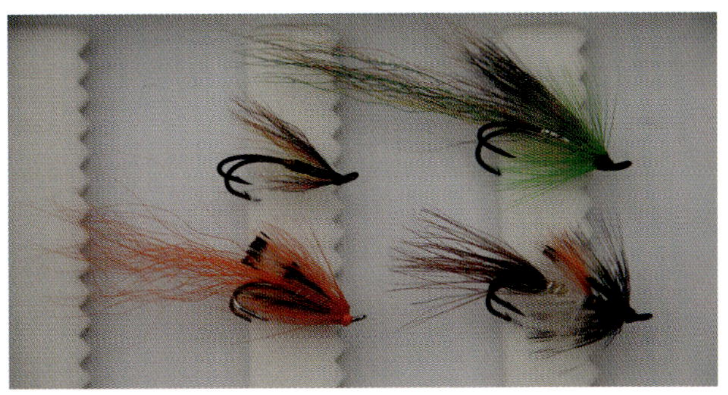

Oberes Foto: Lachstubenfliegen, die sich bewährt haben. In der Mitte eine kleine Red Francis. Links daneben eine Hot Cascade, darüber ein Templedog. Rechts oben: Greenlander, darunter eine Black & Silver.
Unteres Foto: Vier fängige Lachsfliegen auf Zwilling. Von links unten im Uhrzeigersinn: Ally's Shrimp, Willie Gunn, Green Highlander, Shrimp.

Andererseits sollte man nicht davon ausgehen, dass man diesen Idealfall am Lachsfluss vorfindet. Folgerung: Wir müssen unsere Fliegendose so bestücken, dass wir immer eine Chance haben, auch wenn weniger aggressive Lachse das Bild prägen.
Es ist durchaus nicht egal, welche Fliege man anbindet. So eine Einstellung wäre unklug, denn sie ignoriert die gängigen Erfahrungswerte. Es gibt eben doch Dinge, an die man sich halten kann. Zum Rüstzeug des Fischers gehört eine umsichtige Fliegenauswahl, die den Umständen gerecht wird, die wir vorfinden. Was heißt das konkret? Die Fliege muss zum Wasserstand und zur Wassertemperatur passen. Und sie sollte berücksichtigen, welche Farben und Größen sich unter diesen Umständen an unserem Fluss bewährt haben.
Faustregel 1: Je kälter das Wasser (bis 6 Grad), desto auffälliger sollte die Fliege sein. Tubenfliegen mit einer Gesamtlänge von 6 bis 10 cm in Orange (Typ *Hot Cascade* oder Knallgrün (*Greenlander*) haben sich bewährt. Wichtiger Tipp: Die Fliege tief anbieten und langsam driften lassen! Schusskopfwahl: schnell sinkend oder mittelschnell sinkend, je nach Flusstiefe.
Faustregel 2: Hat das Wasser eine Temperatur von 6 bis 8, so kann immer noch die knallige Tube verwendet werden. Die Tendenz darf aber schon zu gedeckten Farben gehen und die Größe darf ein wenig reduziert werden. Tubenfliegen sind aber immer noch erste Wahl! Ein mittelschnell sinkender Schusskopf bietet jetzt gute Chancen.
Faustregel 3: Zwischen 8 und 16 Grad können wir mehr Varianten in die Fliegenwahl einbauen. Tubenfliegen von 3 bis 6 cm Größe in allen gängigen Dekors sollten probiert werden. Beispiele: *Templedog* oder *Red Francis*.

Für die Fischerei in der dunklen Tageszeit rückt mehr und mehr eine Tube mit schwarzem Haar und silbernen Körper in den Mittelpunkt (*Black & Silver*). Muster, die auf einen 6er oder 8er Drilling oder Zwilling gebunden sind, können nun ebenfalls probiert werden. So genannte Shrimpmuster sind der klassische Allrounder *(Ally's Shrimp)*. Ein leicht oder mittelschnell sinkender Schusskopf ist nun die richtige Wahl. An seichten Flüssen darf nun (ab 14 Grad) sogar schon die Schwimmschnur zum Einsatz kommen.

Faustregel 4: Erreicht die Wassertemperatur 16 Grad und steigt weiter an, dann ist die Zeit der Schwimmschnur gekommen. Und die Zeit für kleine, dezent wirkende Fliegen!

Was heißt „dezent"?

Achten Sie darauf, dass die Fliege betont sparsam und leicht gebunden ist, wie die *Willie Gunn* auf dem Foto von Seite 97.

Und was bedeutet „klein" bei Lachsfliegen?

Es kommt auf die Umstände an. „Klein" bedeutet für viele norwegische Flüsse etwa die Größe 8. An vielen Flüssen auf Irland oder Island fangen „small flies" aber erst bei 10er Mustern an. Dieser Unterschied hat unter anderem mit der Größe der Fische zu tun. Auf Island und Irland sind Flüsse mit überwiegend kleineren Fischen die Regel, was die Tradition der kleineren Muster erklärt, denn diese haben sich auf Grilse als fängiger erwiesen. Wie soll man sich konkret entscheiden? Siehe nächste Faustregel.

Faustregel 5: Wir wählen die Fliegengröße stets so, dass sie zur gebotenen Mindeststärke der Vorfachspitze passt. Sind große Fische zu erwarten, sollte man demzufolge nicht allzu kleine Muster wählen, sondern solche Formate, die noch zu einer Spitze von mindestens 0.35er Monofil passen. Eine 8er Hakenfliege lässt sich zum Beispiel damit sehr gut fischen! Bitte erweisen Sie sich in dieser Frage als fairer Fischer, der diese Angelegenheit vernünftig entscheidet.

Eines ist klar: Ein abgerissener Lachs ist ein Makel, den man schlecht wieder abstreifen kann. Das schlechte Gewissen bleibt!

Ich habe in meinem Fischerleben viele Fehler gemacht, aber einen Lachs durch die Verwendung eines zu dünnen Vorfaches zu verlieren, diese Blamage blieb mir erspart. Und es wird auch nie passieren, weil ich lieber etwas stärker fische als zu leicht. Ich setze zudem gern den einen oder anderen Lachs wieder zurück, wenn ich schon

Fangglück hatte. Ein Zurücksetzen ist aber nur dann sinnvoll, wenn wir den Drill nicht übermäßig ausdehnen, sondern ihn entschlossen gestalten, um den Fisch nicht allzu sehr zu stressen.
Fair geht vor!
Faustregel 6: Je klarer das Wasser unseres Flusses, desto schlichter sollte die Fliege sein. Manche Lachsflüsse haben stets eine leicht moorige Tönung. Hier können Shrimpmuster wie Ally's Shrimp die ganze Saison hindurch verwendet werden; nur die Größe wird der Wassertemperatur entsprechend angeglichen.
Wird ein Klarwasserfluss infolge von Regen vorübergehend leicht oder stärker trübe, so nehmen wir auch hier ein Shrimpmuster oder etwas ähnlich Auffälliges.
Faustregel 7: Zum Lachsfischen empfehle ich Fliegen, die auf Zwilling oder Drilling gebunden sind. Einzelhakenfliegen verwende ich beim Lachsfischen nicht, weil der Fisch daran weniger sicher sitzt.
Zum Bestücken meiner Tubenfliegen verwende ich ebenfalls Zwillinge oder Drillinge.
Nun könnte ein Riesenaufsatz folgen, der alle denkbaren Fliegenvarianten aufzählt. Doch was würde das bringen? Nur Verwirrung, denke ich. Was Sie, lieber Leser, erwarten, sind einige überzeugende Beispiele in guter Sortierung. Die Fotos von Seite 97 zeigen Lachsfliegen, die sich in der Praxis bewährt haben. Die abgebildeten Muster stammen übrigens aus dem Angebot der Firma Dürkop (www.full-service-flyfishing.de).
Ihre Fliegenbox sollten Sie so füllen, dass Sie möglichst vielseitig sortiert sind. Also weder übertreiben, noch am falschen Ende sparen! Falls Sie vor Ort am Fluss eine gute Möglichkeit zum Kauf lokaler Erfolgsmuster haben, so sollten Sie diese Möglichkeit unbedingt nutzen.

Das Hakensetzen

Ich möchte dieses Thema kurz und bündig beantworten, denn ich habe über diese Thematik bereits in meinem Buch „Einfach auf Lachs" (erschienen im Salmo Verlag/Lingen) geschrieben und ich denke, dass manche Leser nun beide Bücher haben. Sollte es so sein: Vielen Dank für die Treue!

Wiederholungen möchte ich deshalb vermeiden, aber andererseits kann eine kleine Auffrischung auch meinen Stammlesern nicht schaden. Deshalb nun, kurz und bündig, alles Wichtige zum Hakensetzen. Ich wähle diesmal, der Abwechslung halber, den Frage-Antwortstil. Und schon geht es los!

Was ist so schwierig beim Hakensetzen auf Lachs? Der natürliche Reflex beim Biss, ein entschlossener Anhieb, muss vermieden werden!

Also gar nicht anschlagen? Genau! Man muss dem Fisch Zeit lassen, die Fliege richtig zu packen *... und dann anschlagen?*

Nein! Man gibt dem Lachs einige Sekunden Zeit, die Fliege zu packen und damit abzudrehen. Dies hat zur Folge, dass sich der Fisch selber hakt, wenn sich die Schnur strafft.

Warum sitzen einige Fische dann doch nicht? Manche Umstände führen dazu, dass Lachse generell spitz zufassen. Sehr kaltes Wasser kann ein Grund sein oder ein sehr schneller Run der Fische stromauf, der dazu führt, dass die Fische unseren Köder nur flüchtig attackieren. Gegen solche mäkeligen Bisse gibt es kein sicheres Rezept.

Gibt es Ausnahmen von der Regel? Erwischt! Ja, die gibt es. Beim gezielten Fischen auf Kleinlachse (Grilse) schadet ein Anhieb nicht. Die Fische haben ja eher Forellenformat und man kann ähnlich verfahren wie beim Streamern auf Regenbogen- oder Meerforellen. Grilse haben ein wesentlich kleineres Maul und sind sehr flink. Das Packen der Fliege geschieht schnell und der sofortige Anhieb hat meist zur Folge, dass der Fisch sitzt.

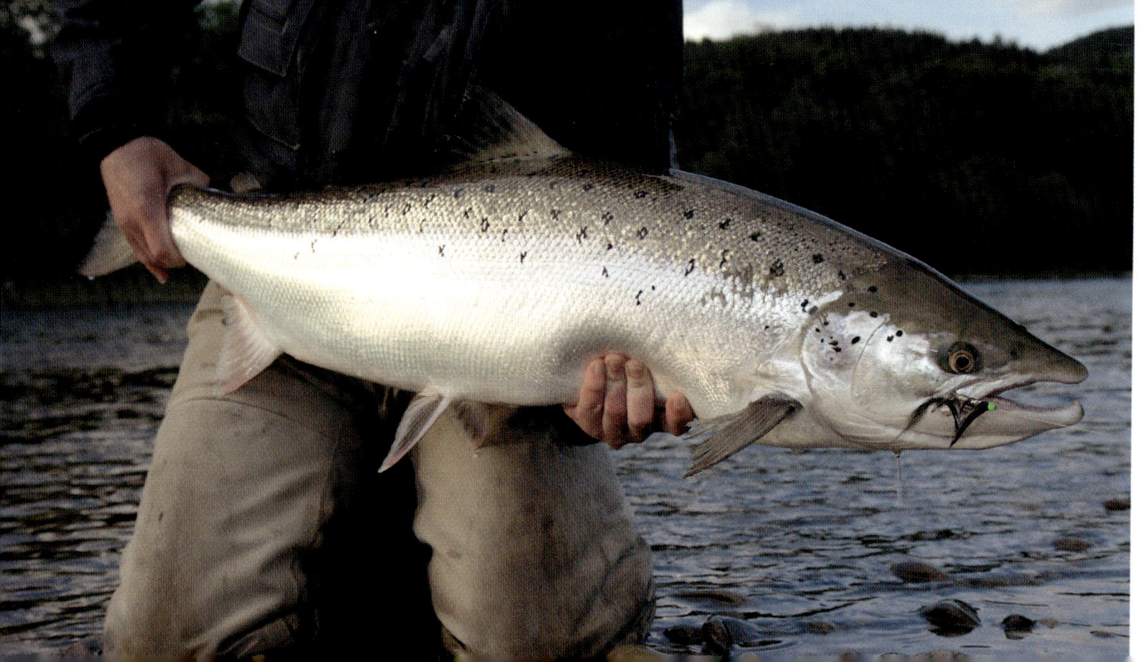

Ein Superfisch!
Foto: Thomas Wölfle

Unterbleibt der Anhieb, sitzt der Fisch aber in den allermeisten Fällen trotzdem. Aus diesem Grund ist es sinnvoll, sich stets an die Regel „Kein Anhieb!" zu halten.

Wie sollte sich der Fischer nach dem Biss genau verhalten? Man muss dem Fisch etwas Schnur geben, um ihn wenden bzw. wegschwimmen zu lassen.

Dies klappt am besten, wenn man die Rollenbremse auf mittelzähen Abzug einstellt und den Fisch direkt *von der Rolle* Schnur nehmen lässt. Dieses so genannte Fischen von der Rolle hat sich sehr bewährt, denn man kann eigentlich nichts falsch machen. Einfach den Fisch laufen lassen, bis die Rolle zur Ruhe kommt. Jetzt strafft der Strömungsdruck die Schnur. Effekt: Der Haken zieht sich nun in den Maulwinkel des Fisches ein. Der Lachs sitzt perfekt!

Gibt es noch eine andere Methode? Ja, das so genannte Fischen mit der Schlaufe. Dabei hält man eine anderthalb Meter lange Schnurschlaufe für den Fall bereit, dass ein Lachsbiss erfolgt. Und man gibt die Schlaufe sofort frei, wenn ein Kontakt gespürt wird.

Liest sich ja ganz einfach. Wo ist der Haken? Die Umsetzung ist schwierig. Der natürliche Reflex auf einen Biss ist eben das sofortige Blockieren der Schnur, gefolgt von einem Anhieb. Das Loslassen der Schlaufe erfordert große Selbstkontrolle. Ein Einsteiger ist damit wahrscheinlich überfordert.

Aber man kann es doch üben? Üben? Am Lachsfluss, wo jeder Biss so kostbar ist?

Wie macht es denn der Autor dieses Buches? Ich fische von der Rolle. Für die Einstellung der Bremse halte ich mich an zwei Prämissen: 1. Der Fisch soll leicht abziehen können. 2. Die Rollenbremse darf nicht zu leicht eingestellt sein, sonst überläuft die Rolle bei einem Biss. Man teste die richtige Einstellung durch flottes, ruckartiges Abziehen der Schnur.

Gab es nie eine Ausnahme? Ich muss gestehen, dass ich vor kurzem eine Situation erlebte, in der ich mich für die Schlaufentaktik entschied. Vielleicht sollte ich das lieber nicht erwähnen, weil es zur Verwirrung führt, aber ich zähle auf den mündigen Leser, der so etwas richtig einordnet. Motto: Keine Regel ohne Ausnahme.

Ich fischte an der Gaula in Norwegen und zwar Mitte Juli 2010 (29. Woche). Eine tolle Zeit generell und in diesem Fall ganz besonders, denn der Aufstieg war sehr gut. Und als Krönung konnte ich am Ende der Woche sogar einen der besten NFC-Pools bei idealem Wasserstand befischen. Es handelte sich um den Langoy-Pool, der bei deutlich erhöhtem Pegel einfach spitze ist. Hier begann ich morgens um 6 Uhr mit dem ersten Durchgang und erhielt prompt an drei verschiedenen Stellen (!) im Randbereich leichte Zupfer. Das versetzte mich natürlich sofort in erhöhte Alarmbereitschaft. Was tun?

Die Sonne kam über den Berg gekrochen und die Erwärmung, so hoffte ich, würde die Lachse vielleicht zu mehr Entschlossenheit bewegen. Es war nämlich an diesem Morgen bislang sehr frisch. Vielleicht zu frisch für die Lachse, um in Schwung zu kommen?

Der zweite Durchgang bestätige die Hoffnung auf eine Besserung infolge der einsetzenden Tageserwärmung. Sofort erfolgte ein deutlich soliderer Biss! Allerdings gefolgt von einem eher halbherzigen Schnurabzug. Ungewöhnlich. Ein richtig idealer Biss war das jedenfalls nicht.

Ich wartete ungefähr zwei Sekunden und liftete die Rute. Der Fisch hing, kämpfte famos und konnte nach 20 Minuten gelandet werden. Mit Glück! Denn die Fliege hing nur ganz vorn an einem Hautfetzen. Mein Angelkollege Jochen machte das Fangfoto und ich ließ den Lachs wieder schwimmen. 6 oder 7 Kilo wird er gewogen haben.

Nun überlegte ich, wie ich das seltsame Beißverhalten an diesem Morgen einordnen sollte. Diese komischen, vorsichtigen Attacken

Das Fischen von der Rolle ist beim Lachsfischen generell empfehlenswert.

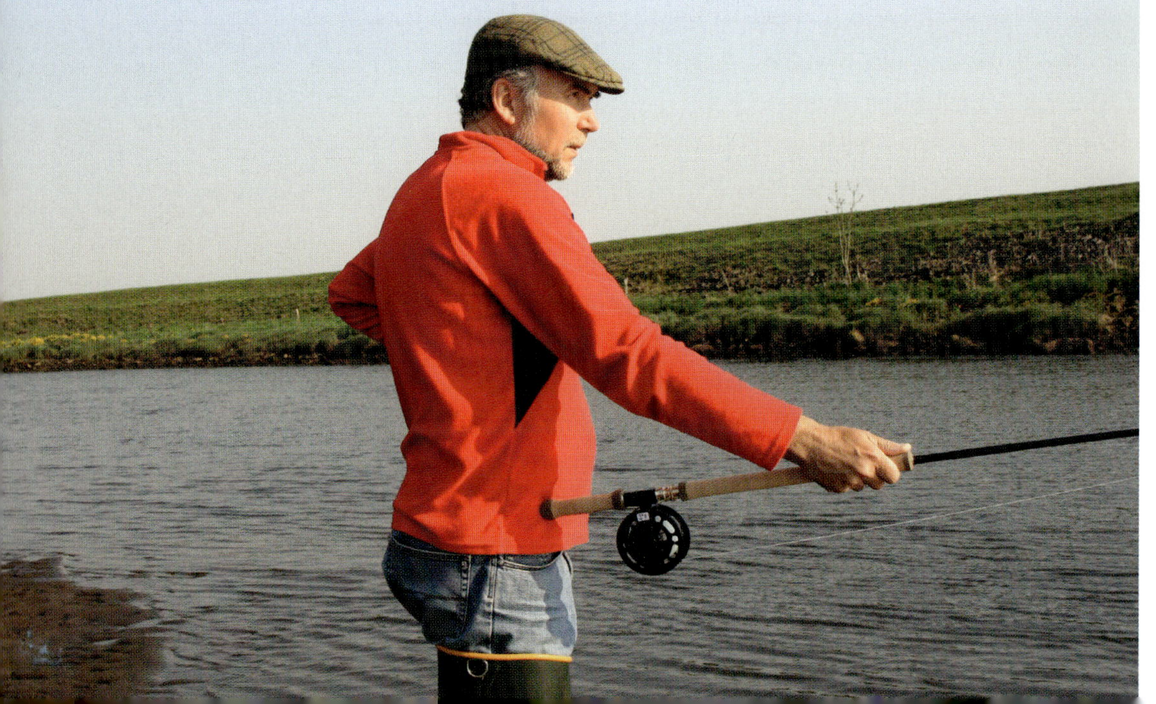

im ruhigen Randwasser. Gut möglich, dass der nächste Versuch wieder zu einem zaghaften Biss führen würde. Wie darauf reagieren? Spürten die vorsichtigen Fische zu viel Widerstand beim Abziehen von der Rolle?

Ich entschloss mich, unter diesen besonderen Umständen tatsächlich mit der Schlaufe zu fischen. Ergebnis: Schon nach wenigen Würfen erfolgte wiederum ein zaghafter Nuckelbiss, den ich aber gut spürte. Ich ließ die Schlaufe los, die Schnur spannte sich zaghaft und der Lachs hing. Und tatsächlich, wie es sich zeigte, deutlich solider, so „wie es sich gehört", nämlich im Maulwinkel.

Ich stellte das Fischen nach diesem Fang ein, um meinem Freund Jochen die Chance zu geben, den Pool bei besten Bedingungen nun allein befischen zu können.

Mit den besten Wünschen verabschiedete ich mich für eine Stunde, um den Lachs möglichst frisch zum Räucherer zu fahren und rief Jochen zu: „Wenn ich wiederkomme, möchte ich einen richtigen Brummer sehen!"

Leider, leider klappte dies nicht. Jochen bekam einen Fischkontakt, der Lachs löste sich aber nach nur wenigen Sekunden wieder. Verdammt schade, denn es wäre sein erster Lachs überhaupt gewesen. Lange habe ich über diesen Morgen nachgedacht. Und gerade tue ich es wieder. Ich bin dankbar für die Erfahrung. Und ich behalte die Alternative „Schlaufe" deshalb im Hinterkopf. Sozusagen für ganz

Das Fischen mit der Schlaufe ist unter bestimmten Bedingungen (siehe Erlebnisbericht des Verfassers) durchaus einen Versuch wert.

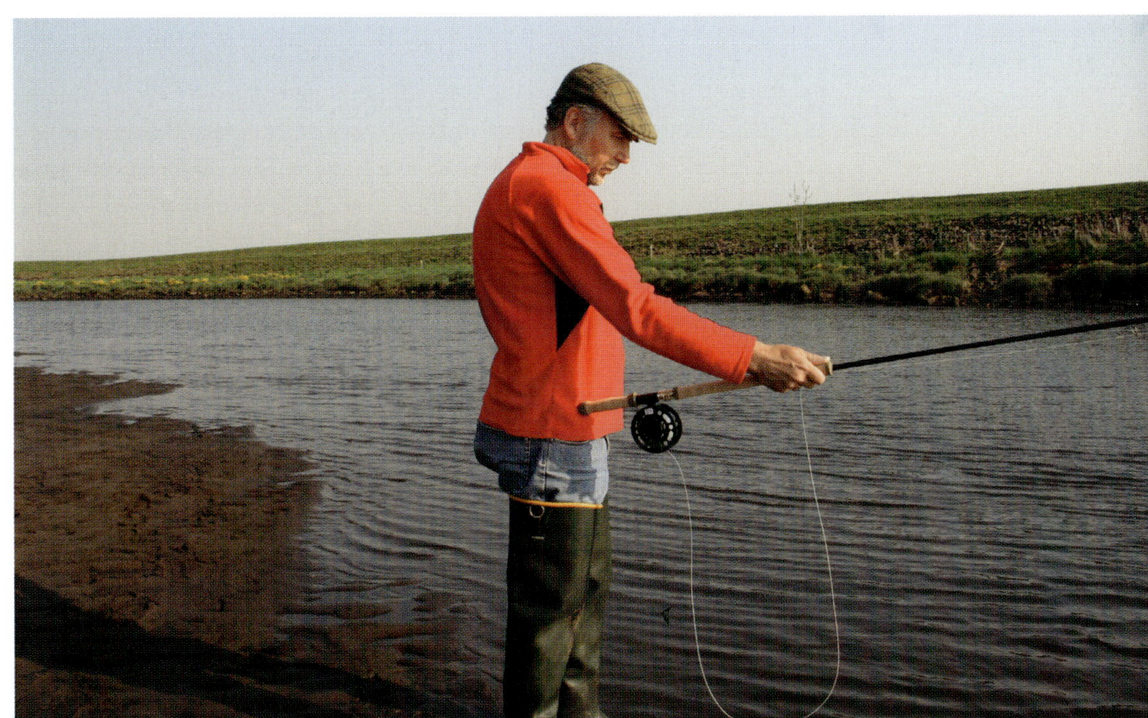

besondere Fälle. Wenn die Fische sehr zögernd beißen und zudem die Strömung schwach ist.

Genau so verfährt auch einer der erfolgreichsten Lachsfischer der Welt, der Schotte Andy Murray. Er fischt grundsätzlich von der Rolle, wenn er es aber mit zögerlichen Fischen zu tun bekommt, dann auch mal mit der Schlaufe.

Ja, das Beispiel zeigt es: Die Praxis hält viele Ausnahmen von Regeln bereit. Das macht die Sache spannend. Ich mag es deshalb nicht so gern, wenn Angler behaupten, etwas ginge nur so oder so. In diesem Sinne bitte ich Sie, meine Tipps zu sehen. Bleiben Sie kritisch und bilden Sie sich eine eigene Meinung. Besonders beim Lachsfischen neigen zuweilen Kollegen dazu, fertige Lösungen für jeden Fall anzubieten. Da bin ich sehr skeptisch. Mich fragte einmal ein Kollege, ob ich den kürzesten Witz zum Thema Lachsfischen kennen würde. Der ginge so: „Jetzt kann ich's!“ Lustig! Und so wahr.

Alles, was ich deshalb zum Thema Praxis verfasse, ist stets ein Mix aus eigenen Erfahrungen und den Dingen, die ich mit erfahrenen Kollegen diskutiert habe.

Zum Glück zählen viele gute Zweihandfischer zu meinen Freunden.

Ich lerne immer noch dazu. Starten Sie einfach frohen Mutes ins Lachsfischen und vermeiden Sie die echten Fehler, die ich aufgezeigt habe. Und alles andere ergibt sich dann von selbst!

Lehrreiche Erlebnisse

An einigen Fallbeispielen möchte ich abschließend schildern, was ich beim Lachsfischen mit der Zweihand an Lehrreichem erlebt habe.

Ich fing an, wie damals üblich, mit langen DT-Vollschnüren zu fischen. Die „lange Leine“ machte den jährlich neu zu lernenden Wurfablauf schwierig. In jenen Zeiten fischte ich mit der Zweihand nämlich nicht so fleißig wie heute an deutschen Flüssen auf Meerforelle und Raubfisch. Es fehlte also an Training, wenn es zum Lachsfischen ging.

Dann kamen, Ende der 80er Jahre, die Schussköpfe ins Spiel. Welch eine Verbesserung! Der Einstieg in die Lachswoche in Norwegen gelang so viel schneller. Man wusste stets, welche Schnurmenge man zum Wurf abziehen musste. Die Rute lud sich mit dem Schusskopf

gut auf und auch das Werfen im Spey- und Unterhandwurf gelang damit schon ganz gut.
Effekt: Nach einem Tag der Fischerei war ich „gut davor“, wie man bei uns in Norddeutschland sagt. Das Selbstvertrauen wuchs und ich fühlte mich dem Kreis der richtigen Lachsfischer langsam zugehörig. Sie, lieber Leser, kürzen den Weg zum Aufbau von Selbstvertrauen ab, indem Sie dieses Buch lesen und daraus lernen. Das Verwenden eines Schusskopf-Systems, zu dem ich ja rate, ist der ideale Start. Und die heutigen Schussköpfe sind noch viel besser als jene, die wir vor 20 Jahren hatten. Insofern dürfen Sie sich wirklich gut gerüstet fühlen, wenn Sie das Gelesene umsetzen. Der Einstieg wird Ihnen viel leichter fallen als damals mir!
Mit dem Werfen klar kommen, das ist die Basis. Dann muss irgendwann ein Fang erfolgen, sonst bricht das angesammelte Selbstvertrauen wieder zusammen. Wie entwickelte sich das bei mir?
Meinen ersten Fliegenlachs hatte ich bereits an einem kleinen Fluss in Norwegen gefangen, allerdings mit der Einhand. Dann fuhr ich 1990 an die Gaula und überlistete meinen ersten Zweihandlachs. Es war ein Grils von vielleicht zwei Kilo, gefangen an der NFC-Strecke bei Stören, der ich bis heute treu bin. Dieses Verhalten, das wiederholte Fischen einer guten Strecke, die man für sich entdeckt hat, bringt Vorteile mit sich. Man lernt die Pools immer besser kennen und entdeckt, dass es in jedem Pool einige Stellen gibt, an denen immer wieder Lachse gefangen werden. Diese interessanten Punkte nennt der Lachsfischer „taking places“. Hier greift der Lachs die Fliege bevorzugt an.
Warum ist das so? Weil sich Lachse gerne an bestimmten Plätzen einstellen, bevor sie weiterziehen. Schwimmt ein Fisch weiter, wird ein guter Platz schnell wieder besetzt. Man kann deshalb dort immer wieder einmal einen Fisch erbeuten, und zwar mit ähnlich hoher Zuverlässigkeit wie Sie Geld bei einer seriösen Bank abheben. Aber: Selbst solvente Banken haben nicht immer und jeden Tag geöffnet. Und Superangelplätze sind nicht rund um die Uhr fängig. Das mindert weder den Wert einer guten Bank, noch den einer guten Lachsstelle. Taking places sind nicht immer klar erkennbar, die Gründe für deren Fängigkeit liegen meist unter Wasser verborgen. Dicke Steine am Grund geben zum Beispiel dem dahinter lauernden Lachs einen ange-

nehmen Strömungsschatten. Deshalb rastet er dort gern. Wird seine Ruhe durch einen Eindringling (unsere Fliege!) gestört, so ärgert ihn das vielleicht und ein Biss kann die Folge sein. Muss aber nicht. Lachse sind schwer zu berechnen.

Eine gute Stelle sollte man sich jedoch merken. Tipps von erfahrenen Mitfischern und vor allem der Rat des Guides sind da Gold wert.

Als ich damals anfing und meinen ersten Zweihand-Grils fing, wunderte ich mich noch, dass ich am Tag darauf an genau demselben Platz erneut Erfolg hatte. Noch ein Grils!

Und da ich den besagten Pool noch heute befische, nähere ich mich diesem „heißen" Platz stets mit Vorfreude. Doch im Laufe der Jahre hat sich der Pool durch Verschiebungen im Kiesbett verändert. Der alte Top-Fangplatz hat etwas gelitten, aber dafür hat sich 20 Meter stromab eine neue Superstelle gebildet!

Was lehrt uns das? Pools können sich verändern! Man sollte also stets bereit sein, selbst an alt bekannten Pools neue Entwicklungen zu entdecken. Mit allen Sinnen fischen, aufpassen, wo sich ein Lachs zeigt, viel Zeit am Wasser verbringen, in den Pausen das Wasser beobachten. Lachsfischen ist nicht nur stupides „Schnürlwaschen", wie es ein Österreicher, den ich in Norwegen traf, einmal wütend feststellte. Er hatte in seiner Lachswoche nichts gefangen und daraus den für ihn einzig logischen Schluss gezogen. „Nie wieder!"

Wer in seiner Heimat große Forellen fängt, wie er will, der tut sich häufig mit dem Thema Lachs schwer. Verständlich! Wenn ich an meinen Stammrevieren in Österreich auf Forellen pirsche, fange ich mehrere gute Fische am Tag. Ausnahmen sind selten, der Erfolg ist sicher. Beim Lachsfischen hingegen ist gar nichts sicher!

Ich bin deshalb mit einem guten Lachs pro Woche schon mal prinzipiell zufrieden. Eine Null-Woche habe ich an der Gaula noch nie gehabt, war aber manchmal nahe dran. Das Durchhalten bis zum letzten Tag brachte jedoch selbst in Perioden mit schlechtem Aufstieg irgendwann den gewünschten Erfolg.

Probiere ich einen neuen Lachsfluss aus, so kalkuliere ich eine gewisse Lernphase ein. Und rechne fangtechnisch mit gar nichts! Mit dieser Einstellung fuhr ich in den letzten Jahren an die Skjern Au in Dänemark und an die Varde Au. Besonders die Skjern Au ist ein tolles Revier für die Fliege! Schöne Pools, einfach zu lesen, man gewinnt leicht Zutrauen. Allerdings habe ich in meiner Woche dort nichts gefangen und keinen Biss gehabt. Es wurden auch von anderen Fischern nur zwei Lachse gelandet. Sehe ich eine solche Woche als peinlichen Fehlschlag an. Nein! Entsprechende Erfahrungen wird jeder machen, man muss sie aushalten! Und ich bin sicher, in nicht allzu ferner Zeit wird mein erster Dänemarklachs vor mir liegen. Ich werde wieder an die Skjern Au fahren, denn die Chancen werden mit etwas Glück besser als damals sein, die Kartenpreise sind gering und der Fluss an sich gefällt mir.

Aber noch einmal zurück. Wie ging es damals bei mir, nach den ersten Zweihandlachsen, weiter? Ich hatte Glück und konnte eine Reise zum besten Lachsfluss der Welt machen, dem Ponoi in Russland. Dort fing ich 20 Lachse in einer Woche. Abgesehen vom guten Fangergebnis konnte ich viel lernen; denn an einem Fluss voller Fische kann man manches ausprobieren, wozu sonst die Gelegenheit fehlt. Ähnlich verlief eine kurz darauf folgende Reise nach Island. Die Woche endete mit 15 Lachsen auf meinem Konto.

Doch russische und isländische Traumreviere sind teuer und konnten auf die Dauer nicht zum Stammrevier werden. So kehrte ich wieder an die Gaula zurück. Und zwar als Fischer mit mehr Erfahrung und gesteigertem Können, was sich gleich in den Resultaten niederschlug. Mehrere große Lachse, nahe bei 10 Kilo und darüber, konnte ich landen. Die Strecken des Norwegian Flyfischers Club (www.nfc-online.com) sind eben spitze. Zudem ist mir das Team des Clubs (der Chef Manfred Raguse, seine Mitarbeiter, seine Guides) sympathisch. Ich fühle mich dort wohl und habe mein Stammrevier gefunden.

Mein Rat, der sich aus meiner Erfahrung als Lachsfischer ergibt, lautet:

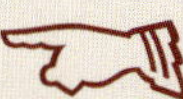

1. Erwarten Sie nicht zu viel. Ein Lachs pro Woche ist ein schöner Erfolg.
2. Wenn Ihnen ein Revier grundsätzlich gefällt, sollten Sie nachsetzen, auch wenn es beim ersten Mal keinen Fang gab.
3. Träumen Sie nicht gleich von Riesenfischen. Die kommen irgendwann, wenn Sie ein gutes Revier ausgewählt haben.

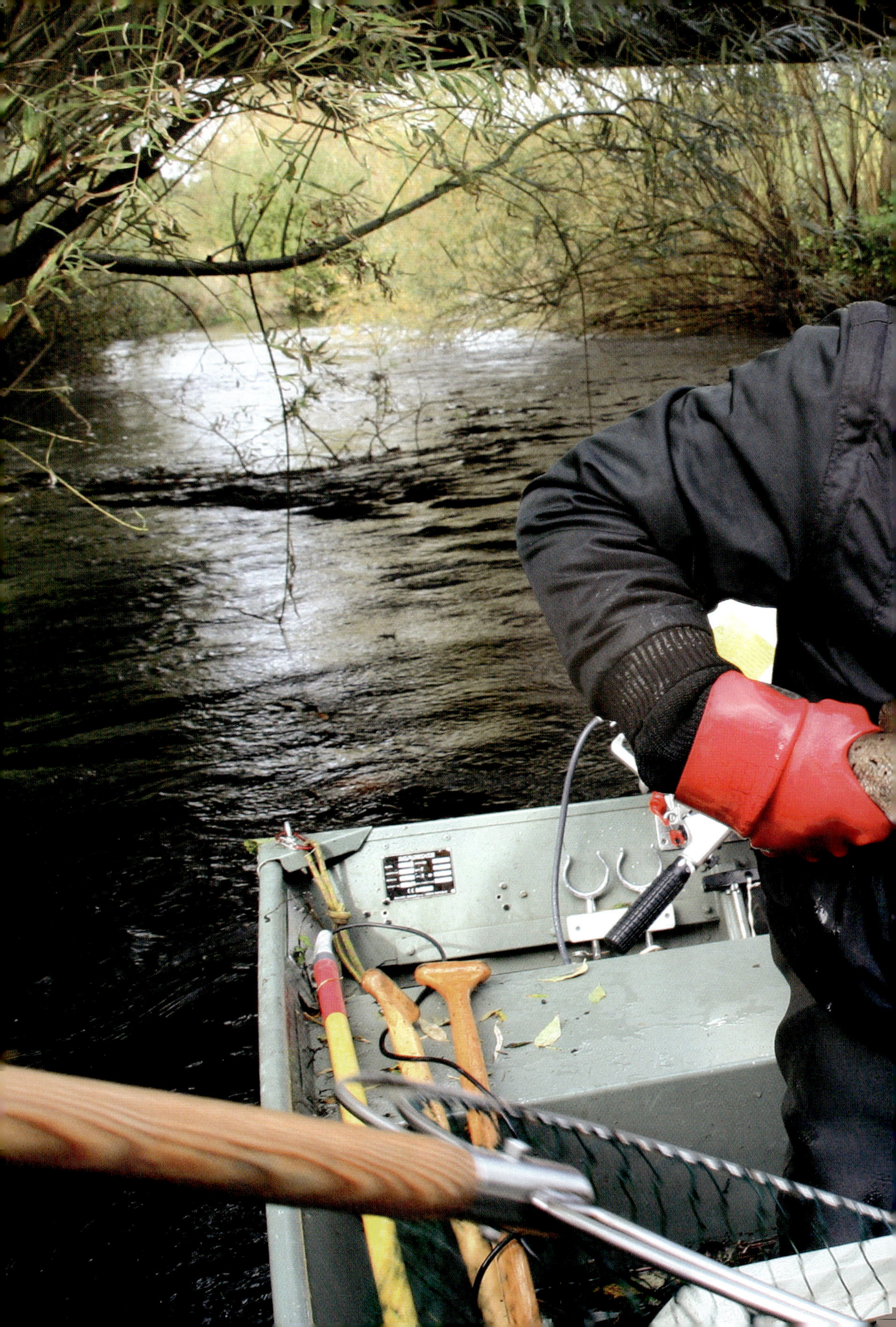

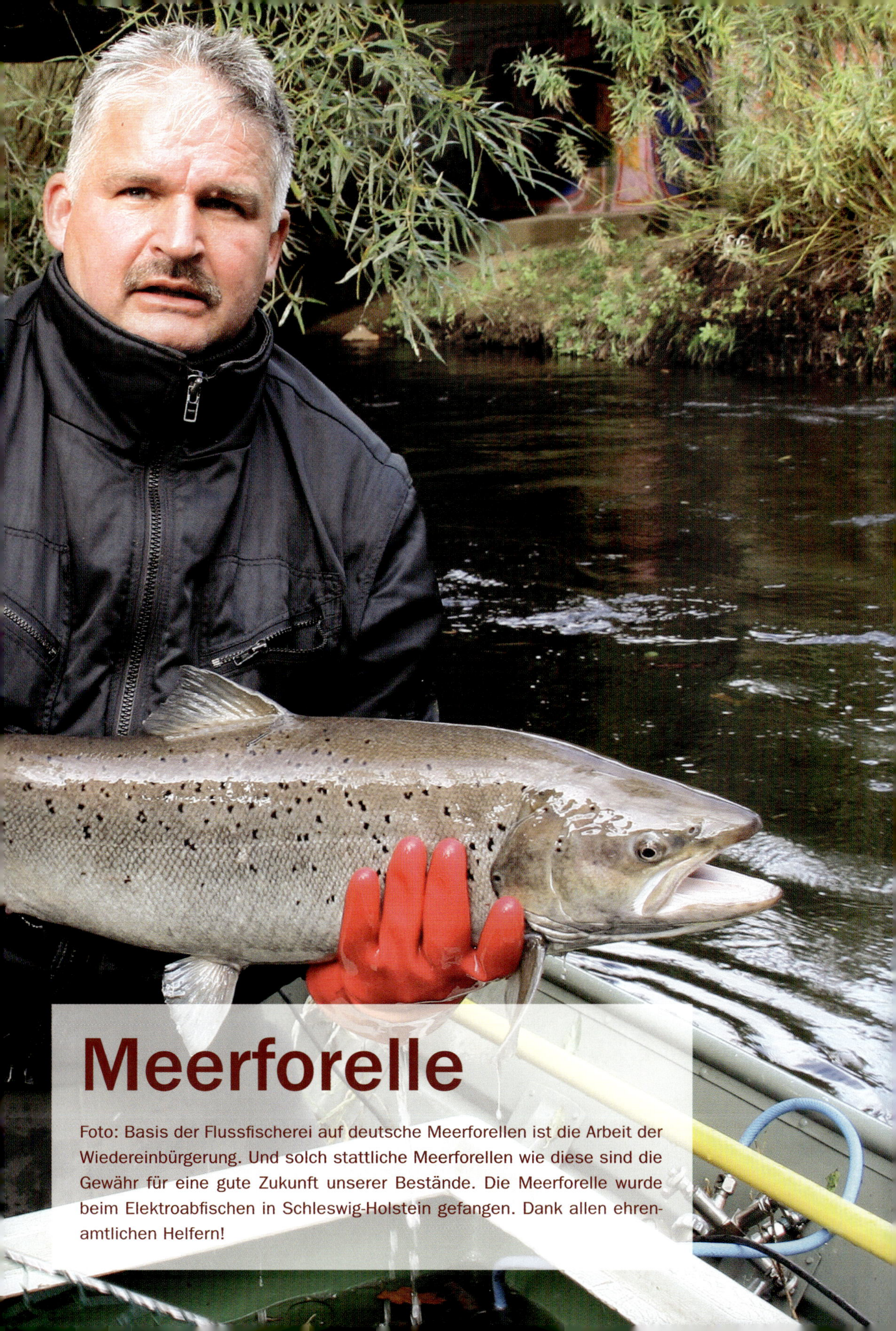

Meerforelle

Foto: Basis der Flussfischerei auf deutsche Meerforellen ist die Arbeit der Wiedereinbürgerung. Und solch stattliche Meerforellen wie diese sind die Gewähr für eine gute Zukunft unserer Bestände. Die Meerforelle wurde beim Elektroabfischen in Schleswig-Holstein gefangen. Dank allen ehrenamtlichen Helfern!

MEERFORELLE

Dieses Thema hat zwei ganz unterschiedliche Seiten: die Fluss- und die Meeresfischerei. Die Zweihand kommt bei der Flussfischerei auf Meerforellen häufiger zum Einsatz. Nur wenige Fliegenfischer benutzen beim Ostseefischen überhaupt eine Zweihandrute. Sie ist dort nicht zwingend notwendig, kann jedoch unsere Möglichkeiten, wie ich später zeigen werde, deutlich erweitern.

Zunächst aber die wichtigsten Informationen für den Flussfischer. Wir starten mit der Gerätekiste.

Der Verfasser mit einer schönen Meerforelle aus seinem Heimatfluss, der Stör. Die Allround-Zweihand war wieder maßgeblich beteiligt

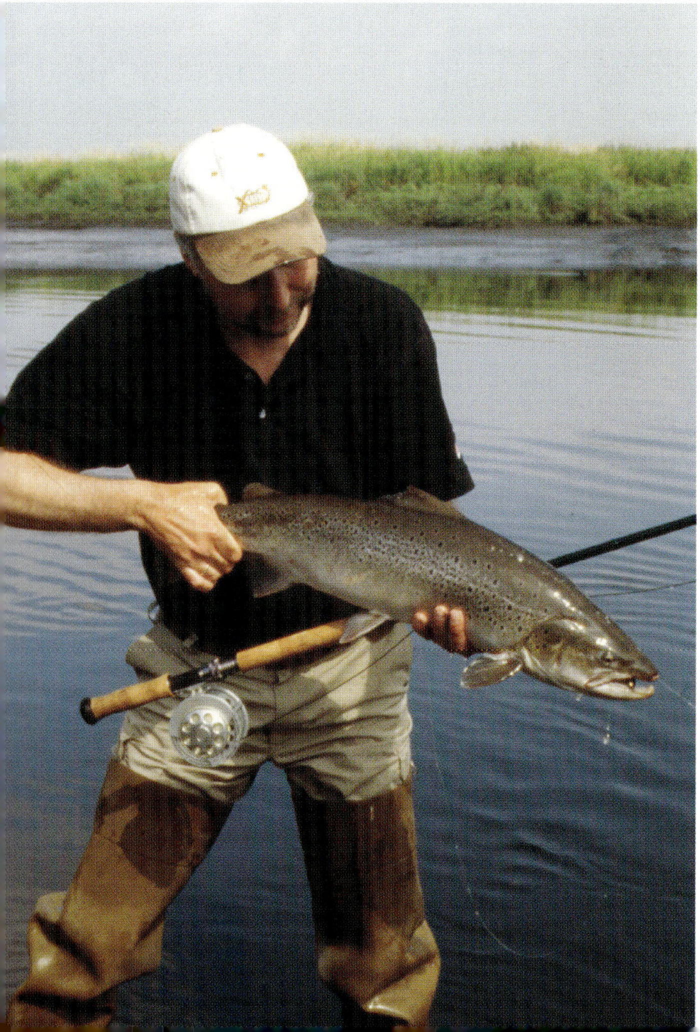

Gerätekiste Meerforelle / Flussfischen

1. *Ausrüstung für Wiesenbäche und mittlere Flüsse. 11' Switch-Rute der Klasse 7 oder 8. Dazu für die klassische Nachtfischerei auf Meerforellen eine schwimmende Flugschnur (Switchline) und als Ergänzung eine Rolle mit Schusskopfsystem für die Tagesfischerei bei getrübtem Wasser. In diesem Fall sollte ein Schusskopf vom Typ float / sink 1 oder float / sink 2 verwendet werden. Für die Nachtfischerei mit der Schwimmschnur ist ein konisch gezogenes Monofilvorfach ideal geeignet. Vorfachspitze: 0.28er oder 0.30er Monofil. Für die Tagesfischerei ist ein Sortiment unterschiedlich schnell sinkender Polyleader zu empfehlen.*
2. *Ausrüstung für größere Flüsse. Zweihandrute in 12.6 oder 13' der Klasse 8 oder 9. Die Wahl der Schnur, des Vorfaches und der Spitze erfolgt wie unter Punkt 1 beschrieben. Sollte der*

Fluss sehr tief und trübe sein, ist die Verwendung eines schnell sinkenden Schusskopfes vom Typ sink 2 / sink 4 für die Tagesfischerei sinnvoll. Vorfachspitze: 0.35er, um bei den zu erwartenden Hängern nicht zu viele Verluste zu erleiden. Die empfohlene, starke Spitze bezieht sich auf größere Tubenfliegen. Kleinere Muster sollten mit einer 0.28er oder 0.30er Spitze angeboten werden.

3. *Fliegentipps. Fängige Muster für die Nachtfischerei sind schwarze Streamer wie ein entsprechender Woolly Bugger der Größe 4 bis 10 oder Tubenfliegen mit einer Gesamtlänge von 3 bis 6 Zentimetern des Typs Black & Silver. In der Übergangszeit (Dämmerung) bewähren sich Nassfliegen der Größe 4 bis 10 in bedeckten Farben wie zum Beispiel eine Medicine oder eine entsprechend gebundene Tubenfliege (3 bis 6 cm). Für die Tagesfischerei bei getrübtem Wasser empfehle ich Nassfliegen der Größe 4 bis 8 wie die Grouse & Claret oder entsprechende Tubenfliegen. Alternativ dazu größere Tuben (6 bis 8 cm Gesamtlänge) mit auffälligem Erscheinungsbild testen. Typ Cascade Tube. Der Fachhandel hält entsprechende Muster bereit.*

Erfahrungen beim Flussfischen auf deutsche Meerforellen

Meine Heimat hat einen direkten Bezug zum Thema Meerforelle. Gestatten Sie deshalb, dass ich Sie da kurz ins Bild setze. Ich bin Jahrgang 1957 und in Schleswig-Holstein (Itzehoe) geboren. Unser schönes Bundesland liegt zwischen den Meeren und demzufolge gibt es viele Flüsse, die einen Meerforellenaufstieg haben. Einige münden in die Unterelbe (Stör, Oste), andere direkt in die Nordsee, während bekannte Meerforellenflüsse wie Trave oder Schwentine in die Ostsee fließen.

Ich fing meine erste Fluss-Meerforelle bereits als Kind im Jahre 1967 und mein bislang größter Fisch wog 15 Pfund. Heimische Fänge, wohlgemerkt!

Vorweg schicke ich, dass ich mit dem Fliegenfischen auf Meerforellen „erst“ vor 25 Jahren angefangen habe. Viele Fänge habe ich als jüngerer Bursche mit dem Wurm und Spinner gemacht. Doch heute fische ich nur noch mit der Fliege auf Meerforellen. Und, wenn es irgendwie geht, am allerliebsten mit der Zweihand. Nicht, weil ich zum

Snob geworden bin, nein: Das Zweihandfischen macht mir einfach am meisten Spaß!

Seit über 40 Jahren angle ich also auf diese Fische. Denn Meerforellen waren zum Glück in Schleswig-Holstein nie ganz ausgestorben. Gleichwohl kamen die Bemühungen zur Wiedereinbürgerung gegen Mitte der 1970er Jahre genau zum richtigen Zeitpunkt, um die zunehmende Verschlammung der Laichplätze aufzufangen. Die meisten Meerforellen, die heute Anglern Freude machen, sind Produkte der Aufzucht ehrenamtlicher Helfer: großes Kompliment und herzlichen Dank an alle, die da mitziehen. Der Kreis der tätigen Meerforellenfreunde wird immer größer: die Nebenflüsse von Elbe, Weser, Ems und Rhein können sich über wachsende Bestände freuen. Kürzlich rief mich ein Freund an, der an der Ahr pirschte und eine wahre Monsterforelle an die Angel bekam. Aber leider im Drill verlor. Wahrscheinlich die erste Meerforelle seines Lebens.

Diese feiste Meerforelle wog 5.5 Kilo. Wiederum ein Fang aus einem deutschen Fluss.

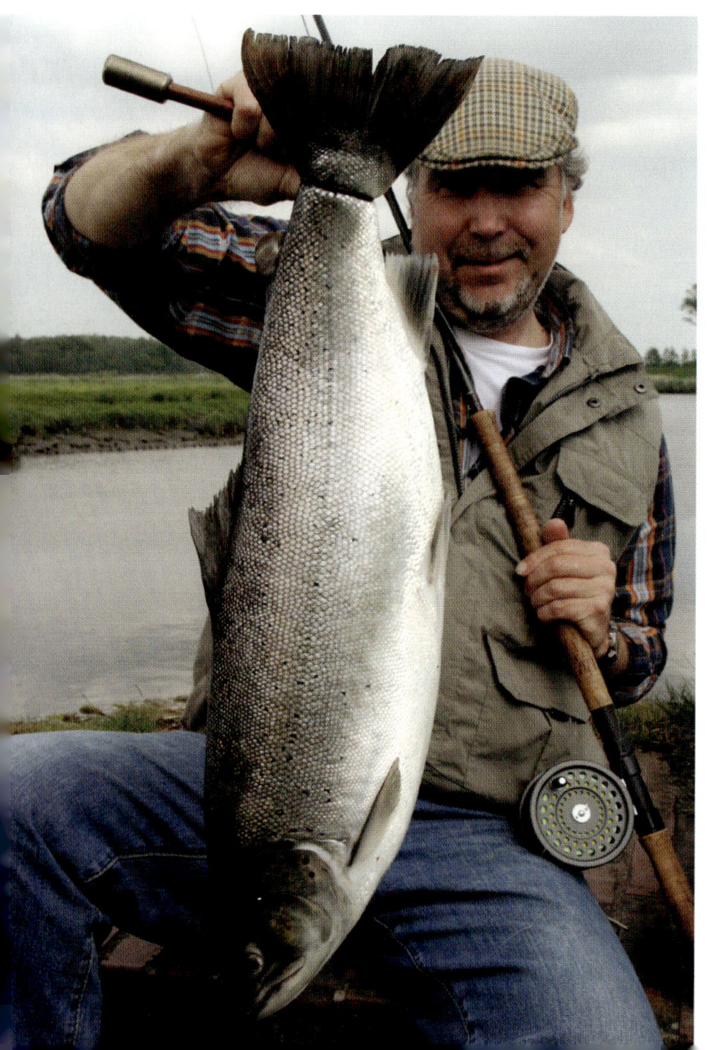

Fänge in deutschen Flüssen werden immer wahrscheinlicher, doch man muss das Handwerk beherrschen. Wobei wir bei der Praxis wären. Eine Analyse der Faktenlage bringt uns Schritt für Schritt näher zum Erfolg.

1. Meerforelle ist nicht Meerforelle.

Fluss-Meerforellen fressen nur im Ausnahmefall aktiv, im Gegensatz zum Ostseefisch. An der Küste vergeht kaum ein idealer Tag im März oder April ohne Biss; beim Flussangeln muss man lernen, ganze Wochen ohne Kontakt zu verkraften.

Finden Sie sich damit ab: Eine deutsche Fluss-Meerforellen zu fangen, bleibt ein schwieriges Geschäft! Auf der anderen Seite: Wer sich richtig bemüht, fängt irgendwann auch eine. Das ist dann der

Durchbruch, den es zu schaffen gilt. Die nächsten Erfolge kommen in immer kürzeren Abständen. Ein Freund von mir fischte drei Jahre ohne Erfolg an einer für ihn schwer zugänglichen Strecke (weite Anreise, kurz Angelzeit). Dann fand er einen anderen Fluss, den er schneller und öfter erreicht. Seitdem fängt er jedes Jahr!

2. Der Aufstieg beginnt früher als viele denken!

Die Saison an unseren Flüssen beginnt bereits im *Mai*!

Zwar sind von Januar bis März abgelaichte Fische in den Flüssen präsent, doch sie verdienen Schonung! Diese so genannten Absteiger sehen jämmerlich aus: mager, fleckig, braun. Meist ziehen sich die letzten Fische im März zurück ins Meer. Im April sind die Flüsse „leer", aber die ersten blanken Frischaufsteiger stehen schon vor der Tür. Sie warten auf den ersten starken Mairegen! Und schon sind sie da! Besonders erfreulich sind die hohen Durchschnittsgewichte zum Saisonstart. Die Anzahl der Fische ist nicht groß, aber jeder Biss zählt doppelt, denn die Chance ist gut, gleich eine *kapitale* Meerforelle zu fangen. Was ist kapital? Jeder hat ein anderes Maß. Für mich ist ein Fisch ab 4 Kilo groß und ab 5 Kilo kapital.

Die Hauptsaison schließt sich an. Von *Juni* bis *September* ziehen immer wieder neue Meerforellen nach. Kleinere (50 cm), mittelgroße (60 cm) und große Meerforellen sind gemischt vertreten. Ab Oktober beginnt an vielen Flüssen die Schonzeit.

3. Der gesamte Fluss ist interessant.

Nicht jeder Flussabschnitt ist allerdings die ganze Saison hindurch gleich fängig. Zu Beginn (Mai / Anfang Juni) sind die unteren Partien wichtiger. Hier steigt die Meerforelle ein und verbliebt einige Zeit.

Je mehr die Saison fortschreitet, desto schneller werden die unteren Partien passiert. Die Fische haben es zunehmend eilig, stromauf zu

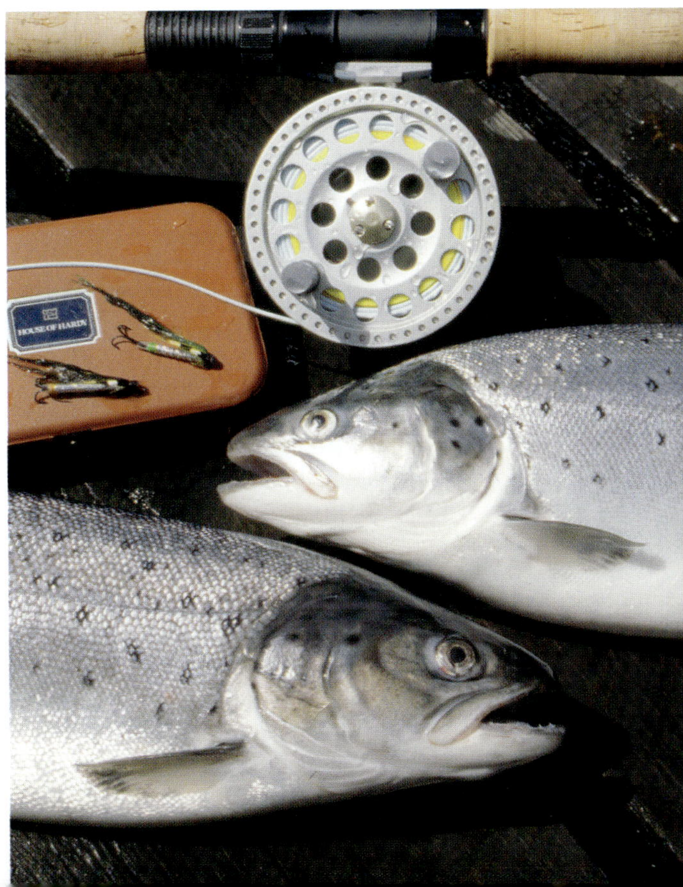

Schönes Meerforellenduo aus einem deutschen Fluss.

schwimmen. Sie sammeln sich immer mehr in den oberen Flussabschnitten (August / September).
Zwischendurch lohnt das Angeln für eine gewisse Zeit in allen Partien; dies ist an den Flüssen, die ich kenne, im Juni und Juli der Fall. Lokale Unterschiede müssen durch Erfahrung ermittelt werden.

4. Bei trübem Wasser muss man nicht einpacken.

Fällt Regen, so darf der Flussangler immer Hoffnung schöpfen. Starke Niederschläge haben sogar eine Trübung des Wassers zur Folge und der Wasserstand steigt! Das wirkt auf nicht eingeweihte Petrijünger abschreckend. Aber die richtigen Meerforellenfans wissen, dass es jetzt interessant wird: Die Fische kommen!
Sollte sich dies bestätigen, so sieht man zum Beispiel Forellen springen oder Kollegen im Drill. Dann ist die Zeit gekommen, den Chef um Urlaub zu bitten. Attacke! Wenn nicht jetzt, wann dann?

5. Meerforellen kann man bei praller Sonne fangen.

Flüsse mit ständig getrübtem Wasser, viele Nordseezuflüsse sind im Unterlauf sehr schlammig, können selbst bei blauem Himmel plus Sonne erfolgreich beangelt werden. Sogar zur Mittagszeit! Woher ich das weiß? Der Unterlauf meines Heimatflusses ist dauertrüb und hat mir trotzdem viele schöne Forellen beschert.
Sonst aber gilt: Glasklares Wasser, pralle Sonne sind schlechte Vorzeichen für den Meerforellenfang tagsüber. Das Gegenteil bringt immer Chancen mit sich: bedeckter Himmel, leicht getrübtes Wasser.
Der Fliegenfischer hat die größten Chancen in der Nacht und zwar besonders vom Beginn der Dämmerung bis Mitternacht! Dies ist die klassische Zeit für die Fliege vom Typ *Black Zulu*!

6. Meerforellen aufzuspüren, dass ist nicht nur Glückssache.

Meerforellen halten oft einen Standplatz über mehrere Tage, insbesondere, wenn der Wasserstand konstant bleibt. Sie warten auf Regen, bevor sie weiter ziehen.
Sprünge aus dem Wasser sind untrügliche Zeichen für eine Meerforelle. Aber Achtung: stromaufwärts gerichtete Sprünge (wie von einem Delfin, der ein Boot begleitet) stammen von rasch ziehenden Fischen. Standfische springen seitlich oder sogar rückwärts gerichtet, man könnte sagen „ziellos“ aus dem Wasser. Die Chance, solche Forellen auch morgen noch am Platz zu finden, ist durchaus gut.
Andere Anzeichen für Standfische: Manchmal sieht man, vor allem in

schmaleren Bächen, dass größere Wasserflächen direkt „ins Schwanken geraten“ oder dicke Bugwellen ziehen stromauf, um dann an einem tiefen Platz zu enden. Solche Stellen merken und nach einer Ruhepause abfischen. Bringt das nichts, am nächsten Morgen ganz früh (als erster Angler!) wieder probieren.

7. Meerforellen lieben tiefe Gumpen.

Im Laufe der Saison werden die besten Standplätze nach und nach von starken Forellen besetzt. Das Vorrecht, hier verweilen zu dürfen, wird gegen andere Fische verteidigt. Und ein Streamer, der in diesen Bereich „eindringt“, wird deshalb aus Prinzip angegriffen. Besonders aber dann, wenn der Rivale sich aufreizend dicht nähert.

Da Meerforellen im Fluss nicht aktiv fressen, hängt die Attraktivität nicht vom Futterangebot ab. Tagsüber sucht der Fisch vor allem Schutz! Und zwar in tiefen, strömungsarmen, dunklen Bereichen. Je tiefer, desto besser! Wenn zum Beispiel ein Schatten spendender Busch weit über eine ausgespülte Außenkurve ragt, dann hat man wahrscheinlich eine Topstelle gefunden.

Doch alle tiefen „Löcher“ des Ufers können interessant sein. Manche Stellen lassen sich schwer auf den ersten Blick erkennen. Forschungsarbeit mit einem Lotblei oder einer soliden Stange kann sehr aufschlussreich sein. Beim Abfischen mit dem Elektrogerät zeigen sich überraschend oft Bereiche als tief und ertragreich, denen man dies nicht zugetraut hätte. Lernen Sie den Fluss also so gut wie möglich kennen!

Am späten Abend beginnen die Meerforellen im Schutze der Dunkelheit, ihr Revier durch nächtliche Ausflüge zu erkunden. Ganz früh morgens ist diese Phase oft nicht abgeschlossen und der Fisch „stromert“ noch herum. Deshalb der Tipp: Morgens die Bereiche vor und hinter einer Topstelle vorsichtig angehen und probieren!

8. Im Meerforellenfluss gibt's manchmal Lachse.

Viele deutsche Meerforellenflüsse haben mittlerweile einen Lachsaufstieg. Von Anglern werden zwar wenige Fische gefangen, aber beim Elektroabfischen sind immer wieder echte Prachtexemplare zu sehen. Fakt ist: Wer als Angler viel Einsatz zeigt, kann irgendwann an einen Lachs geraten. Mir ist dies in den letzten 10 Jahren immerhin dreimal passiert. Alle diese Fische (3 kg, 5.5 kg, 6 kg) konnte ich mit meiner Zweihand beherrschen und landen.

Über das Flussfischen generell

Was für das Verhalten deutscher Meerforellen gilt, lässt sich im Prinzip auch an ausländischen Flüssen beobachten. Allerdings sind die Chancen auf einen Fang dort in der Regel viel höher! Dazu ein praktisches Beispiel. Ich lebe an einem der besten Meerforellenflüsse Deutschlands, der Stör. Mehrere, teilweise sogar große Angelvereine teilen sich das Angelrecht und dennoch werden in einem typischen Jahr von allen Fischern zusammen (Wurmfischer, Spinnfischer, Fliegenfischer) nur 60 bis 80 Meerforellen gefangen. Greifen wir irgendeine dänische Meerforellen-Au heraus, so wird der Unterschied deutlich. An der Skjern Au werden pro Jahr 350 Meerforellen (2010) gefangen.

Eine Reise zum Meerforellenfischen kann sich also wirklich lohnen! Die Chancen sind viel besser als bei uns daheim. Man beachte die jeweils besten Aufstiegswochen der Vorjahre und recherchiere die Chancen, bevor man bucht. Das Internet bietet dazu beste Möglichkeiten. Wer einen Fluss googelt, kommt vielen nützlichen Informationen bereits auf die Spur. Und man kann dort Adressen finden,

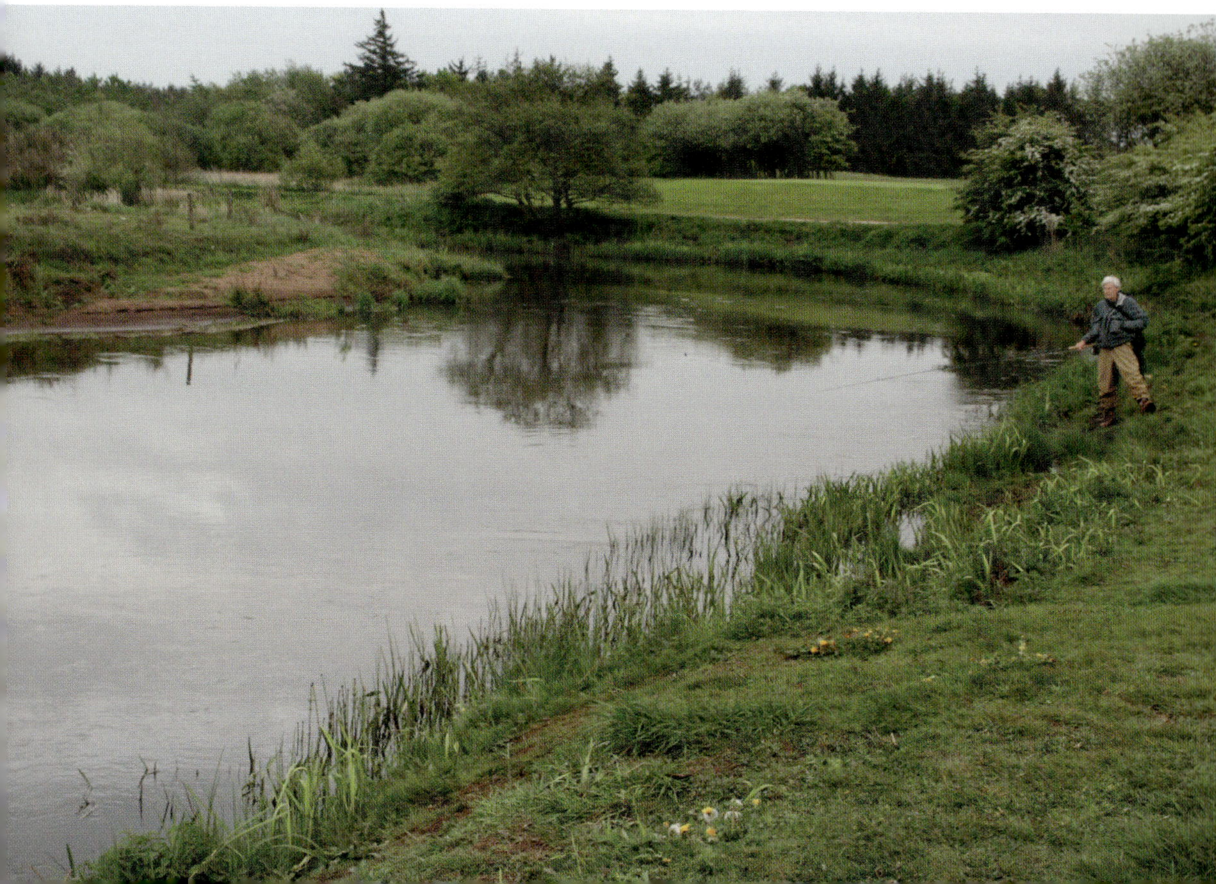

Die größeren dänischen Auen sind sehr interessante Reviere. Die stets etwas trübe Varde Au, hier im Bild, bietet tagsüber gute Chancen auf Meerforellen.

bei denen die Tageskarten rechtzeitig bestellt werden können. Das ist ratsam! Sehr gute Meerforellenreviere sind ähnlich gefragt wie Lachsflüsse, allerdings ist der Preis für die Lizenz meist geringer und es gelingt leichter, günstige Angelkarten zu ergattern. Dies gilt zum Glück in besonderer Weise für unser Nachbarland Dänemark!

Außerdem bietet das Ausland dem Zweihand-Fan mehr Möglichkeiten. Das Angebot an größeren Meerforellenflüssen, die vorteilhaft mit einer Zweihand zu befischen sind, ist viel größer.

Alle größeren Wiesenflüsse Dänemarks, wie die berühmte Karup Au, die Guden Au oder die Skjern Au sind Zweihandreviere erster Klasse. Die Durchschnittsgewichte der Fische sind zum Beispiel in der Karup Au sehr hoch, Meerforellen mit 7, 8 oder gar 10 Kilo werden regelmäßig gefangen. Und Fischen dieser Größe begegnet man einfach besser mit einer starken Gerte, also mit der Zweihand.

Michael Werner, Chefredakteurvon FLIEGENFISCHEN, mit einer schönen Meerforelle. „Klassisch“, also nachts, überlistet! *Foto: Michael Werner*

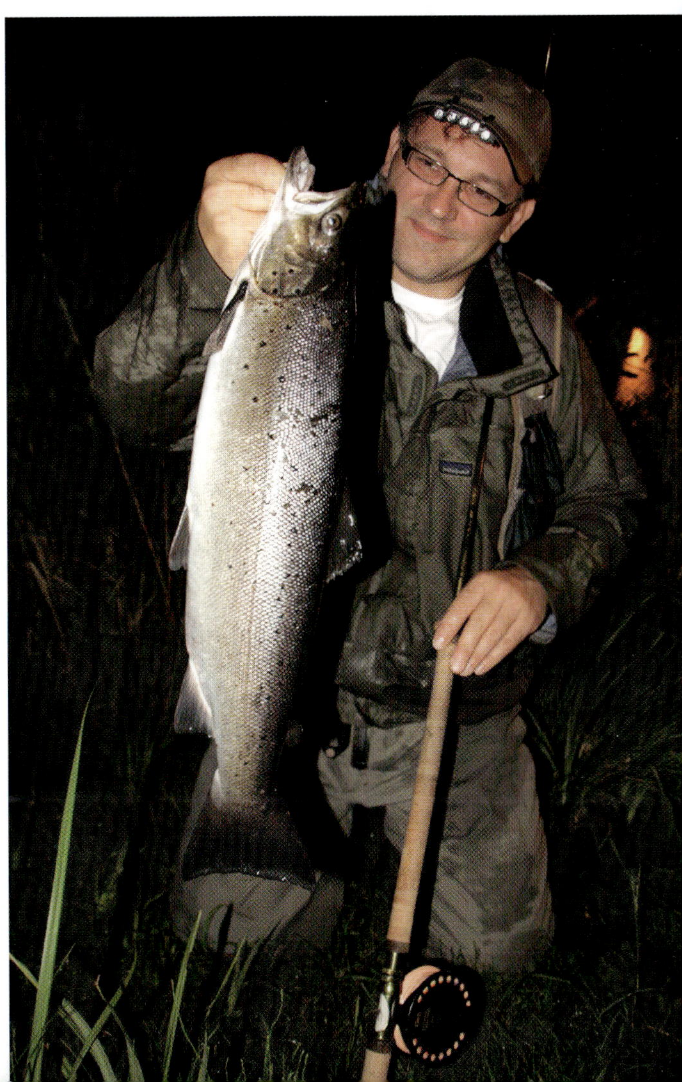

In Schweden bietet die Mörrum eine ausgezeichnete Möglichkeit zum Fang starker Fische und auch hier ist die Zweihand das richtige Gerät. In Norwegen bieten sich herrliche Möglichkeiten an der Driva, am Gloppen, am Eidselva und anderen größeren Flüssen. Argentinien lockt mit dem sagenhaften Rio Grande; hier findet der reisefreudige Fischer das beste Meerforellenrevier der Welt.

Unsere Allroundzweihand mit 13' # 8 oder 9 ist an allen genannten Flüssen eine gute Wahl.

Die Alternative für kleinere Flüsse ist eine 11' Switchrute der Klasse 6, 7 oder 8.

Wie geht man die Fischerei praktisch an?

Vorweg eine Klarstellung. Ich spreche nachfolgend nicht über das Fischen auf Absteiger-Meerforellen

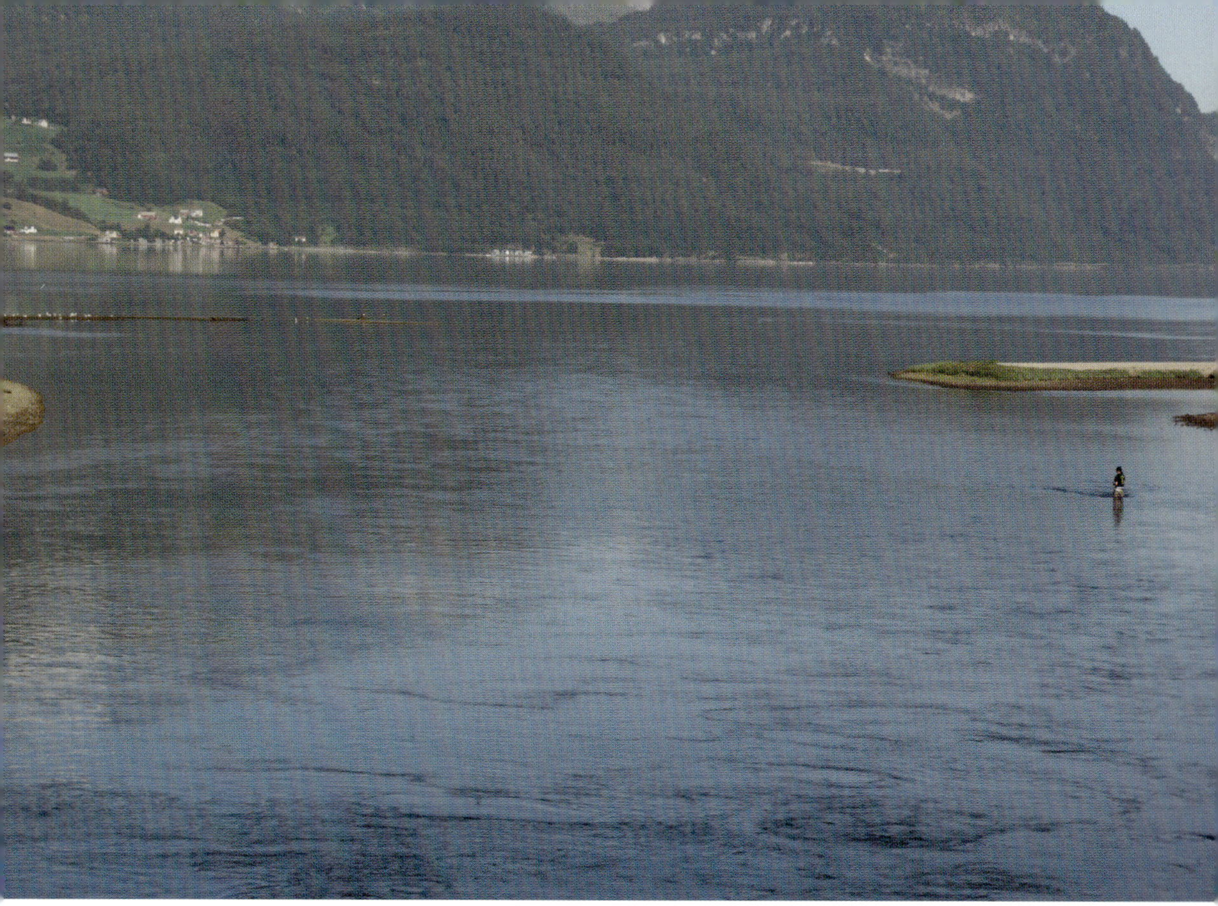

Meerforellenfischen am Gloppen in Norwegen. Dieser Fluss ist für starke Meerforellen bekannt.

(sie sollten besser geschont werden) oder auf die kleinen Grönländer. Diese Fischerei findet im Spätwinter und Vorfrühling statt. Grönländer sind nette Fische, aber keine Objekte für die Zweihand, dafür sind sie zu klein. Ich widme mich also ganz der klassischen, lohnenswerten Fischerei auf Meerforellen, die frisch gestärkt aus dem Meer aufsteigen. Dieser Aufstieg findet auch im Ausland, grob gesprochen, in der warmen Jahreszeit statt und setzt sich bis in den Herbst fort. Beispiele: Dänemark (Mai bis September), Norwegen (Juli, August, September), Schweden / Mörrum (August, September). Und die beste Zeit in Argentinien ist ebenfalls der dortige Sommer (Januar, Februar).

Je klarer das Wasser des Flusses ist, so die Grundregel, desto mehr verlagert sich die aussichtsreiche Fischerei in die Zeit der Abenddämmerung und in die folgende Nacht. Die Schwimmschnur ist in solchen Fällen die richtige Wahl. Je dunkler der Himmel, je schwärzer die Nacht, desto mehr ist eine schwarze Fliege mit etwas Silber am Körper die richtige Wahl.

Alternativ sollte in jedem Fall immer eine Rolle mit Schusskopfsystem parat sein. Denn selbst in idealen Schwimmschnurnächten (warm, windstill, dunkel), lohnt sich ein Versuch mit einem mittelschnell oder gar schnell sinkenden Schusskopf als Alternative. Außerdem kommen die sinkenden Schussköpfe tagsüber zum Einsatz, wenn das Wasser leicht oder sogar stark getrübt ist.

Selbst typische norwegische Meerforellenflüsse, glasklare Gewässer zumeist, werden nach einem Starkregen leicht trübe. Und zudem steigt der Wasserstand! Wahrscheinlich werden nun sofort Meerforellen aufsteigen! Achtung: Jetzt unbedingt rund um die Uhr fischen, denn die Chancen sind nun tagsüber ähnlich gut wie in der Nacht.

Andere Meerforellenflüsse sind stets ein wenig trübe oder sogar deutlich „angestaubt“, wie der Praktiker sagt. Hier lohnt es sich sogar, ganz auf die Tagesfischerei zu setzen und die Nacht zum Ruhen zu nutzen! Die dänische Varde Au ist ein Beispiel für einen Fluss, an dem tagsüber bessere Fangchancen auf Meerforellen bestehen als in einer dunklen Nacht. Das ist kein Einzelfall, denn die meisten Flüsse, die in die Nordsee münden, sind „naturtrüb“!

Wie jedoch stellt man sich auf klare Flüsse ein?

Die Kombination aus glasklarem Flusswasser und hellem Tageslicht behagt der Meerforelle überhaupt nicht. Der Fisch fühlt sich wahrscheinlich wie auf dem Präsentierteller und zahlreichen Feinden gut sichtbar ausgesetzt. Die Meerforelle zieht sich dann in die tiefsten Gumpen zurück und verharrt dort am Grund. In Wiesenbächen bieten tief ausgespülte Ufer den Meerforellen eine Zuflucht. Die Neigung, unseren Köder zu nehmen, ist unter den genannten Vorzeichen nur gering. Dämmert es, beginnt die Meerforelle ihr Versteck zu verlassen und das umliegende Revier zu erkunden. Es kommt Leben in die Sache! Die Fische bewegen sich! Nun bietet sich auch an glasklaren Flüssen die Chance auf einen Biss. Die goldene Stunde naht! Man sollte allerdings nicht zu früh mit dem Fischen beginnen und den ausgewählten Abschnitt schon mal probehalber „aufmischen“. Dies stört die Fische, die vielleicht gerade ihr Versteck verlassen wollten. Warten wir also besser auf die Dämmerung, wenn es auch schwer fällt, unsere Passion zu bremsen. Ganz ruhig bleiben. Wir haben noch die ganze Nacht vor uns!

Grundsätzlich lässt sich eine Meerforellennacht in vier Phasen einteilen. Die erste und sehr aussichtsreiche Zeit ist die Periode von der

einsetzenden Dämmerung bis Mitternacht. Die so genannte „erste Halbzeit". Sich auf diese Zeit zu konzentrieren, das ist ein guter Plan! Nachtfischen ist für Einsteiger gewöhnungsbedürftig und deshalb sind einige Stunden genug, um sich einzufischen. Die allerbesten Chancen bietet die Zeit bis Mitternacht ohnehin!
Nach dieser Zeitspanne tritt meist eine Phase mit wenig Aktivität ein. Die„Halbzeitpause", sollte auch zu einer solchen genutzt werden, um dann die zweite interessante Phase des nächtlichen Meerforellenfischens erfrischt anzugehen. Diese Periode wird als „zweite Halbzeit" bezeichnet und dauert bis zum Morgengrauen. Jetzt ist wieder vermehrt mit aktiven Fischen zu rechnen!
Die letzte Chance, an einem Klarwasserfluss zum Erfolg zu kommen, bietet die „Nachspielzeit". Gemeint ist die Stunde des ersten Lichts am Morgen. Auch jetzt kann man noch mit dem einen oder anderen Biss rechnen! Steigt die Sonne höher, kann man das Meerforellenfischen einstellen, wenn wir es mit einem Klarwasserfluss zu tun haben. Wir rasten ausgiebig, pflegen uns, essen etwas Gutes und greifen am kommenden Abend wieder an.

Die Präsentation und das Hakensetzen

Die Präsentation der Fliege erfolgt im Wesentlichen so, wie es in den beiden Zeichnungen zum Thema Lachs („Wie man einen Pool angeht") dargestellt wurde. Man fischt also stromab, es wird in der Regel quer zur Strömung ausgeworfen, die Strömung greift in die Schnur und dann folgt die so genannte Drift. Das heißt, die Fliege zieht ihre Bahn über den Fluss. Die Drift endet, wenn die Leine sich streckt und der Zug auf die Schnur erlischt.

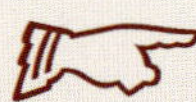

Tipp: Beim Befischen tiefer Gumpen mit einem sinkenden Schusskopf empfiehlt es sich, nach dem Einwurf einige Meter Schnur nachzufüttern, um eine tiefe Drift zu erzielen!

Wo liegt nun aber der Unterschied zum Lachsfischen?
Er besteht darin, dass Meerforellen oft in träge fließenden Partien des Pools stehen. Dort also, wo die Drift sehr langsam abläuft, weil die Strömung wenig Druck auf die Schnur ausübt. Deshalb muss

beim Meerforellenfischen oft nachgeholfen werden, damit die Fliege attraktiv im Wasser spielt. Dies erreicht man, indem die Schnur während der Drift durch wohl dosiertes Einstrippen beschleunigt wird. Erfolgt nun ein Biss, ist die direkte Antwort „Anhieb“ schwer zu vermeiden! Und das ist beim Meerforellenfischen auch nicht falsch. In aller Regel sitzt der Fisch, wenn man die Attacke mit einem Gegenzug beantwortet.

Es gibt eben doch kleine Unterschiede zwischen Lachs und Meerforelle, auch wenn sie sich äußerlich sehr ähnlich sind. Warum Meerforellen leichter zu haken sind als Lachse, dass ist schwer zu beantworten. Nehmen wir den Tatbestand einfach als gegeben hin.

Tipp: Kann man mit der Attacke beider Fischarten rechnen, sollte in den Bereichen mit flotter Strömung (wie beim Lachsfischen) von der Rolle gefischt werden, um auf der sicheren Seite zu sein. Kommt man in den ruhigen Meerforellenbereich des Pools und man muss einstrippen, sollte dem Biss ein nur moderater Gegenzug folgen, kein wuchtiger Anhieb. Stammt der Biss von einer Meerforelle, so wird der Fisch sehr wahrscheinlich gut sitzen. Und ist es ein Lachs, dann hat man zumindest eine gewisse Chance, dass der Haken einigermaßen gut sitzt. Wie beim Lachs kann der Biss durch einen ganz sanften Zupfer oder durch eine wilde Attacke erfolgen. Selbst während einer tollen Meerforellennacht, die mehrere Bisse und Chancen offeriert, kann es Unterschiede geben. Der eine Fisch stürzt sich wie ein Berserker auf die Fliege und schlägt sich sozusagen selbst an, während sich die nächste Meerforelle ganz fein und leicht bemerkbar macht. Da hilft es nur, hellwach zu sein! Jeder kleine Zupfer kann ein guter Fisch sein. Nicht nachlässig werden und stets im Hinterkopf behalten, dass Meerforellen zuweilen sehr zurückhaltend beißen. Sanfte Zupfer während der Drift, die keinen richtigen Kontakt zur Folge haben, deuten an, dass Meerforellen vor Ort sind. Vielleicht sind sie momentan noch nicht in Beißlaune. In solchen Fällen pausiert man einige Zeit und versucht die „Zupferstellen“ danach erneut. Vielleicht mit einer anderen, etwas kleineren Fliege! Oder mit einem etwas helleren oder dunkleren Muster. Das wirkt oft Wunder!

Faustregel: Beißen Meerforellen unentschlossen an, sollte man es mit einer kleineren, dezenteren Fliege probieren. Wobei wir schon mitten im Thema „Meerforellenfliegen für den Fluss“ wären.

Meerforellenfliegen für den Fluss

Grundsätzlich gilt für die Fliegenwahl vieles, was ich im Abschnitt Lachs gesagt habe. Auch die Meerforelle frisst nicht mehr aktiv, wenn sie aus dem Meer in den Fluss schwimmt. Wieder ist deshalb eine Reizfliege angesagt. Und was eine Meerforelle an unserem Angeltag vielleicht reizt, darüber lässt sich wieder nur spekulieren. Zudem gibt es viele örtliche Varianten in allen Ländern. Natürlich haben die Iren auf ihrer Insel ganz eigene Vorstellungen von einer fängigen „seatrout-fly", die Dänen haben eine besondere Tradition und die Norweger finden ganz andere Muster schön. Was tun? Lassen Sie sich bitte nicht verwirren, sondern fassen Sie die grundsätzlich wichtigen Kategorien für die Fliegenwahl ins Auge. Drei Typen sollten wir in der Fliegendose haben, und welche wir dann nehmen, dass richtet sich nach folgenden Regeln.

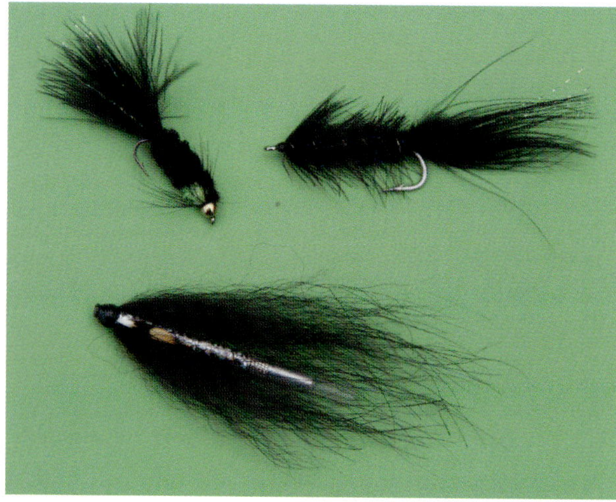

Wenn es dunkel wird, dann sind schwarze Muster Trumpf. Unten eine 6 cm lange Black & Silver Tube, oben links eine 10er Montana-Goldkopfnymphe mit Marabouschwanz, rechts daneben ein 8er Woolly Bugger.

Faustregel 1: Für die überragend wichtige Nachtfischerei bewähren sich immer wieder dunkle oder schwarze Muster. Dies kann eine kleine Black & Silver-Tubenfliege (4 bis 5 cm Gesamtlänge) sein oder ein schwarzer Streamer auf Einzelhaken wie ein *Woolly Bugger* in Größe 4 bis 8. Beißen die Fische vorsichtig, ist eine kleinere schwarze Fliege, Größe 10 bis 12, zu empfehlen. Zum Beispiel eine kleine Montana-Nymphe mit schwarzem Marabouschwanz. Mit diesen Fliegen habe ich nachts schöne Meerforellen gefangen! Wählen Sie also ganz nach Ihrem Geschmack aus.

Faustregel 2: Für die wichtigen Übergangszeiten (Dämmerung, Morgengrauen) sind Muster in gedeckten Tönen (ein kleiner Streamer oder eine entsprechende Nassfliege) zu empfehlen. Empfehlenswerte Größe: 6 bis 10. Beispiele: eine 8er Nassfliege *Medicine* oder eine hübsche kleine Kreation wie die 10er *Heggeli* auf Doppelhaken. Oder die bewährten Nassfliegen *Grouse & Claret* und *Teal, Blue & Silver* oder *Peter Ross*.

Faustregel 3: Ist das Wasser des Flusses getrübt, sollten wir eine Fliege wählen, die etwas auffälliger ist. Je trüber das Wasser, desto größer und aufdringlicher darf die Fliege sein. Zum Beispiel eine Tubenfliege vom Typ *Cascade* mit 4 bis 5 cm Gesamtlänge. Oder eine Einzelhakenfliegen wie den 4er *Woolly Bugger* in Oliv oder eine 8er *Garry* auf Drilling.

Um Ihnen konkrete Beispiele zu zeigen, habe ich entsprechende Muster fotografiert, die sich an den Faustregeln orientieren. Sie sehen Tubenfliegen, Einzelhakenfliegen und Zwillingsmuster. Meerforellenfliegen können sehr unterschiedlich aussehen; das hängt, wie ich gezeigt habe, von den Bedingungen ab. Denken Sie deshalb daran, bei einem Meerforellenurlaub die lokalen Fachgeschäfte zu besuchen.

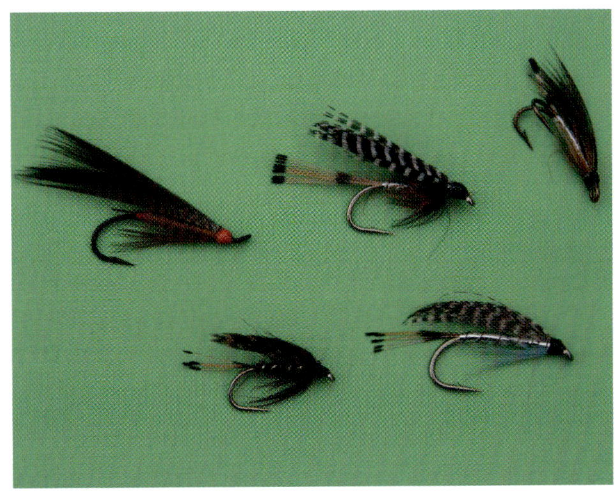

Meerforellenfliegen für den Fluss, der klares Wasser führt (Hakengröße 8 bis 10). Unten links: Grouse & Claret, unten rechts eine Teal Blue & Silver. Oben links eine Medicine, rechts daneben eine Peter Ross und eine Heggeli auf Doppelhaken.

Warum? Alle Meerforellenflüsse haben ihre eigene Fliegentradition, die wir nicht ignorieren sollten. So hat zum Beispiel der deutsche Fischer und Fliegenbinder Ulf Sill die Szene an der Mörrum mit seinen Kreationen entscheidend bereichert. Seine Muster passen einfach zu dem Fluss Mörrum, das hat die Erfahrung gezeigt. Die erfolgreichen Meerforellen-Tubenfliegen von Ulf haben eine teilweise stattliche Größe. 6 bis 8 cm Gesamtlänge sind kein Einzelfall.

Tipp: Schon längst haben viele Fischer festgestellt, dass Ulf-Sill-Muster ebenso erfolgreich an dänischen Flüssen einsetzbar sind und sich auch auf Lachs in Norwegen bewähren! Warum ist das so? Weil seine Fliegen sehr viel Eigenleben entfalten und generell eine hohe Attraktivität als Reizfliege entfalten. Oder kurz gesagt: Sie sind einfach klasse!

Ein anderes Beispiel: An norwegischen Flüssen werden oft ganz kleine Nassfliegen wie die 10er Doppelhakenfliege „Heggeli“ benutzt. Man kann sie in den lokalen norwegischen Sportgeschäften kaufen. Testen Sie stets solche lokalen Favoriten!

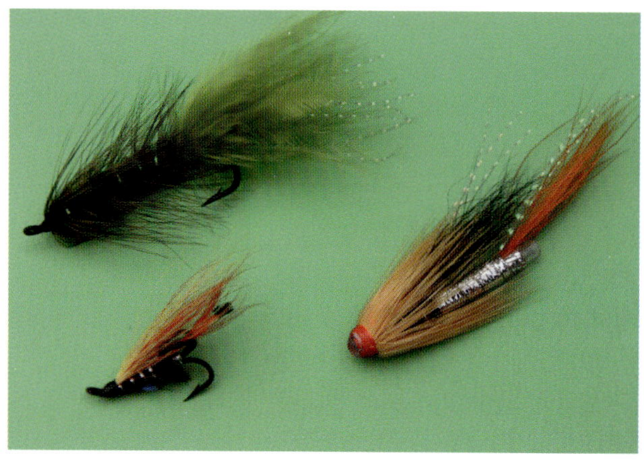

Wenn das Wasser des Meerforellenflusses getrübt ist, überzeugen diese Muster. Links unten eine 8er Garry auf Drilling, darüber ein 4er Woolly Bugger in oliv. Rechts eine Cascade-Tubenfliege (6 cm).

Am Rio Grande in Argentinien fischte man früher fast nur mit großen Woolly Buggern der Größe 2 bis 4. Ich fing 1994 in einer Woche 24 große Fische, alle auf Woolly Bugger. Zwei Farben reichten aus und zwar oliv am Tag, schwarz in der Nacht.

Heute tendiert man am Rio Grande zu kleineren Mustern, vor allem bei der Tagesfischerei. Teilweise werden sogar Gummibein-Nymphen höchst erfolgreich benutzt, wie Thomas Wölfle mir berichtet hat. Je mehr man probiert, so ist der Eindruck, desto mehr Muster stellen sich als fängig heraus.

Was lehrt uns das alles? Ich glaube, dass sich Meerforellen mit viel mehr Nassfliegen, Streamern oder meinetwegen auch Nymphen überlisten lassen, als wir ahnen. So viel anders als Bachforellen „ticken" eben Meerforellen nicht. Warum sollte eine kleine Montana-Nymphe mit Marabouschwanz nicht für Meerforellen interessant sein? Und in der Tat, sie ist es! Ich habe an einem Junitag damit zunächst zwei schöne Bachforellen gefangen und bei Beginn der Dämmerung ging dann eine gute 53er Meerforelle an diesen Köder. Aus Versehen? Eigentlich wollte ich nur auf Bachforellen pirschen, aber das störte den blanken Frischaufsteiger nicht! Ich war sogar Zeuge, als ein Kollege eine Meerforelle von 6 Kilo auf eine Czech-Nymphe der Größe 12 fing. Und zwar im Swing oberflächennah gefischt wie eine Nassfliege! Also, wenn Sie so wollen, doppelt „falsch" angeboten, denn Czech-Nymphen sollen ja eigentlich über den Grund rollen und dort Äschen und Bachforellen verführen. Die Praxis ist vielschichtig; nichts scheint unmöglich!

Fazit: Das in den Faustregeln genannte System zur Fliegenwahl sollten Sie kennen, aber für Varianten aufgeschlossen bleiben! Im Zweifelsfall eine Fliege fischen, die *Ihnen* gefällt. Dies hat sich schon oft bewährt, da man dann mit erhöhtem Selbstvertrauen fischt. Und mit Ausdauer! Der wichtigste Faktor beim Meerforellenfischen im Fluss ist nämlich Hartnäckigkeit. Eine Prise Glück kann auch nicht scha-

den. Klar, dass meine besten Wünsche Sie an den Fluss begleiten! Vielleicht gehen Sie jetzt fischen? Gerne.
Die anderen Leser kommen jetzt mit mir an die Ostsee!

MEERFORELLENFISCHEN AN DER OSTSEE

Das Meerforellenfischen an der Küste ist in den letzten 20 Jahren sehr populär geworden. Erst setzte sich das Spinnfischen allgemein durch, dann entdeckten immer mehr Angler die Vorzüge des Fliegenfischens. Es macht nicht nur viel Spaß, sondern der Fang einer Meerforelle wird dadurch zum ganz besonderen Erlebnis. So jedenfalls empfinden es die meisten Freunde des Fliegenfischens, die an der Küste pirschen.
Wie schon gesagt, wird eine Einhandfliegenrute der Klasse 7 oder 8 in 9' Länge von den meisten Küstenfischern bevorzugt. Dies wird vielleicht auch in der Zukunft so sein, aber im Zuge der steigenden Popularität des Zweihandfischens stellt sich die Frage, ob nicht auch eine längere Rute an der Küste eingesetzt werden kann. Und ob sie, in bestimmten Situationen, sogar Vorteile bringen kann. Schauen wir doch mal! Aus meiner Sicht ist eine Zweihand wie der Allrounder in 13' nicht optimal für die Küste geeignet. Zu lang, zu unhandlich. *Etwas* mehr Länge als eine Einhand bei ähnlicher Leichtigkeit, das wäre schon interessanter. Spannende Perspektiven eröffnen die neuen kurzen Zweihänder vom Typ Switchrute, die von vielen namhaften Firmen auf den Markt kommen. Sie sind mit einer Länge von 11' sehr handlich und man kann damit erstaunliche Weiten erzielen. Switchruten in den Klassen 6, 7 und 8 sind vielseitig; sie verbinden die Trümpfe einer Einhand mit den Vorteilen einer Zweihand. Ob sich Switchruten an der Küste durchsetzen werden? Gut möglich!

Gerätekiste Meerforellen / Ostsee

- ✔ *Switch-Rute 11' lang, Klasse 6, 7 oder 8.*
- ✔ *Schnur: Möchte man überwiegend den Überkopfwurf verwenden, empfehle ich einen Schusskopf, entweder schwimmend oder intermediate. Beispiel für einen wurfstarken Schusskopf mit nahtlos*

angesetzter Runningline: der „Outbound Hover“ von Rio. Für den Switchcast ist eine schwimmende Switchline besser geeignet. Zum Beispiel die Switchline von Rio. Alle Leinen können optimal mit einem durchsichtigen Polyleader vom Typ Intermediate kombiniert werden.

- ✔ *Vorfachspitzen: 0.22er bis 0.30er, abgestimmt auf die Größe der verwendeten Fliegen und auf die Größe der zu erwartenden Fische.*
- ✔ *Fliegen: Das Angebot an guten Küstenfliegen ist mittlerweile sehr groß. Unsere Fachgeschäfte lassen hier keinen Wunsch offen. Welche Maßstäbe bei der Wahl der Fliege angelegt werden sollten, erläutere ich im später folgenden Abschnitt „Die Praxis an der Ostsee“.*

Wann kann eine Switch-Rute bei der Meerforellenpirsch an der Küste überzeugen? Diese Frage möchte ich nun klären.

1. Stichwort: Steilküste! Tatsache ist, dass man an vielen Stellen nur wenig einwaten kann. Man steht mit dem Rücken zur Wand – an einer Steilküste! Dies trifft in verstärktem Maße bei Hochwasser zu. Obwohl Steilküsten oft sehr gute Chancen bieten, ist das Überkopfwerfen an solchen Stellen nun sehr problematisch, denn man touchiert beim Rückwurf den Steilhang. Was tun? Den Switchcast anwenden! Für diesen Wurf brauchen wir hinter uns kaum Raum und wir meistern so die Situation. Den Switchcast können wir mit einer Einhand aber niemals so effektiv und weit ausführen wie mit dem längeren Hebel einer Switch-Rute.

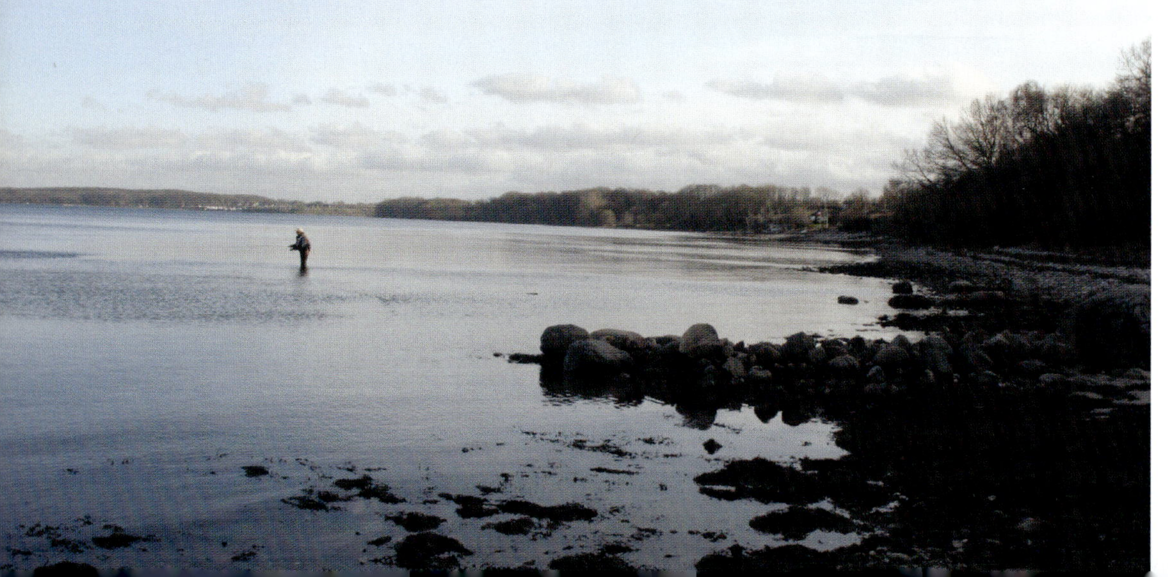

Die Ostsee. Traumrevier vieler Fliegenfischer!

2. Bei kräftigem Gegenwind gelingt es, mit der Switch-Rute trotzdem eine gute Wurfweite zu erzielen. Dies gilt für den Switchcast, aber auch für den schwungvoll ausgeführten Überkopfwurf.
3. Die Switch-Rute kann auch einmal als Einhand „missbraucht" werden, um mit dem Doppelzug einige Wurfmeter zu addieren. Dies kann nicht die Regel sein, weist aber darauf hin, dass Swich-Ruten vielseitig einsetzbar sind und zudem einen hohen Spaßfaktor bieten!

Es gibt also gute Gründe über eine kurze, leichte Zweihand für die Küste nachzudenken! Vielleicht sind Sie aber noch skeptisch? Das kann ich verstehen. Deshalb steigen wir in die Materie etwas tiefer ein. Da sich Switchruten auch auf andere Zielfische bewähren, lohnt es sich, genau hinzuschauen. Eine 11' lange Fliegenrute der Schnurklasse 6, 7 oder 8: Dieses Prinzip hat als Einhand eine lange Tradition. Ruten dieser Länge und Schnurklasse als Zweihänder anzubieten, ist der neue Ansatz. Warum soll das von Vorteil sein? Schauen wir auf die Problematik. Eine lange Rute, einhändig geführt, ermüdet auf die Dauer den Wurfarm. Weniger wegen des Gewichtes,

Hochwasser an der Ostsee. Hier an einer Stelle im Raum Faaborg/ Fünen. Der Spinnfischer auf dem Foto kann die Situation recht gut meistern. Fliegenfischer, die eine leichte Zweihand führen, sind in der Lage durch den Einsatz des Switch Cast mitzuhalten.

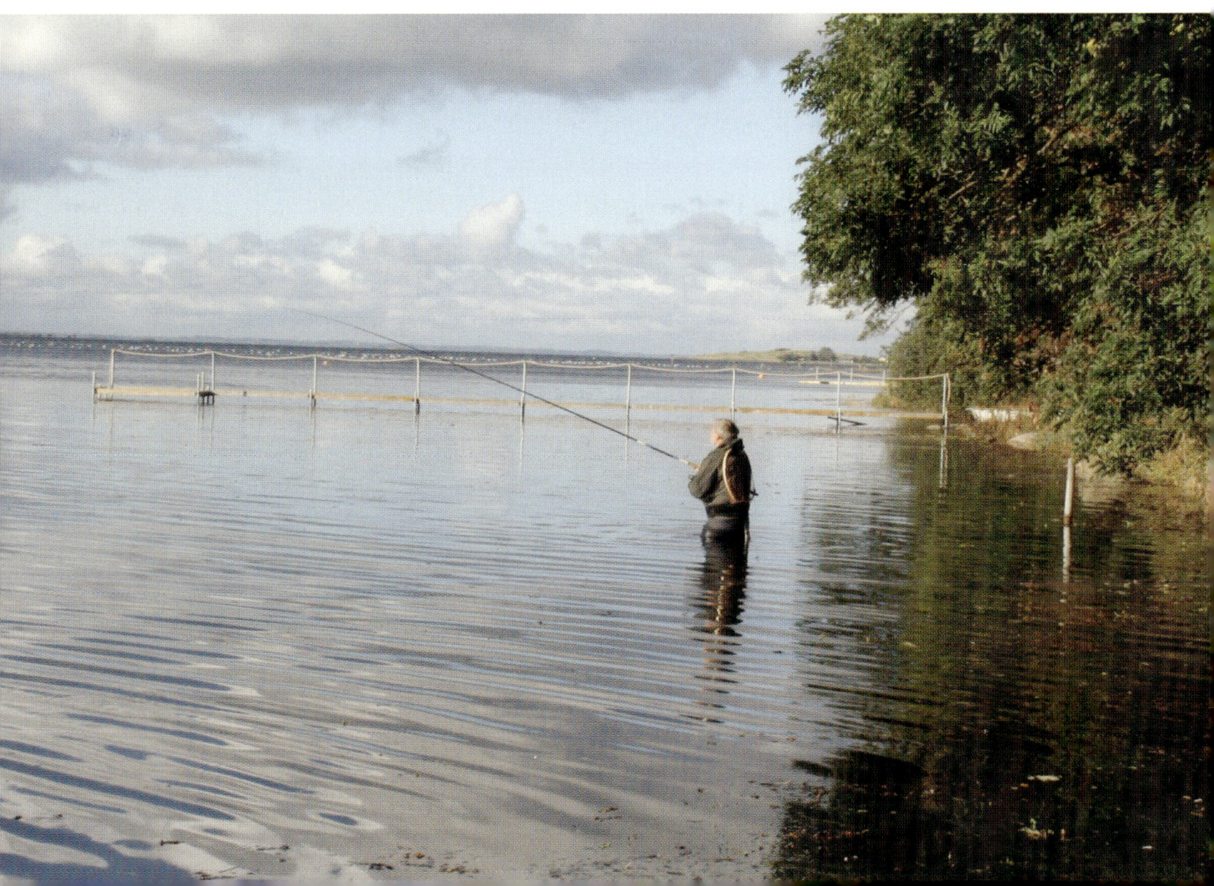

nein, das Problem liegt in der Länge, die es zu bewegen gilt. Der lange Hebel macht auf Dauer einen langen Arm.

Wird der Wurf jedoch zweihändig geführt, halbiert sich die dazu nötige Kraft, denn sie verteilt sich auf zwei Arme. Vorteil Zweihandrute! Zudem lässt sich mit der kurzen Zweihand variantenreicher werfen. Überkopf oder per Switchcast. Der Überkopfwurf bringt unter dem Strich die größere Weite; der Switchcast ist vorteilhaft, wenn kein Raum für den langen Rückschwung da ist. Wir können mit der Switchrute flexibler agieren. Das erweitert die Möglichkeiten für den Küstenfischer. Außerdem ist es ein Vergnügen, zur Abwechslung einmal eine andere Rute als die altbekannte Einhand an der Ostsee zu erproben. Mir hat es jedenfalls Spaß gemacht!

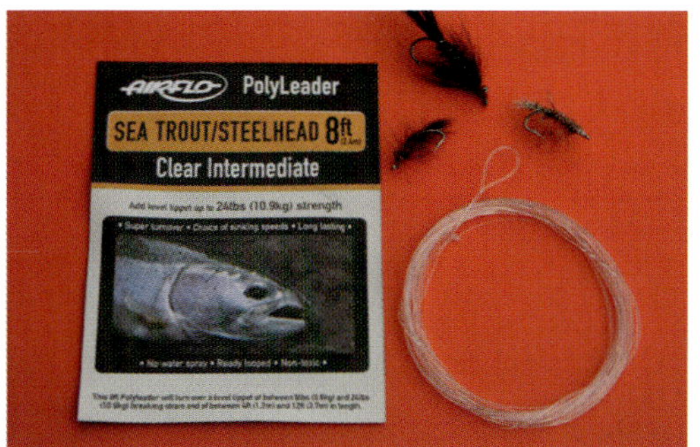

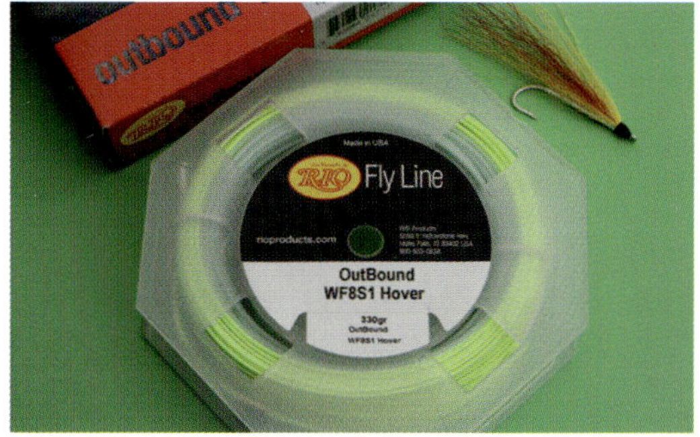

Links: Empfehlenswert! Ein Vorfach vom Typ „Clear intermediate“ zum Ostseefischen.

Rechts: Empfehlenswert für die Küste. Die Outbound Schnur von Rio!

Grundsätzlich ist der Überkopfwurf an der Küste besser geeignet als der Switchcast, dies muss gesagt werden. Denn das Switchen beunruhigt das seichte Ostseewasser deutlich mehr als dies beim Überkopfwurf der Fall ist. Aus diesem Grund würde ich dazu raten, die Switchrute an der Küste mit einem Schusskopf zu bestücken. Die schwimmende Switchline ist die Alternative für besondere Fälle wie Hochwasser oder für das Fischen an Stellen mit wenig Rückraum.

Wie sieht es mit Schussköpfen aus? Selbst bei Switchruten der gleichen Schnurklasse und Länge fallen die optimal passenden Schusskopfgewichte von Rutenserie zu Rutenserie sehr unterschiedlich aus! Bitte prüfen Sie also immer die Empfehlungen der jeweiligen Hersteller!

Ich benutze an der Küste eine *Helios Switch* von Orvis und nehme dazu eine „Hover“-Leine von Rio. Diese Schnur besteht aus zwei Teilen, die nahtlos miteinander verbunden sind. Teil 1 ist ein

Schusskopf, der elegant in eine Runningline (Teil 2) übergeht. Ich finde diese Schnur für die Küste sehr interessant. Die Keule sinkt ganz leicht in die obere Wasserschicht ein und die Runningline schwimmt. Passt!

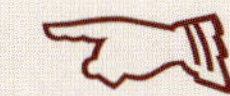

Ein Tipp für Freunde des separaten Schusskopfes: Ich finde *zu* schwere Schussköpfe (28 bis 30 g) für die Fischerei in der klaren, seichten Ostsee nicht ideal. Mit einem relativ leichten Schusskopf von 20 bis 23 g gelingt allerdings das diskrete Ablegen und Abheben zufrieden stellend. Es ist mein persönliches Empfinden, dass dies an der Küste so sein sollte.

Vielleicht sehen Sie das aber ganz anders? Möglicherweise stört Sie ein höheres Gewicht gar nicht? Vielleicht möchten Sie gerade mit einem schweren Schusskopf ausgerüstet sein, um bei widrigen Winden noch auf gute Weiten zu kommen?
Hier sollte Sie Ihre eigene Meinung maßgebend sein. Probieren Sie, was Ihnen am besten gefällt. Wenn Sie unsicher sind, dann lassen Sie sich in einem guten Fachgeschäft beraten. Wie dem auch sei: Ich glaube, die große Zeit der Switchruten hat gerade erst begonnen! Der Trend zur Küstenzweihand ist noch verhalten. Es wird aber nicht mehr lange dauern, bis wir ihn deutlicher spüren. Dazu sind die neuen Switchruten einfach zu überzeugend!

Die Praxis an der Ostsee

Bei der Darstellung der Praxis beschränke ich mich auf die Kernpunkte. Worauf kommt es beim Küstenfischen wirklich an? Der entscheidende Faktor ist folgender: Zur richtigen Zeit am richtigen Platz sein! Wie soll ein Einsteiger das in den Griff bekommen? Schwierige Frage, leichte Antwort! Besorgen Sie sich die neuen „Angelführer Ostseeküste" von Michael Zeman, die mittlerweile

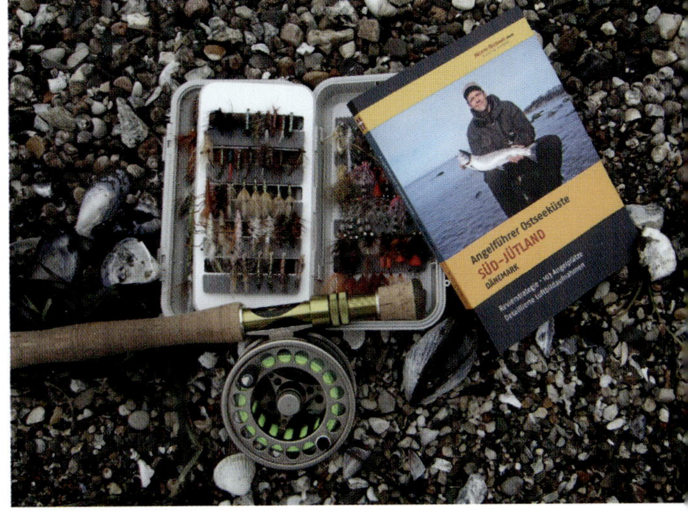

Die neue Generation Angelführer vom NORTH GUIDING.com Verlag sind inzwischen an der Ostseeküste unverzichtbar. *Foto: NORTH GUIDING.com*

die Reviere an der dänischen, südschwedischen und deutschen Ostseeküste komplett abdecken.
Wer sich nach den genannten Angelführern richtet, wird zum Erfolg kommen. Vorausgesetzt, man gibt beim Fischen nicht zu schnell auf! Die Bücher verraten, wo Sie die besten Plätze finden und ob eine Stelle eher im Frühjahr, Winter oder Sommer Erfolg verspricht, zudem verdeutlichen Luftbildaufnahmen die Struktur jeder Stelle. Was will man mehr?
Michael Zemans Tipps weisen den Weg auf die Erfolgsspur, denn wer die Frage „Wo gehe ich heute fischen?" richtig beantwortet, kann rund ums Jahr erfolgreich sein.
Dennoch gibt es von Monat zu Monat Unterschiede, was die durchschnittliche Trefferquote betrifft. Der anschließende Küstenkalender vermittelt einen Überblick.

Schöne Meerforelle, wie wir sie uns wünschen. Blank wie reines Silber!

Januar: In milden Wintern ein guter Monat auf Grönländer. Suchen Sie brackige Stellen! Buchten, Förden und alle Plätze mit brackigem Wasser sind zu empfehlen.
Ist das Wetter winterlich kalt, ist die Fischerei meist zäh.

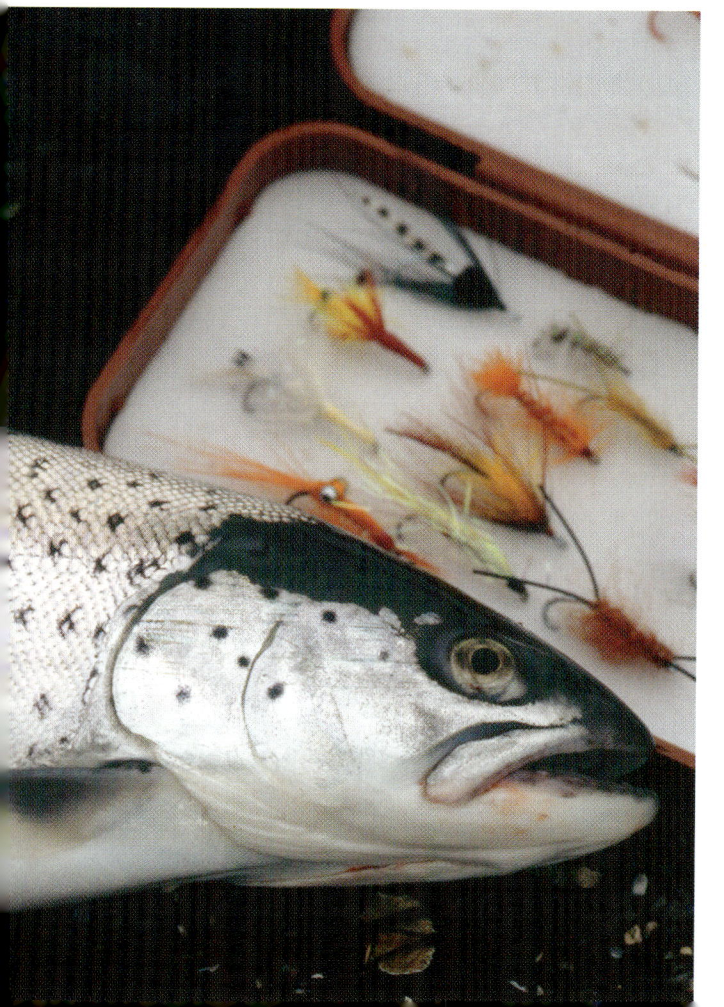

Februar: In kalten Wintern der schlechteste Monat. Die Wassertemperatur erreicht den niedrigsten Stand. Oft sind es nur 1 bis 2 Grad! Entsprechend „kühl" ist die Fischerei. In einem milden Winter kann die Fischerei in brackigen Bereichen aber erstklassig sein. In solchen Fällen ist es falsch, auf den Topmonat März zu warten. Erreicht die Wassertemperatur bereits 5 bis 6 Grad, können tolle Fänge gemacht werden.
März: In vielen Jahren bietet der März sehr gute Chancen. Erfolgt ein anhaltender Wärmeeinbruch, so geht es richtig los! Selbst, wenn die Wassertemperatur nur

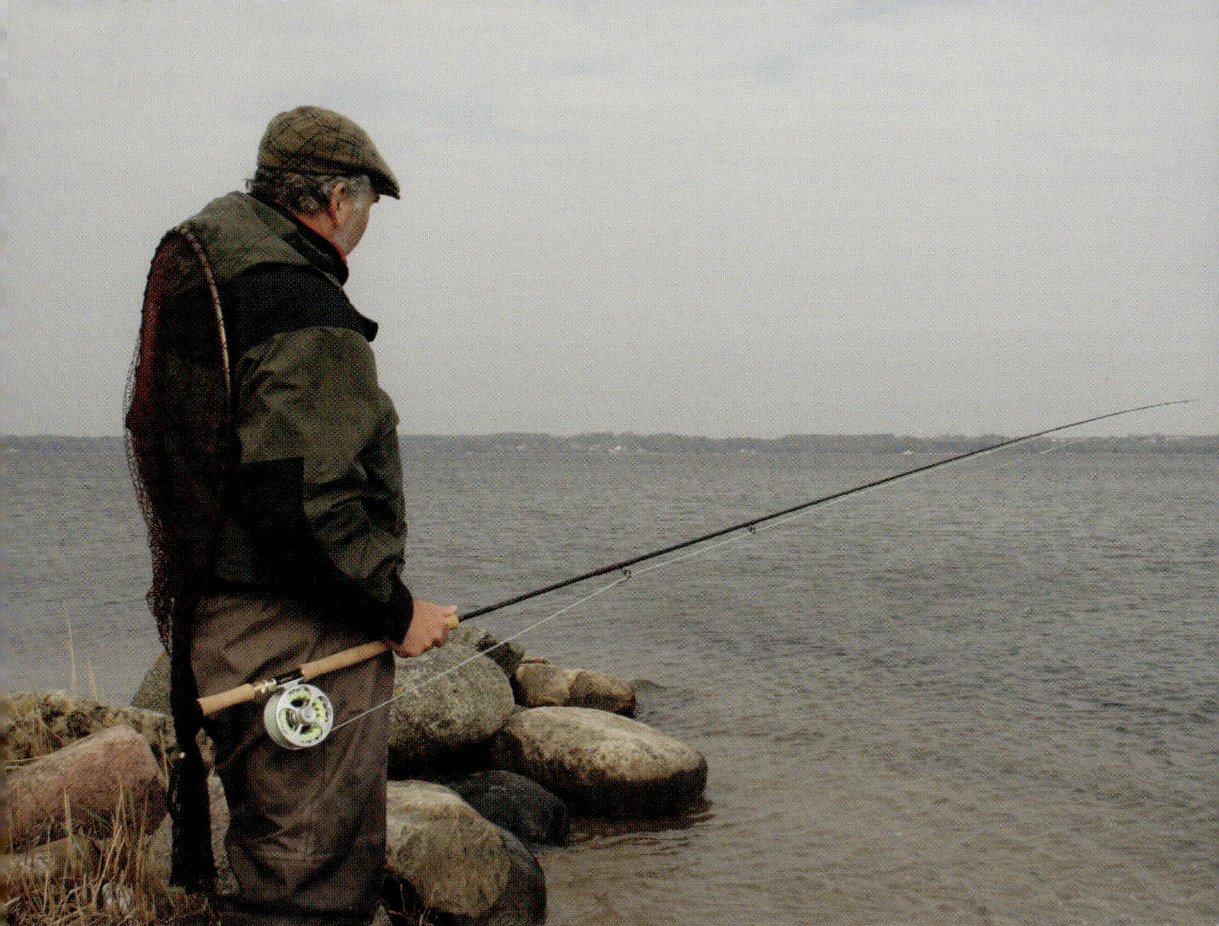

Mit der leichten 11' Switch-Rute an der Ostsee.

4 Grad beträgt, trifft dies zu. Gehen die Temperaturen nach oben, werden die Fische sofort aktiv.

Grönländer und blanke Meerforellen, die seit einigen Wochen zurück im Meer sind, kennzeichnen das Bild. Manche Forelle ist aber noch sehr dünn. Diese Fische setzt man vorsichtig zurück. Ist der März allerdings noch richtig winterlich (Ostwind, kalt, Wassertemperatur 2 bis 3 Grad), so lohnt es sich, auf den April zu warten!

Ist der März außerordentlich warm, so explodiert die Fischerei und wir finden eine Situation vor, die dem April entspricht.

April: Normalerweise der Topmonat schlechthin. Jetzt bestehen mehr und mehr auch an der so genannten offenen Küstenlinie gute Chancen; die Fischerei ist also nicht mehr auf die brackigen Bereiche beschränkt. Das Angebot an Nährtieren nimmt zu und die Fische streifen eifrig suchend umher. Jederzeit kann ein Schwarm erscheinen! Aufmerksam sein! Beträgt die Wassertemperatur 6 bis 8 Grad und herrscht eine milde Westwind- oder Südwindlage vor, so sind die Chancen ausgezeichnet. Meist sind im April alle Fische wieder ins Meer zurückgekehrt. Und alle sind sehr hungrig. Deshalb kann man im April Sternstunden erleben. Fische jeder Größe sind möglich: Grönländer, mittlere Meerforellen (2 bis 3 Kilo) und Kapitale.

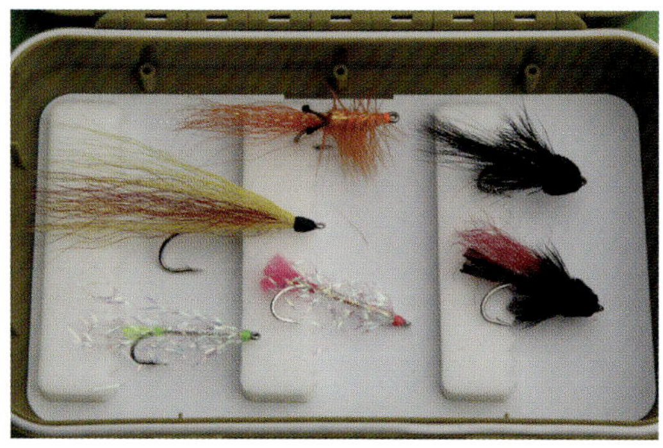

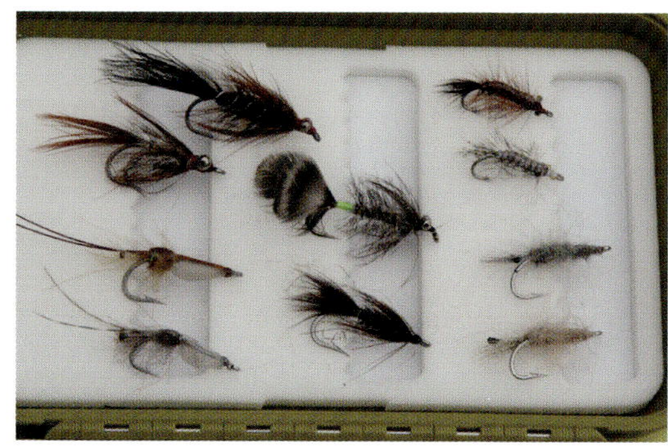

Links: Fängige Ostsee-Fliegen für Meerforellen (von links im Uhrzeigersinn): Juletrae Pink, Juletrae Chartreuse, Mickey Finn, Orange Shrimp, Night Surfer, Devils Muddler. Rechts: Dezente Ostseemuster für selektive Meerforellen (von links unten aufsteigend): Natural Born Shrimp brown, Natural Born Shrimp grey, Snappy sand, Snappy black. In der Mitte oben: Magnus, darunter Rag Worm. Von rechts oben nach unten: Locusta dark-bronce, Locusta perl-blue, Mysis grey, Mysis tan.

Mai: Dieser Monat bringt gute Chancen. Eine moderat warme Wetterlage ist ideal. Zur Zeit der Rapsblüte sorgen die Hornhechte für Abwechslung. Dies kann die Konzentration auf den Zielfisch Meerforelle stören. Im Mai kann es sich bereits lohnen, in den Abend hinein zu fischen. Oder den frühen Morgen zu nutzen. Besonders, wenn das Wetter sehr warm ist!

Juni: Meist ein erstklassiger Monat zum Meerforellenfischen an der Küste. In der Dämmerung und in der Nacht werden nun gute Fische gefangen. Aber an trüben Sommertagen lohnt es sich, schon am Nachmittag mit der Fischerei zu beginnen. Der frühe Morgen bietet zudem sehr gute Chancen. Wie gesagt: ein sehr interessanter Monat!

Juli: Herrscht Hochsommer, so konzentriert sich die Fischerei auf die Dämmerung und die folgende Nacht. Ein Versuch zur frühen Morgenstunde ist ebenfalls sinnvoll. Wer mit den Bedingungen der Nachtfischerei umzugehen weiß, kann Sternstunden erleben!

August: siehe Juli.

September: Die ersten kühlen Nächte sorgen für den Start der Herbstsaison. Nun kann auch wieder tagsüber mit guter Fischerei gerechnet werden. Oft hohe Fischpräsenz und angenehmes Wetter (nicht zu warm, nicht zu kalt). Kurzum: ein sehr interessanter Monat mit hohem Wohlfühlfaktor.

Oktober: Kann ähnlich interessant sein wie der September. Aber viele Fische verfärben sich jetzt und die Beißfreudigkeit nimmt ab. Es wird

schwieriger, einen blanken Fisch zu fangen, der den Meerforellen-Freund so richtig begeistert.
November: Viele Meerforellen sind jetzt in die Flüsse gewandert. Das Angebot an attraktiven Fischen für den Küstenfischer nimmt ab. Geht eine große Meerforelle an die Fliege, dann ist es oft ein stark gefärbter Fisch, der keine rechte Fangfreude aufkommen lässt. Solche Fische müssen zurückgesetzt werden!
Dezember: Wenn nun die Wassertemperaturen fallen, bietet der Dezember gute Chancen auf Grönländer und gelegentlich auf die begehrten „Überspringer". Dies sind blanke, große Meerforellen, die eine Laichsaison sozusagen überspringen bzw. auslassen. Ein Monat für die harten Fischer, die sich durch Kälte und den ersten Schnee nicht vom Wasser fernhalten lassen!

Die Fliegenwahl

Es ist nicht zwingend nötig, einen ganzen Fliegenkoffer mit ans Wasser zu schleppen. Ich kenne erfolgreiche Küstenfischer, die das ganze Jahr nur einen Fliegentyp verwenden. Eine Garnelen-Imitation zum Beispiel. Die wird immer gern genommen!
Ein bisschen System schadet bei der Sortierung aber nicht. Hier einige Regeln:

- ✔ Bei niedrigen Wassertemperaturen (2 bis 6 Grad) bewährt sich der Einsatz farbenfroher Fliegen zum Beispiel „Mickey Finn" oder „Orange Shrimp", die durch ihre Signalfarbe dazu beitragen, winterträge Forellen zu reizen.
- ✔ Bei Wassertemperaturen von 6 bis 10 Grad können bunte Fliegen immer noch erfolgreich eingesetzt werden. Die Fische nehmen nun an manchen Tagen jeden Köder an. Doch die Zeit der wahllosen Völlerei ist nur kurz. Steigt die Wassertemperatur (10 bis 14 Grad), so nimmt das Futterangebot der Ostsee rasant zu. Nun schauen die Meerforellen genauer hin, ob die Fliege wirklich „lecker" aussieht. Nun ist es sinnvoll, mit Fliegen zu fischen, die wichtige Nährtiere imitieren. Die Fliege„Natural Born Shrimp" ist zum Beispiel immer einen Versuch wert, denn das natürliche Vorbild, eine Garnele, gehört zum Leckersten, was die Ostsee bieten

kann. Weiter gibt es Imitationen für Tangläufer, Kleinfische, Flohkrebse oder Seeringelwürmer. Und man sollte zumindest einige davon in der Fliegendose haben.

- ✔ Bei sommerlichen Wassertemperaturen sind außerdem die genannten Imitationen bestimmend. Beim nächtlichen Fliegenfischen ist nun zudem eine schwarze Reiz-Fliege gefragt. Es gibt spezielle Muster, die lockend an der Oberfläche furchen. Ein „Night Surfer“ oder „Devil's Muddler“ tut gute Dienste.

Beispiele zeigen die beistehenden Fliegenfotos! Alle abgebildeten Muster stammen übrigens aus dem Angebot der Firma Rudi Heger (www.rudiheger.eu). Die Meerforellen werden sich nicht lange bitten lassen, denn die Muster wurden von einem führenden Experten der Meerforellenfischerei, Carsten Scharf, entworfen.

Die Präsentation und Fliegenführung

Die Präsentation von Meerforellenfliegen gelingt mit einem transparenten Polyleader vom Typ Intermediate optimal. Selbst luftige, leichte Muster tauchen schnell ab und „fischen“ sofort. Ein Polyleader vereinfacht vor allem den Transport größerer Fliegen. Nur im Ausnahmefall, beim Fischen in sehr seichten Revieren, ist ein konisch verjüngtes Monofilvorfach die bessere Wahl.
Die Vorfachspitze: 0.22er für kleine Muster, 0.25er als Standard und 0.30er für Großfliegen.

Nächste Frage: Wie führe ich die Fliege?

Früher glaubte man an folgende Regel: Grundsätzlich und vor allem, wenn das Wasser noch kalt ist, muss der Köder eher langsam eingeholt werden. Diese Auffassung wird von führenden Experten immer mehr in Zweifel gezogen! Es setzt sich die Erkenntnis durch, dass eine „schnelle Fliege“ so gut wie immer überlegen ist. Der Fisch hat bei einem flott geführten Köder eben keine Zeit, sich zu überlegen, ob er zupacken will oder lieber doch nicht. Er muss sich schnell entscheiden! Und der Biss folgt reflexartig und vehement. So dürfen wir uns über manche Attacke freuen, die wir sonst nicht bekommen hätten. Die Erkenntnis, dass ein schneller Köder Meerforellen überzeugt, wird von Spinnfischern bestätigt, die mit dem Sbirulino plus

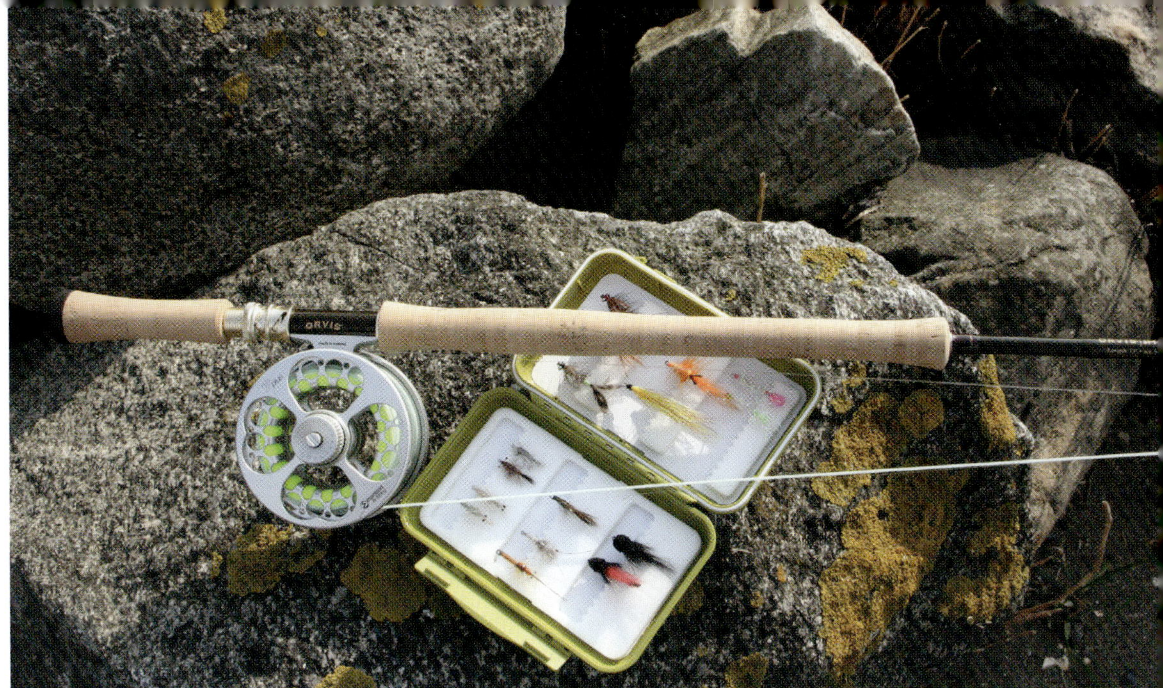

Zweihand-Küstenausrüstung: 11' Switch-Rute der Klasse 8, salzwasserfeste Rolle plus Outbound-Schnur und eine Auswahl fängiger Meerforellenfliegen.

Fliege fischen. Schnelles Einkurbeln bringt mehr Erfolg! Und auch beim Spinnfischen mit Blinker oder Wobbler ist ein bewusst schnell eingeholter Köder von Vorteil. Was lehrt uns das?

Wir Fliegenfischer sollten uns entsprechend verhalten und öfter ein flottes Führungstempo vorlegen. Es wird sich lohnen!

Ich würde deshalb dazu raten, einen Küstentag stets mit einer schnellen Fliegenführung zu beginnen. Wechseln Sie nur dann auf ein langsameres Tempo, wenn sich die Fische uninteressiert zeigen. Es ist immer gut, Varianten in petto zu haben. Probieren geht eben über Studieren. Testen Sie, wie die Fische reagieren und stimmen Sie ihre Taktik darauf ab.

Die Fliegenführung ist eine Sache, die Wahl der Fliege eine andere. Die grundsätzlichen Regeln zur Fliegenwahl wurden genannt. Ausgespart habe ich bisher einen Faktor, der an manchen Tagen sehr wichtig ist. Und zwar die Wassertrübung! Auch sie muss in unsere Tagesplanung einbezogen werden.

Wind und Wellen

Kein Küstentag ist wie der andere. Unser Gewässer, die Ostsee, verändert sich ständig. Unter dem Einfluss von Wind und Gezeiten variiert der Wasserstand, die Wellenhöhe verändert sich und auch die

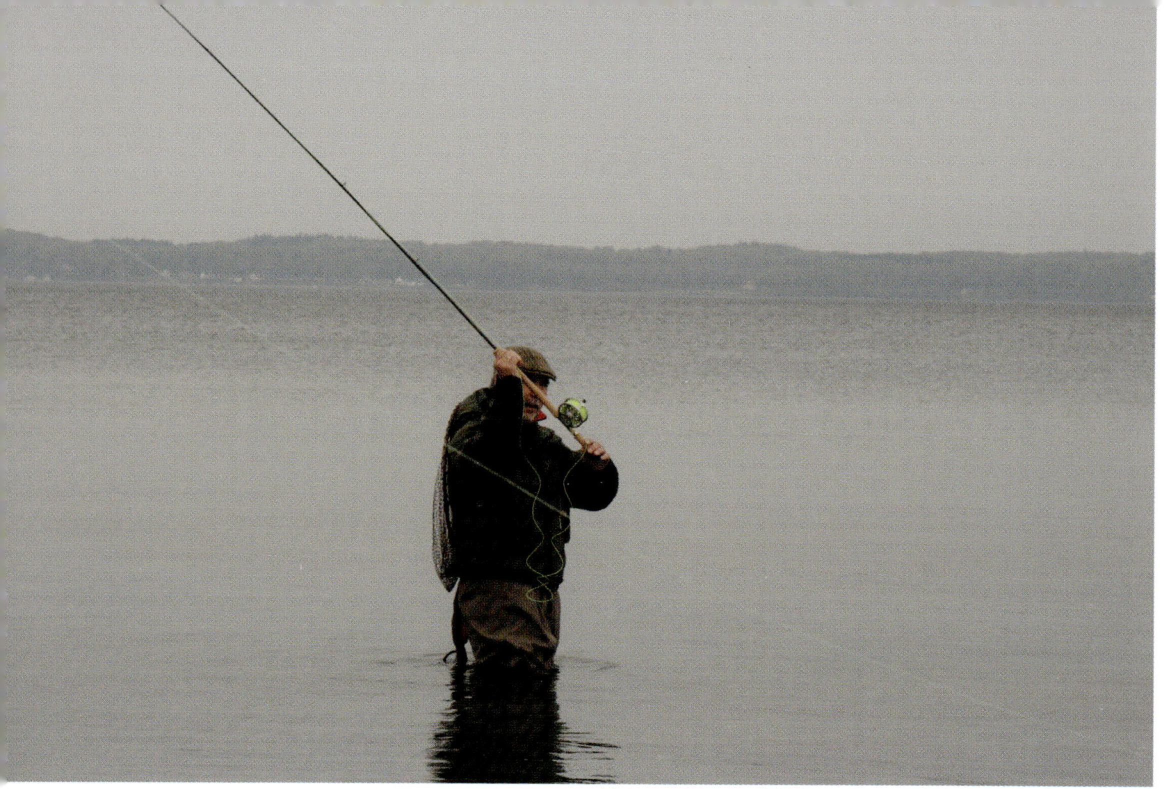

Ein Vergnügen: Zweihandfischen auf Meerforellen mit einer modernen Zweihandrute!

Wassertrübung. Nur selten zeigt sich die Ostsee glatt wie ein Spiegel und zugleich glasklar. Einsteiger vermuten vielleicht, dass das Fliegenfischen bei solchen, scheinbar idealen Bedingungen besonders erfolgreich ist. Nein, das stimmt nicht!

Man kann herrlich ungestört werfen, aber die Fische reagieren empfindlich auf jede unbedachte Watbewegung. Ferner wird die Flugschnur argwöhnisch beäugt und die Fliege wird genauer observiert. Da hilft nur ein langes Vorfach und vor allem sehr leises, vorsichtiges Waten. Eine möglichst naturgetreue Fliege ist die richtige Wahl für solche Bedingungen.

Meerforellen gehen jedoch viel entschlossener an die Fliege, wenn eine leichte Welle die Oberfläche kräuselt. Eine gewisse Trübung des Wassers schadet ebenfalls nicht! Ideal ist es, wenn sich die trübe Küstenlinie langsam wieder klärt. Stehen wir hüfttief im Wasser und die Watstiefel sind wieder oder noch sichtbar, dann besteht Grund zu größtem Optimismus. Grund: Die Fische suchen im aufgewühlten Wasser nach frei gespülten Nährtieren und sind sozusagen angefüttert. Selbst scheue Großforellen kommen in solchen Situationen in Wurfnähe! Kapitale Fische werden meist unter exakt diesen Bedingungen gefangen!

Damit unser Köder vom Fisch überhaupt entdeckt wird, ist es bei getrübtem Wasser sinnvoll, eine Fliege mit Farbakzent zu verwenden. Ein Mickey Finn oder ein Orange Shrimp sollte nun probiert werden. Die Meerforelle, so dürfen wir hoffen, schaut im trüben Wasser nicht so genau hin, ob die Fliege ein Nährtier perfekt imitiert. Sie packt zu, bevor die Chance vorüber ist!

Lassen Sie sich also nicht vom Fischen abhalten, wenn das Wasser leicht trübe ist und Ihnen ein leichter Wind ins Gesicht bläst. Klar, das Waten und Werfen ist nun mühsamer. Und wenn der Wind im Laufe des Tages stark auffrischt, wird ein Platzwechsel nötig sein. Geben Sie aber nicht *zu* früh auf! Mit der leichten Zweihand haben wir ein Instrument in der Hand, mit dem wir gut durch den Wind werfen können! Wir nutzen unseren Schusskopf und beschleunigen seine Luftfahrt über Kopf, bis wir eine enge Schlaufe haben und lassen ihn dann beim Abwurf seinen Job tun. Wurfweiten von gut 20 Meter sind auf diese Weise selbst dann noch möglich, wenn die meisten Kollegen mit der Einhand aufgeben müssen. Die Zweihand erweitert auch in dieser Hinsicht unsere Chancen!

Ob Sie sich für die Anschaffung einer leichten Zweihand für die Küste entscheiden, bleibt Ihre ganz persönliche Entscheidung. Die wichtigste Frage wird für viele sein: „Lohnt sich die Anschaffung? Nutze ich die Rute wirklich oft genug?“

Beachten Sie dabei den Umstand, dass beispielsweise eine 8er Switchrute in 11 ' nicht nur an der Küste Freude macht. Sie ist vielseitig! Eine solche Rute macht am kleinen Lachsfluss ebenso viel Freude wie am moderat breiten Meerforellenfluss und sie kann überdies bestens zum Fang von heimischen Raubfischen eingesetzt werden. Zum Beispiel zur Rapfenfischerei!

Und da nun schon einmal dieses Stichwort gefallen ist, kommen wir anschließend zu diesem faszinierenden Zielfisch, der das Potential hat, sich einen festen Platz in Ihrem Fischerherzen zu erobern.

Warum? Gleich folgt die Antwort!

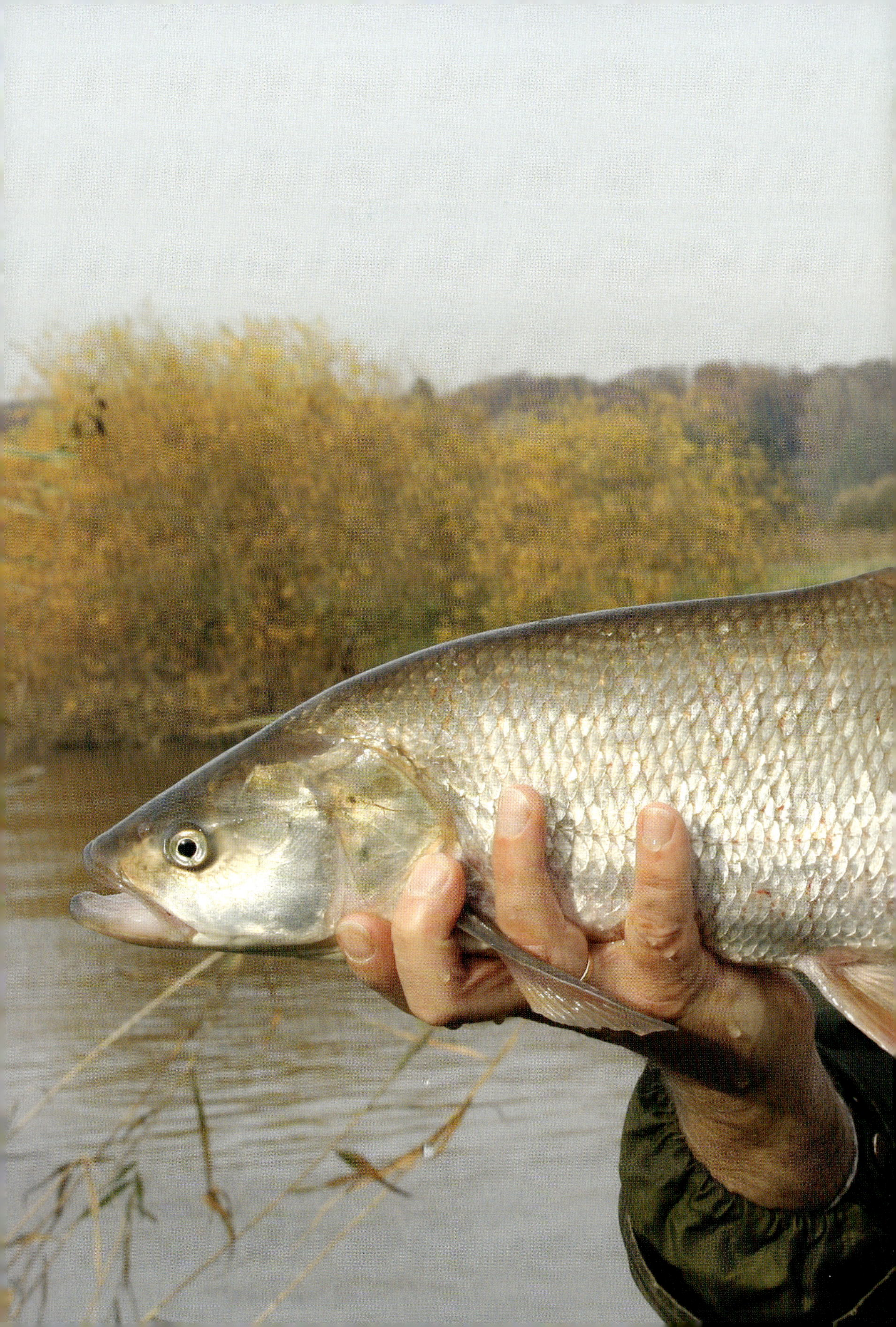

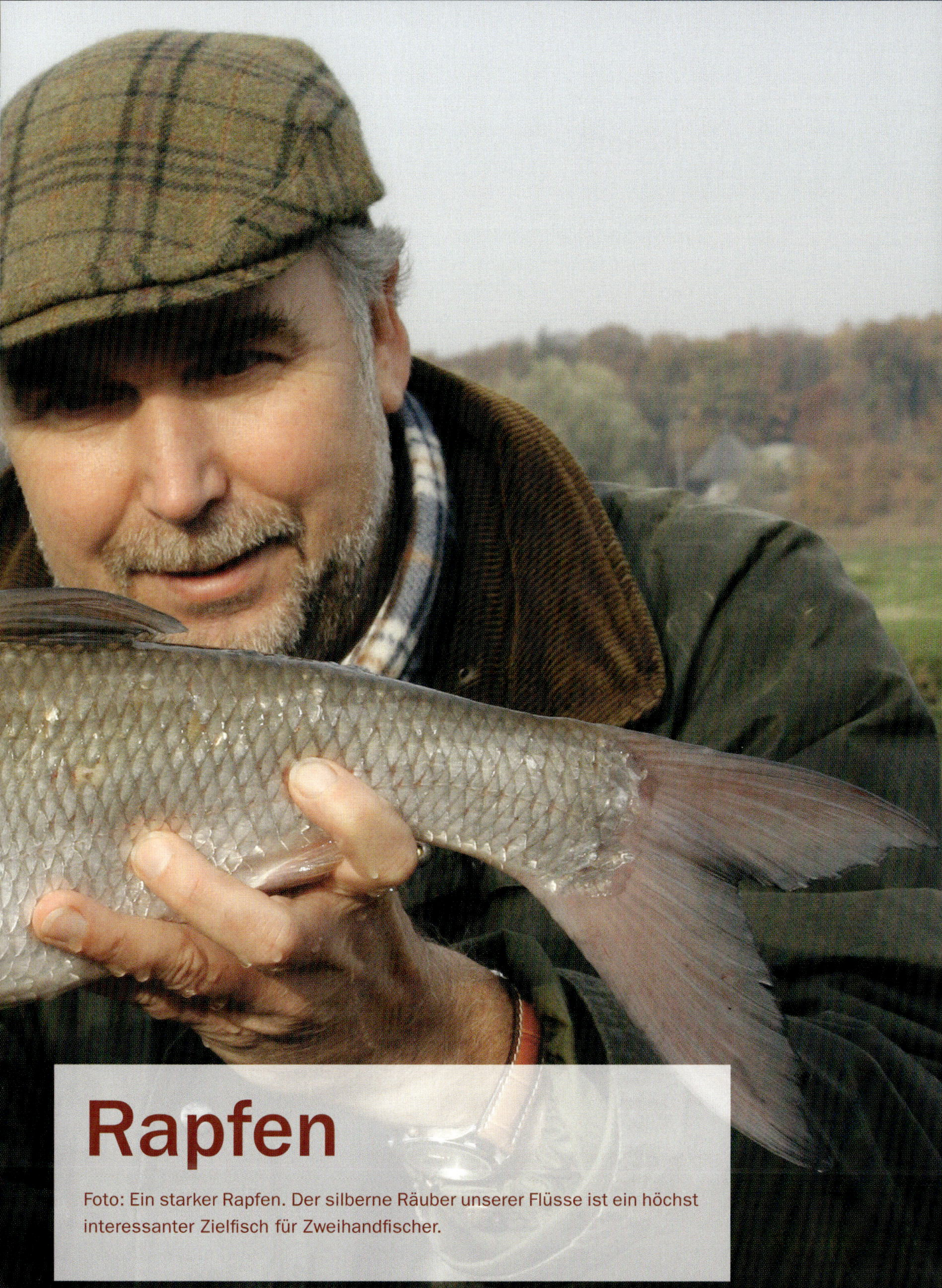

Rapfen

Foto: Ein starker Rapfen. Der silberne Räuber unserer Flüsse ist ein höchst interessanter Zielfisch für Zweihandfischer.

RAPFEN

Fischen Sie öfter gezielt auf Rapfen? Nein? Das kann sich ändern. Ich möchte zumindest versuchen, Sie zu überzeugen. Es folgt nun ein Plädoyer für diesen Fisch, der aus meiner Sicht für die Zweihandpirsch wie geschaffen ist.
Was spricht eigentlich gegen meinen Mandanten, den Rapfen? Er ist nicht sehr schmackhaft. Ehrlich gesagt, eine Zumutung auf dem Teller. Na, und?
Was ist sonst gegen den Rapfen vorzubringen? Aha, nichts!
Und was spricht für diesen Fisch? Alles übrige!

Rapfen sind in unseren Flüssen zahlreich vertreten. Besonders schöne Exemplare findet man in unseren großen Fließgewässern: Weser, Elbe, Inn, Rhein, Neckar, Donau. Hier bietet sich der genussvolle Einsatz der Zweihandrute regelrecht an! Überall, wo Spinnfischer erfolgreich sind, können wir mit der Zweihand ebenfalls schöne Fänge machen. Was mich besonders fasziniert, ist die Tatsache, dass Rapfen oberflächennah rauben. Man hört nicht nur die Einschläge der Räuber, wenn sie Futterfische erbeuten, nein: man sieht es sogar auf Distanz noch gut. Rumms! Wosch! Ja, dahinten tobt einer, also nichts wie hin!
Diese Animation sorgt natürlich für Vorfreude. Wir dürfen uns schon mal auf einen möglicherweise folgenden Biss einstellen. Man glüht also vor! Sehr spannend, dieses Rapfenfischen. Ich bin ein Fan!
So! Genug der Vorrede. Bevor ich mich weiter hineinsteigere, packen wir jetzt erstmal die Gerätekiste.

Gerätekiste Rapfen

- ✔ *Rute: 13 ' Zweihand der Klasse 8/9 für größere Flüsse. Eine leichte Switchrute ist eine interessante Alternative für kleine Flüsse.*
- ✔ *Schnur: schwimmender Schusskopf oder schwimmende Speyline (Switchline).*
- ✔ *Vorfach: Polyleader vom Typ Intermediate plus ein Meter 0.28er oder 0.30er Monofil.*
- ✔ *Fliegen: Streamer in den Hakengrößen 6 bis 10 sind die Basis der*

Fliegenwahl. Beispiele sind auf den kommenden Seiten zu sehen. Besonders wichtig ist eine schnelle Führung des Köders!

Der schneidige Räuber

Der Ausdruck„schneidig“, im Sinne von „ein schneidiger Bursche“, mag etwas antiquiert sein. Aber ich finde, auf den Rapfen passt die Bezeichnung sehr gut. Er sieht entsprechend forsch und schlank aus. Besonders sein markant vorspringender Unterkiefer unterstreicht den Eindruck, dass wir es mit einem Fisch zu tun haben, der nicht lange fackelt, sondern seinem Ruf als Räuber gerecht wird.

Ein Blick auf die größten Rapfen, die in unseren Flüssen gefangen wurden, flößt Respekt ein. Fische mit 7 bis 10 Pfund sind keine Seltenheit und die Liste der allergrößten Rapfen führt ein Exemplar von sagenhaften 18 Pfund an. Die meisten Kapitalen werden in breiten Strömen gefangen und in der Regel sind es Spinnfischer, die erfolgreich sind. Ihre besten Köder sind kleine kompakte Pilker, Spinner oder Gummifische, die schnell geführt werden, um die Schneidigen zu überlisten.

Daraus können wir lernen! Wir müssen den Streamer in ähnlicher Weise anbieten, damit er einem Rapfen attraktiv erscheint. Dieses Vorhaben lässt sich, das darf ich aus eigener Erfahrung sagen, recht gut in die Tat umsetzen. Wir können zwar beim Einholen der Fliege nie so rasant sein wie ein Spinnfischer, aber wenn wir die Strömung des Flusses zu unserem Vorteil nutzen, so gelingt uns eine ziemlich „schnelle Fliege“. Also ein Angebot mit genug Tempo, um Rapfen zum Anbiss zu verführen.

Ein mittlerer Rapfen schnappte sich die „Stropper“-Fliege.

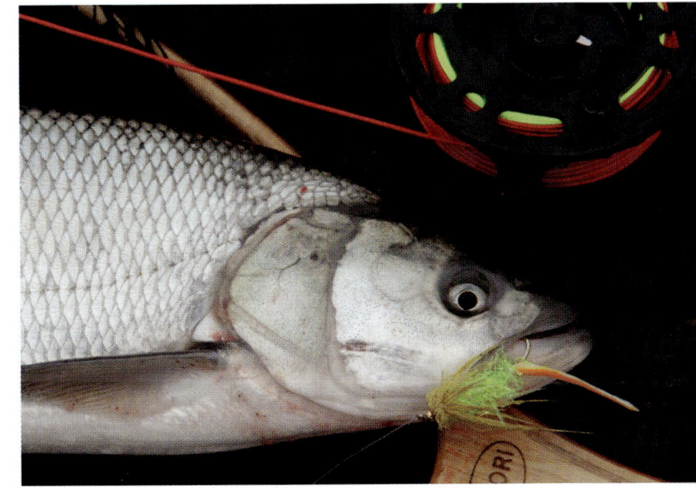

Da ich an einem Nebenfluss der Elbe aufgewachsen bin, sind mir diese Fische vertraut. Manche Details, die das Verhalten dieses Fisches prägen, sind mir allerdings erst in den letzten Jahren aufgefallen. Einige Beispiele möchte ich schildern:

Zur Zeit des Frühsommers lohnt es sich, an unsere Flüsse zu gehen und Ausschau nach Rapfen zu halten. Ende Mai wird es interessant, denn nun sind die Brutfische der Rotaugen und anderer Weißfische geschlüpft. Viele Raubfische reagieren darauf mit einer regelrechten Fixierung auf diese wenige Zentimeter langen Fischlein. Und von unseren attraktiven Raubfischen ist der Rapfen besonders stark an solcher Kleinkost interessiert. Das liegt auch daran, dass er ohnehin gern Fische von recht geringer Größe erbeutet, insbesondere fingerlange Lauben. Die Einstellung auf Minifische ist für ihn kein Problem: Der Rapfen hat ein scharfes Auge, er ist wendig und schnell. Und er hat nicht nur *einen* Plan, um seine Beute zu schnappen, sondern gleich *zwei*!

Plan A: Der Rapfen greift nicht den Einzelfisch an, sondern bläst zur Generalattacke auf den gesamten Minifisch-Verbund. Wuchtiger Einschlag, sichtbar und hörbar für den Angler. Die klassische Rapfenstrategie. Einige Brutfische werden durch die Wucht des Angriffs angeschlagen, sie taumeln umher, der Rapfen macht leichte Beute.

Plan B: Der Rapfen schleicht stromauf an die Minifische heran, schwimmt langsam in sie hinein und nippt ganz gezielt ein Exemplar heraus. Dieses Verhalten war mir bis vor einiger Zeit nicht bekannt. Ich entdeckte es an meinem Heimatfluss. Mein geübtes Fliegen-

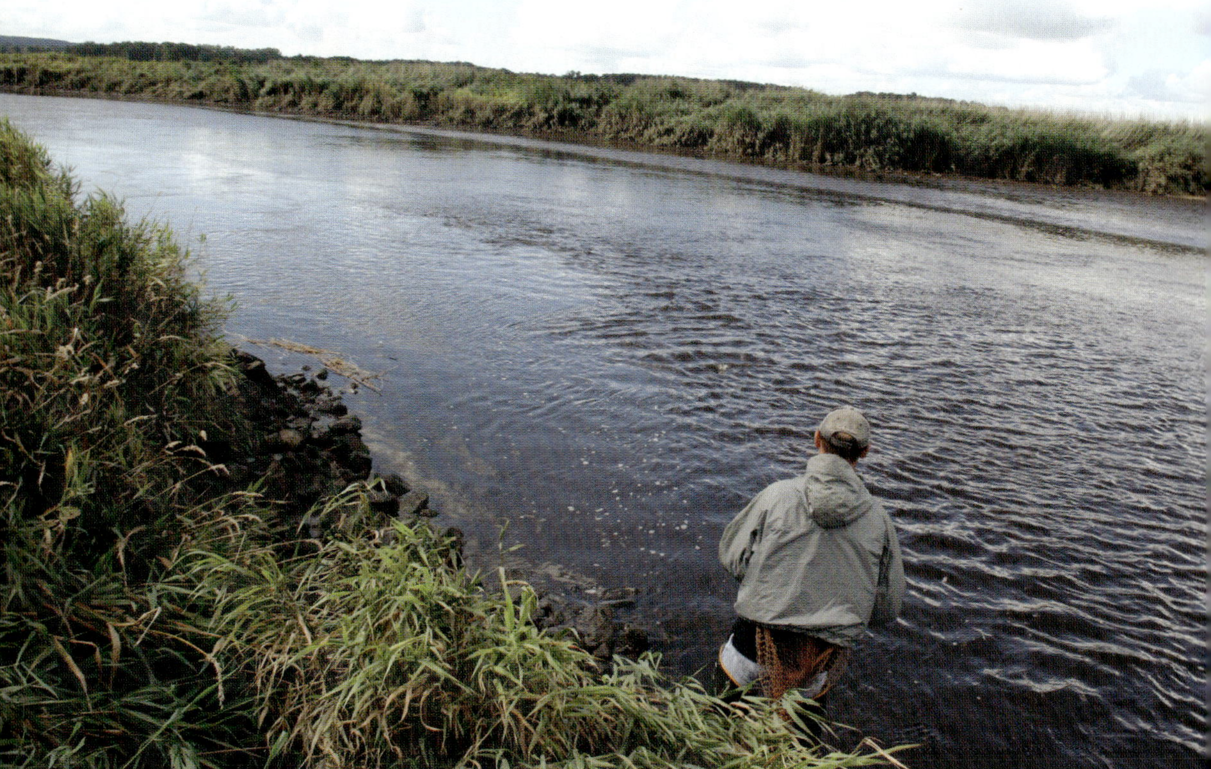

An der Strömungskante sammeln sich die Futterfische. Dort rauben im Sommer die Rapfen!

fischerauge sah im Juni an vielen Plätzen wunderschöne dicke Ringe, wie sie Bachforellen hinterlassen, die nach Insekten steigen. Also ging ich diese Fische mit der entsprechenden Ausrüstung an, präsentierte verschiedene Trockenfliegen in Richtung der Ringe – ohne Erfolg. Dann jedoch sprang ein silberner Fisch direkt neben mir. Donnerwetter! Ein Rapfen!

Auf größere Entfernung hätte ich ihn für eine Meerforelle gehalten. So lernte ich an diesem Tag zwei Dinge. Erstens: Rapfen springen zuweilen in voller Größe aus dem Wasser, wenn sie in Raublaune sind. Zweitens: Entdecken wir an unserem Fluss vermeintliche Steigeringe, so können sich dahinter „diskret" raubende Rapfen verbergen.

Dieses Rauben, dieses Einnippen der Futterfische, ist zu der Zeit zu beobachten, da die Brütlinge frisch geschlüpft und offensichtlich ziemlich wehrlos sind. Man sollte darauf achten!

Vorteil Schwimmschnur

Den Oberflächenräuber Rapfen können wir am besten mit einem schwimmenden Schusskopf oder einer schwimmenden Speyline überlisten. Genau dies macht den großen Reiz dieser Fischerei aus! Die Schwimmschnur ist besonders leicht zu werfen und deshalb eignet sich die „schneidige Pirsch" auch hervorragend zum Einstieg in die Zweihandfischerei.

Außerdem gelingt es mit der Schwimmschnur am besten, die Strö-

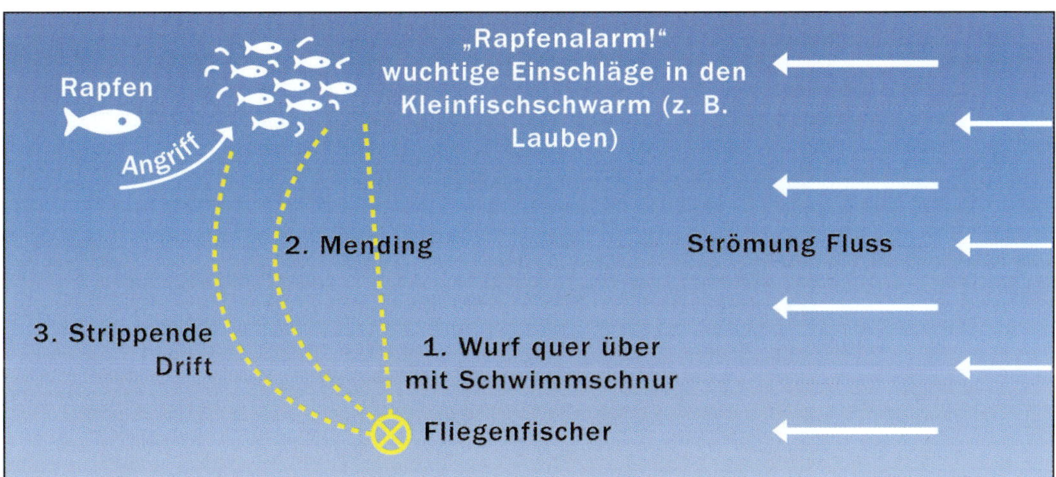

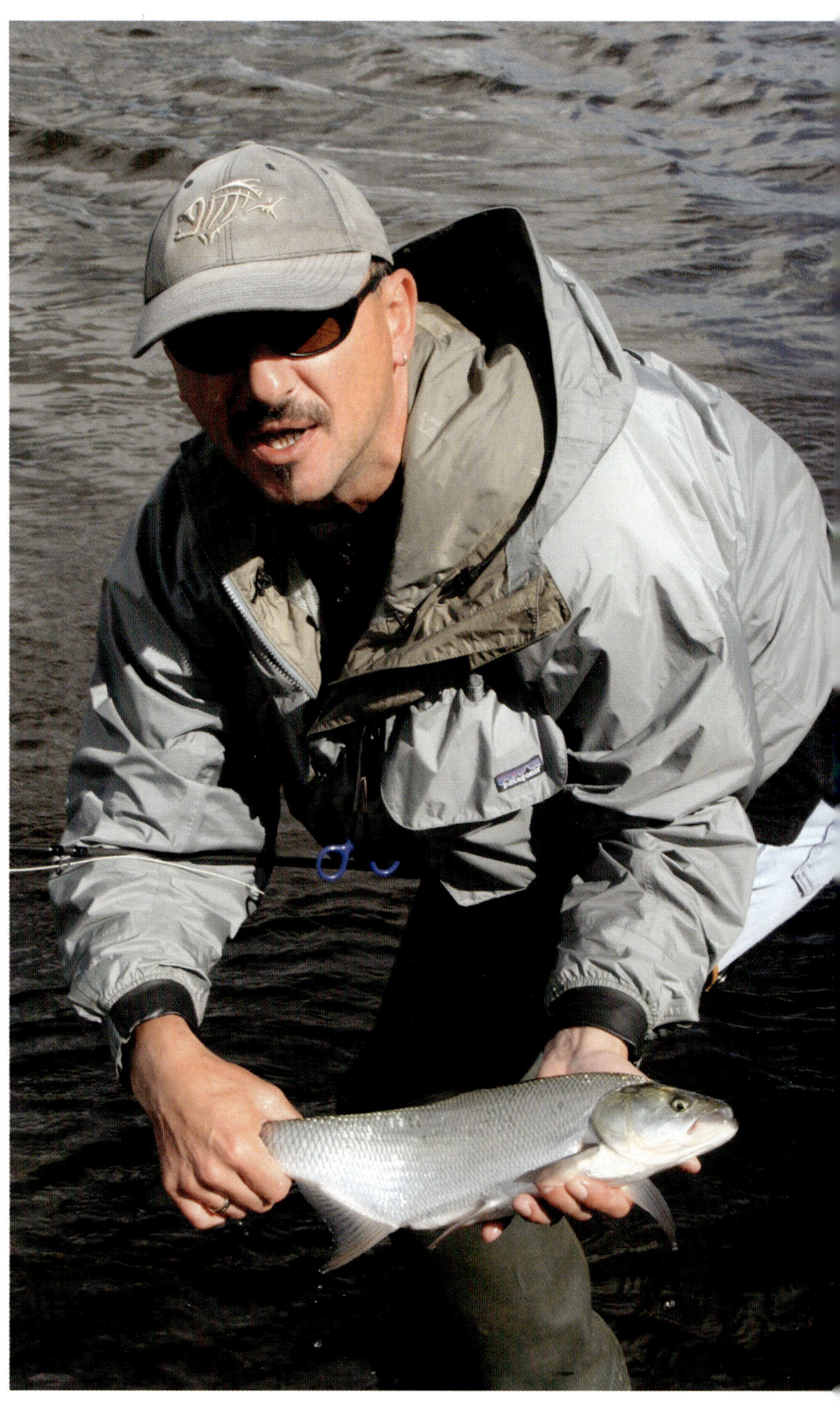

Kein Riese, aber immerhin. Der nächste Fisch kann durchaus doppelt so groß sein.

mung für unser Ziel zu nutzen. Und das Ziel heißt: eine schnelle Fliege anbieten!

Unsere Zeichnung auf Seite 143 verdeutlicht, was ich damit meine. Hat man eine interessante Rapfenstelle erreicht, so nehmen wir stromauf von diesem Platz Aufstellung. Nun werfen wir möglichst quer über den Fluss und menden die Schnur sofort stromab. Dies hat zur Folge, dass die Strömung eine große Schnurmenge erfasst und stromab drückt. Dies beschleunigt die Drift der Fliege! Außerdem unterstützen wir das Drifttempo zusätzlich durch regelmäßiges Schnureinholen (Einstrippen). Auf diese Weise erreichen wir tatsächlich eine sehr flotte Fahrt unseres Köders. Und der Erfolg lässt oft nicht lange auf sich warten. Ein Rapfen steigt ein, dies kann man durchaus so sagen, denn die Bisse sind dem schneidigen Naturell des Fisches entsprechend forsch und entschlossen. Folge: Rapfen sitzen eigentlich immer gut am Haken!

Dies hilft beim Zweihandeinsteiger. Man kann nichts falsch machen! Es ist keine Wartezeit wie beim Lachsfischen nötig. Und Überlegungen, ob man mit der Schlaufe fischen soll oder von der Rolle, kann man sich auch sparen. Der Fischer kann den Biss so parieren, wie man es vom Streamern auf Bachforellen kennt. Also ganz normal den Anhieb setzen, wenn der Biss erfolgt!

Das Fischen nach der Uhr

Eine Besonderheit verriet mir der bekannte Fliegenfischer Werner Steinsdorfer, der in Neustadt an der Donau lebt. Er hat beobachtet, dass Rapfen in einem gewissen Rhythmus rauben. Werner sagt, man könne sogar die Uhr danach stellen!

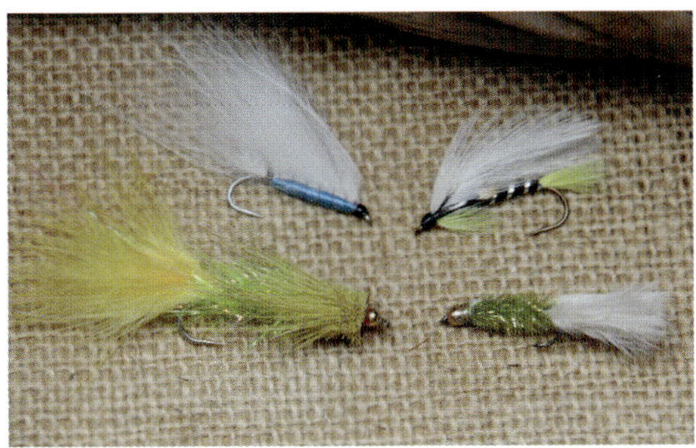

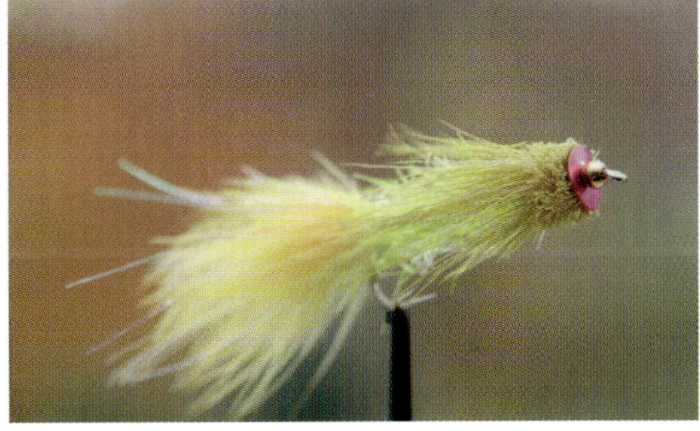

Links: Fängige Rapfenstreamer auf einen Blick.

Rechts: Der Pfiff des Stroppers liegt in der Paillette am Kopf. Sie sorgt für eine wobbelnde Aktion der Fliege.

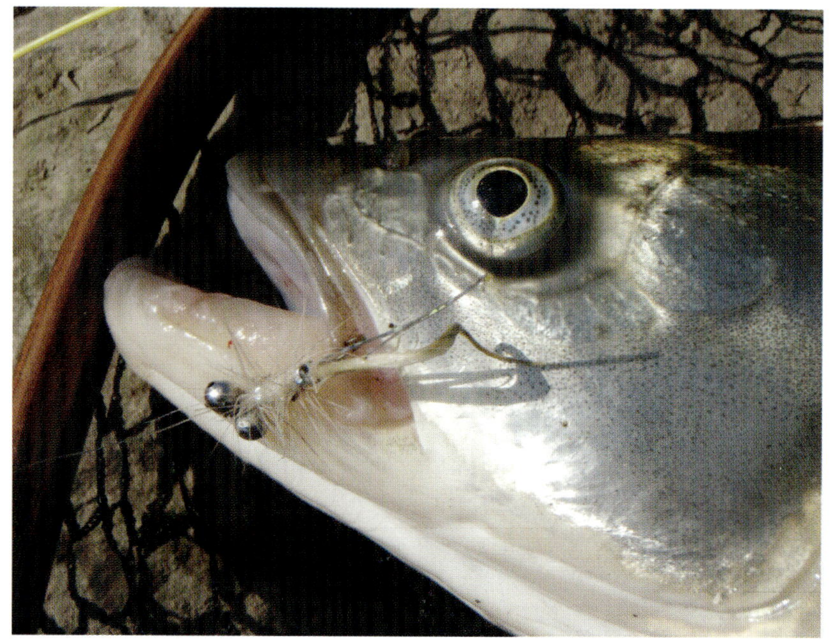

Wieder ein weißer Streamer, der erfolgreich war. Diesmal ein 10er Kugelaugenstreamer. *Foto: Werner Steinsdorfer*

In der Praxis bedeutet dies, dass man die Zeit zwischen zwei Raubintervallen stoppt und daraus den Zeitpunkt des nächsten Einschlags an einer bewussten Stelle ermittelt. Dies spart Kraft, denn unnötige Wurfanstrengungen können vermieden werden. Man beginnt erst wieder mit dem Werfen, wenn die Zeit dafür gekommen ist. Ein guter Plan, der, wie Werner schmunzelnd meint, nicht immer, aber doch recht häufig klappt. Welche Beobachtung steckt hinter dieser Taktik? Hat der Raubfisch die Fische an einer Stelle bejagt, so peilt er danach sofort einen anderen Platz an. Der Raubfisch steht also nicht stationär an einem Ort und ruht zwischen den Raubeinsätzen, sondern er streunt ständig suchend umher und kehrt nach einer gewissen Zeit zu seinen Lieblingsstellen zurück. Diesen Rhythmus hält der Fisch oft über Stunden ein.

Dem erwähnten Werner Steinsdorfer (www.flyfishing-steinsdorfer.com) verdanke ich diese und andere wertvolle Informationen zum Rapfenfischen. Werner ist ein Praktiker, der mit der Zweihandfischerei auf Raubfisch und Lachs bestens vertraut ist. Bekannt ist er überdies für seine Bindekunst, die sich unter anderem in einer interessanten Rapfenfliege manifestiert. Es handelt sich um den so genannten *Stropper*, den ich natürlich für Sie fotografiert habe (Seite 145). Der

Name setzt sich aus Streamer und Popper zusammen; das Muster kombiniert also zwei Fliegentypen. Die Fliege reizt wie ein Streamer und pflügt durch das Wasser wie ein Popper.
Das Muster ist im Handel nicht erhältlich, aber findige Binder werden das Prinzip selbst umsetzen können. Der Pfiff des Stroppers ist die kleine Paillette am Fliegenkopf! Sie wirkt wie eine Wobbelschaufel und sorgt für viel Aufruhr im Wasser. Rapfen mögen das!
Werner Steinsdorfer benutzt für das Zweihandfischen auf Rapfen an seiner Donau übrigens eine ähnliche Ausrüstung wie ich an meinem Heimatfluss im Norden. Eine 13' Zweihand der Klasse 9, dazu natürlich eine Schwimmschnur plus Intermediatevorfach. Es bewährt sich also die mittlerweile bekannte „Allroundzweihand"; sie ist genau richtig für das Rapfenfischen in größeren Flüssen.
Reizvoll ist es zudem, eine leichte Switchrute als Alternative zu benutzen. Vor allem in kleineren Flüssen macht dies sehr viel Spaß! Zudem ist eine handliche Switchrute für die Seenfischerei vom Boot wie geschaffen! Dazu fällt mir eine lehrreiche Episode ein. Sie macht deutlich, dass wir Rapfen nicht nur in Flüssen befischen können, sondern auch im Stillwasser. Woher ich das weiß? Nun, das kam so: Ich hatte vor einigen Jahren die Gelegenheit, einen Altarm des Flusses Pram bei Schärding in Österreich zu befischen. Mein Freund Willi Forstinger lud mich dazu ein und die Ansage des Tages formulierte er so: „Heut' zeig ich Dir, wie wir hier im Innviertel unsere Schiede fangen!"
Zum Verständnis: „Schied" ist der süddeutsche / österreichische Name des Rapfens. Ja, und recht unter*schied*lich von der Flusspirsch gestaltete sich dann auch das Fischen. Es war ein warmer, sonniger Tag im Juni. Ideales Rapfenwetter! Willi hatte ein kleines Boot zur Verfügung, welches er rudernd bediente. Ich durfte währenddessen, auf der Spitze des Bootes recht wackelig stehend, nach Rapfen Ausschau halten. Die Rute war natürlich wurfbereit!
Und so hatte mich Willi Forstinger eingewiesen: „Setz Deine Polbrille auf und schau nach den Schieden aus! Wenn einer in Dein Blickfeld kommt, dann achte darauf, wohin er schwimmt. Dann leg ihm rasch die Fliege vor und strippe so schnell ein, wie Du kannst! Und dann – na, Du wirst schon sehen!"
Zunächst hatte ich mehr mit dem Balancehalten auf der Bootsspitze

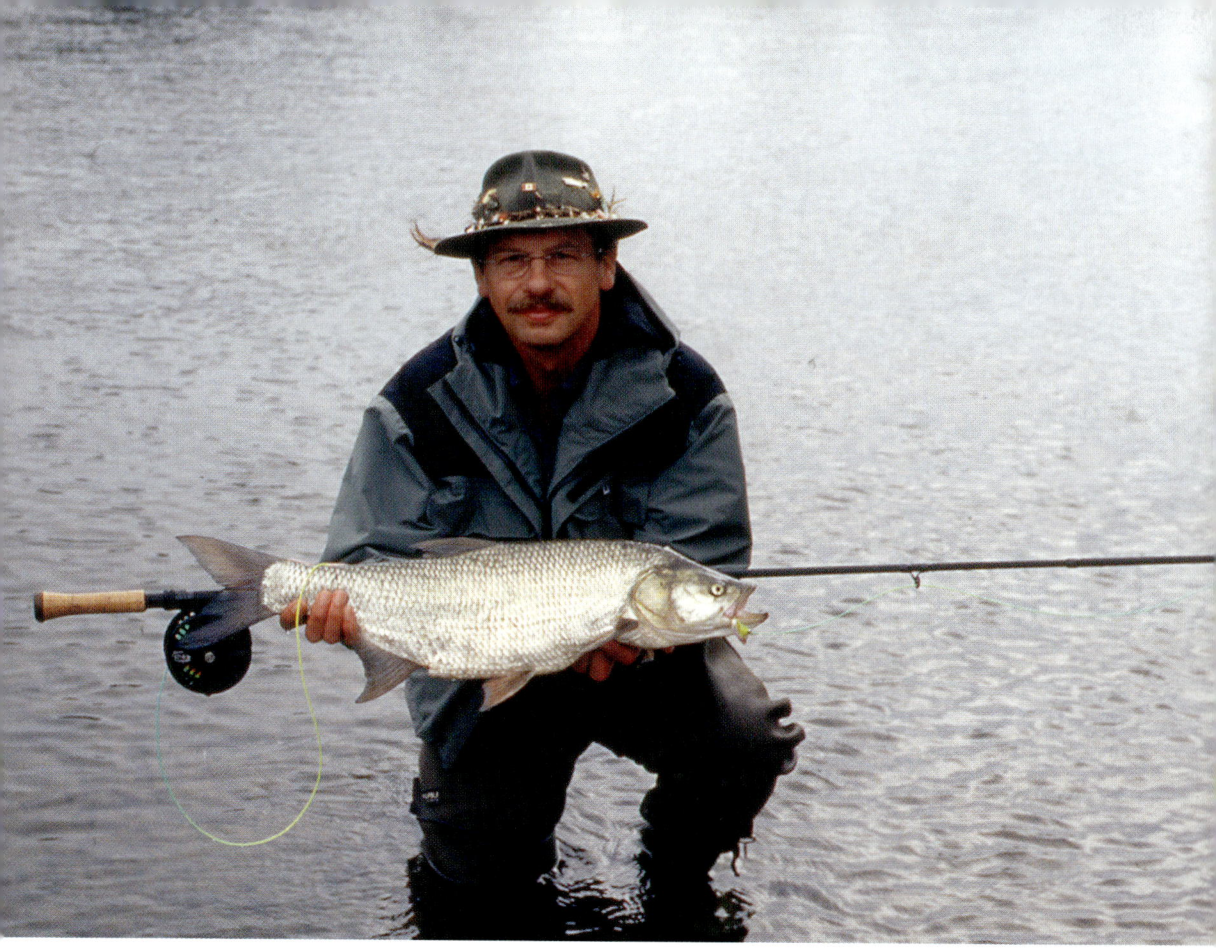

Bravo, Werner Steinsdorfer! Ein starker „Schied“, wie man in Süddeutschland sagt.
Foto: Werner Steinsdorfer

zu tun, als mit der eigentlichen Fischerei. Aber bald stellte sich ein Gefühl dafür ein und ich konnte mich auf das Gewässer konzentrieren. Der Altarm lag glasklar vor uns. An einigen Stellen konnte ich Kleinfische entdecken, die kleine Schwärme bildeten. Wahrscheinlich waren es Ukeleis. Und wo sich solche Chancen bieten, da kann der Räuber nicht lange auf sich warten lassen! Tatsächlich erschien bald der erste Rapfen, dicht unter der Oberfläche nach Opfern suchend, 15 Meter vor uns. Ich konnte ihn dank der Polbrille gut ausmachen. Meine schnell präsentierte Fliege wurde von ihm sofort ins Visier genommen, langsam nahm er Kurs auf sie und schaltete dann den Turbo zu. Der Rest verdichtete sich zu einem Sekundenbruchteil. Ehe ich mich versah, spürte ich massiven Widerstand und der Schied saß an meiner Fliege! Kein Riese, vielleicht drei Pfund schwer. Als Fliege hatte mir Willi übrigens zu einem weißen Streamer (Hakengröße 6) geraten. Sie hätte sich in seiner Praxis bewährt. Ein völlig anderes Fliegenkonzept als der Stropper, aber ähnlich erfolgreich.

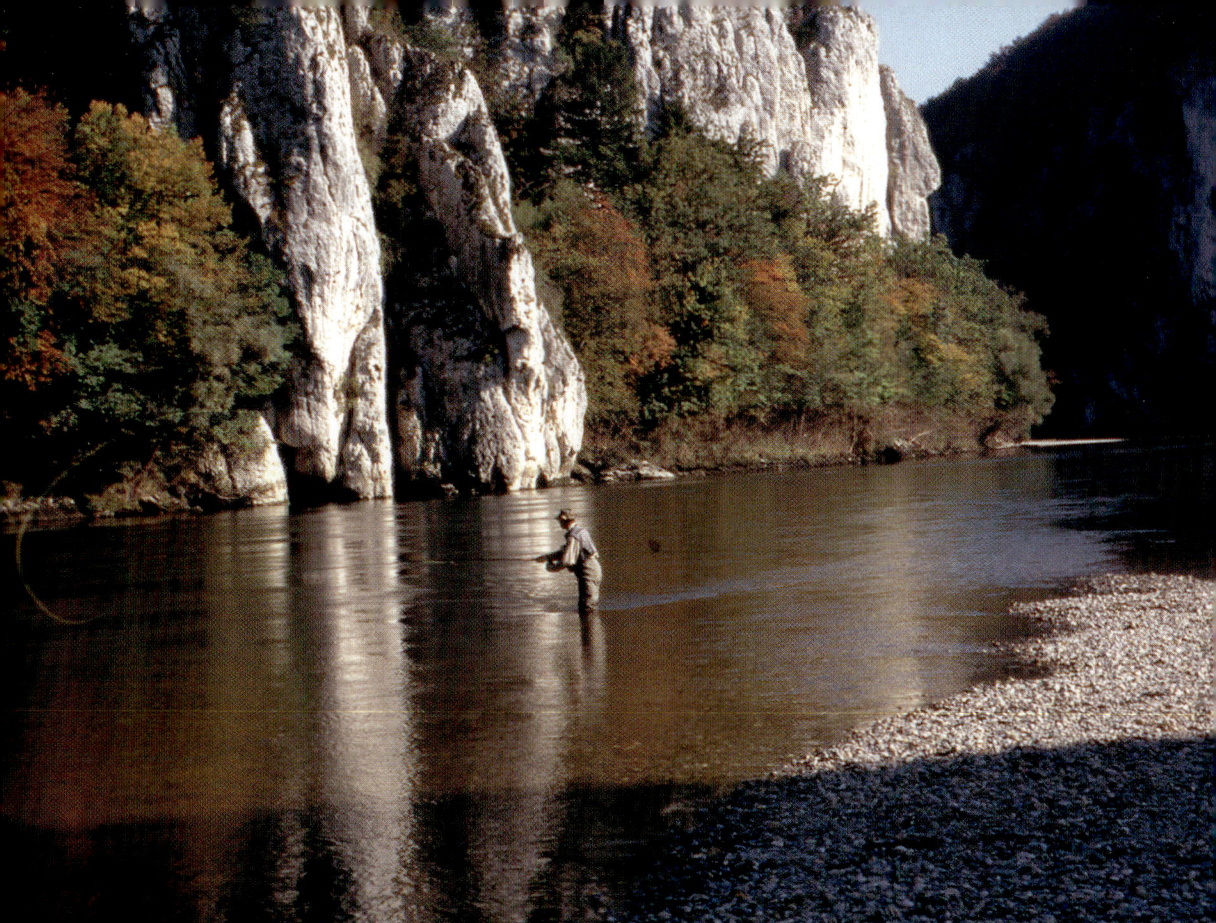

Diese Tendenz habe ich in den folgenden Jahren bestätigt gefunden. Man kann beim Rapfenfischen mit vielen unterschiedlichen Mustern Erfolg haben. Ich habe weitere schöne Fänge mit weißen Streamern gemacht, aber auch mit kleinen Goldkopfstreamern in allen denkbaren Dekors. Ich habe den Eindruck, dass die Farbe nicht ganz so wichtig ist.

Die Größe des Streamers sollte dem Format der Futterfischchen entsprechen. Natürlich macht es Spaß, mit einer ganz naturgetreuen Futterfisch-Imitation zu pirschen. Ich habe es mit einer recht realistischen Tubenfliege probiert und sie fand sofort Anklang bei den Räubern. Aber entscheidend für den Erfolg war die Fliege wohl nicht.

Damit möchte ich Sie ermutigen, einfach mit Streamern zu experimentieren. Und Sie werden es merken: Ein raubgieriger Rapfen lässt sich nicht lange bitten!

Viel Spaß beim faszinierenden Fischen auf die Schneidigen!

Hier fischt Werner Steinsdorfer an seiner heimatlichen Donau auf Rapfen.
Foto: Werner Steinsdorfer

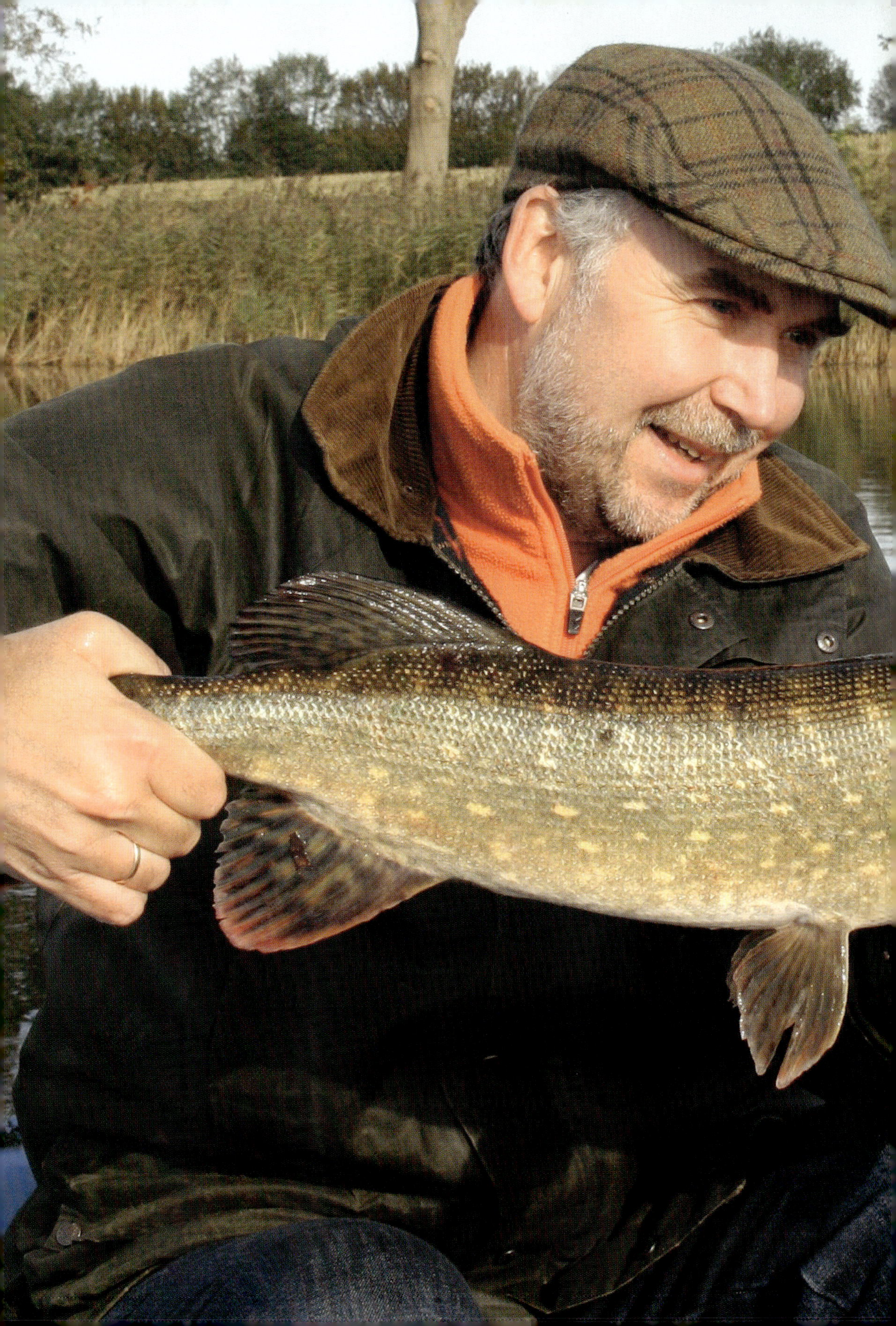

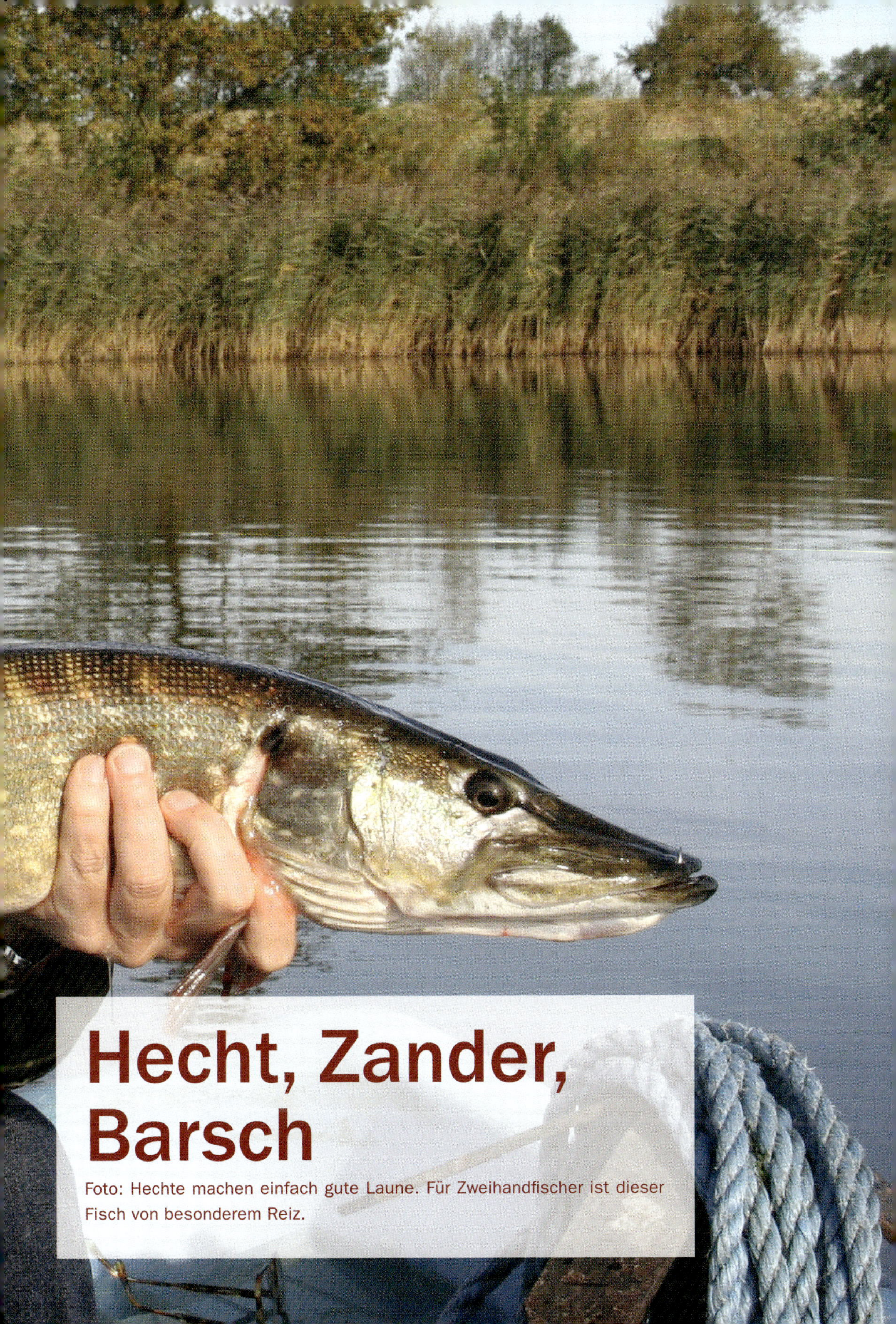

Hecht, Zander, Barsch

Foto: Hechte machen einfach gute Laune. Für Zweihandfischer ist dieser Fisch von besonderem Reiz.

HECHT, ZANDER, BARSCH

Das klassische Räubertrio, bestehend aus Hecht, Zander und Barsch, bietet uns vielfältige Möglichkeiten zum Fliegenfischen. Die beiden größeren Raubfische sind sogar würdige Zweihandfische, da sie stattliche Gewichte erreichen können. Die Wurf- und Drillvorteile einer langen, kräftigen Gerte können an allen Gewässertypen Vorteile bringen. Dies werde ich an Beispielen zeigen.
Und zum Schluss gebe ich Ihnen einige Tipps zur Barschpirsch, die auf den ersten Blick ein Nebenthema für Zweihandfischer ist. Aber es ist sicher für Sie reizvoll, die Erkenntnisse eines echten Barschexperten zu erfahren, den ich zu diesem Thema befragt habe.
Wir packen nun die Gerätekiste, die sich hinsichtlich der Stärke der „Bewaffnung“ natürlich an den beiden Hauptzielfischen Hecht und Zander orientiert.

Gerätekiste Hecht, Zander, Barsch

- ✔ *Switch-Rute 11 ' # 8 oder Zweihandrute in 13 ' # 9.*
- ✔ *Schwimmschnur (Speyline) oder schwimmender Schusskopf als Grundausrüstung zum Hechtstreamern in flacheren Seen und Flüssen. Hier sollten wir mit dem Hechtfischen starten! Auf Zander empfiehlt es sich, mit einem Schusskopfsystem zu starten und mit sinkenden Schussköpfen eine grundnahe Drift des Köders anzustreben. Die Schwimmschnur kann beim Zanderfischen in der Dämmerung und in der Nacht Verwendung finden. Auf Barsch sollten schwimmende und sinkende Schussköpfe ausprobiert werden, mit denen man sich auf die Gewässertiefe und das Raubverhalten der kleinen Räuber einstellt.*
- ✔ *Tipps zum jeweiligen Vorfach und zu fängigen Fliegen erhalten Sie in den folgenden Berichten zu den genannten Zielfischen*

Auf Hecht

Hechtfischen mit Streamer: ein neumodischer Spleen? Nein, ganz im Gegenteil! Die Geschichte des Hechtfangs mit der Fliege reicht weit zurück. Bereits einer der Ahnen der modernen Angelei, Dr. Karl

Heintz, benutzte vor 100 Jahren die so genannte Eisvogelfliege für den Fang von Hecht und Huchen. Er verwendete allerdings eine Spinnrute, um diesen großen Köder auszubringen. Aber das Prinzip, mit einem dicken Federbüschel erfolgreich auf Raubfisch zu angeln, war bereits erkannt.

Warum auch nicht? Ein Streamer ist ein interessantes Angebot. Ein attraktiver Köder, der unter Wasser sehr lebhaft pulsiert .Und wählt man ihn in einer stattlichen, etwa handlangen Größe, dann hat man, glauben Sie mir, einen wirklich fantastischen Köder für Freund Esox zur Hand.

Solch ein Loblied über das Hechtstreamern hat jeder Fliegenfischer schon einmal gelesen. Und dennoch zweifeln manche insgeheim an die Wirksamkeit dieser Methode. Und dann trauen sie sich doch nicht an die Materie ran. Mir liegt daran, eine Lanze für diese tolle Fischerei zu brechen. Einige Beispiele aus meiner Praxis können Sie vielleicht überzeugen. Mal sehen, ob das klappt. Vor 25 Jahren fing es bei mir so an:

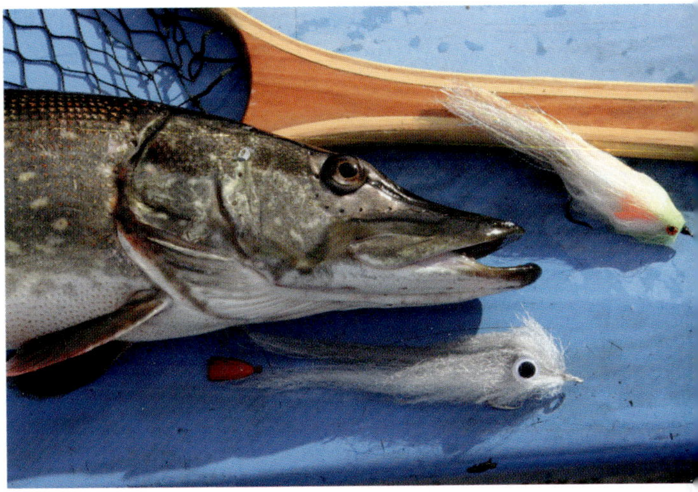

Hecht im Boot – alles im Lot!

Ich sammelte meine ersten Erfahrungen beim Befischen eines sehr flachen Moorsees. Der See war so seicht, dass man mit üblichen Spinnködern sofort Grundkontakt bekam und sich rasch Blätter und kleine Zweige am Haken sammelten. Ständig irgendetwas Störendes dran, kurzum: Das Kunstköderangeln machte keinen Spaß.

Mit der Fliege hatte in diesem Gewässer noch niemand gefischt, als mein Freund Ulli und ich dort unsere Hechtstreamer zu Wasser ließen. Unsere Überlegung war folgende: Eine unbeschwerte Hechtfliege müsste hier besser zu führen sein als jeder übliche Kunstköder. Vor allem, wenn man eine Schwimmschnur verwendet! Diese Vermutung war, wie sich später zeigte, durchaus richtig. Aber zuerst stand die Frage im Raum: Würden die Hechte überhaupt Interesse an unseren Fliegenangeboten haben?

Wir hatten ein kleines Ruderboot zur Verfügung und fuhren mit nur geringer Hoffnung auf Erfolg hinaus. Das Werfen fiel uns zunächst nicht leicht. Wir merkten, dass wir uns umstellen mussten. Langsam voran, sachte und vorsichtig! Ja, nun ging es besser.
Der Anblick des Streamers unter Wasser ermutigte uns jedoch. Er entfaltete sich unter Wasser zur vollem Pracht und begann unter Zug regelrecht zu leben. Ja, das sah schon sehr attraktiv aus! Na bitte!
So gingen wir mit Zuversicht ans Werk. Das Werfen klappte zunehmend besser. Distanzen von 10 bis 15 Metern bekamen wir in den Griff. Und noch weitere Distanzwürfe waren überhaupt nicht nötig, wie wir bald merkten! Nach einer halben Stunde meldete Ulli bereits den ersten Biss! Ein Mini-Hecht von vielleicht 40 cm Länge war der Urheber. Immerhin, ein Anfang! Das Vertrauen in unser Tun wuchs weiter.
Um es kurz zu machen: Wir fingen im Laufe der folgenden drei Stunden 10 Hechte, was für diesen See ganz außergewöhnlich gut war. Und es waren sogar drei Exemplare dabei, die für dieses Gewässer durchaus als stattlich zu bezeichnen waren.
Uns beeindruckte, dass gleichzeitig bei den zahlreichen Anglern, die an diesem Tag mit Köderfisch und Blinker unterwegs waren, absolut nichts los war. Kein Biss und schon gar kein Fang!
Donnerwetter! Eine „neue" Methode war entdeckt und seitdem haben wir immer wieder viel Spaß an der Hechtpirsch mit Fliege gehabt. Besonders in der kalten Jahreszeit, wenn Bachforellen und im Fluss befindliche Meerforellen geschont sind, fischen wir gern auf Hecht. Aber das Streamern mit der großen Raubfischfliege ist viel mehr als ein Ersatz; diese Fischerei hat ihren eigenen Rang und Reiz.
Wir benutzten damals Einhandruten der Klasse 8 oder 9. Doch bald danach stellten sich bei mir schöne Zweihanderfolge auf Raubfisch ein. Und das Spektrum der Möglichkeiten erweiterte sich. Ich muss allerdings gestehen, dass mir die ersten Fänge beim Meerforellenfischen im Fluss gelangen. Also eher zufällig. Ich benutze in meinem Heimatfluss für die Meerforellenpirsch gern 6 bis 8 cm lange Tubenfliegen und diese erweisen sich oft als gute Hechtköder. Immer wieder einmal steigt ein guter Esox ein und verblüfft mich hinsichtlich seiner Kampfkraft. Flusshechte sind recht wehrhafte Gegner, die sich im Drill gelegentlich wie eine gleich große Meerforelle „anfühlen". Unvergesslich ist mir folgende Begebenheit. Mein schottischer

Freund Andy Murray hatte mir eine kleine Tubenfliege geschickt, die fabelhaft fängige Lachsfliege *Cascade*. Und er bat mich, diese doch auf Meerforellen zu probieren. Ich tat es, fing gleich am ersten Tag einen Fisch von 10 Pfund und schickte ihm das Fangfoto. Er rief mich an und in seiner typischen, fröhlichen Art ließ er seinem Erstaunen freien Lauf: „Ich gratuliere Dir! Nun weiß ich, dass die Cascade sogar auf Hecht erfolgreich ist!“ Ja, ich hatte einen strammen Esox damit überlistet. Das war nicht ganz im Sinne des edlen Fliegenspenders, aber die Episode dürfte Andy unvergesslich sein. „Oh, mein Gott, diese Deutschen!“

Ja, der Hecht ist für den direkt am Lachsfluss Tweed lebenden Andy nicht gerade das, was man ein prickelndes Thema nennt. Es ist kein Zufall, dass sich das Fliegenfischen auf Hecht gerade in den Ländern zur Kunst entwickelt hat, die keine Salmoniden aufweisen. Deshalb wird in den Niederlanden gern mit der Fliege auf Hecht gepirscht. Flache Seen, moderat tiefe Flüsse mit träger Strömung und Entwässerungsgräben sind eben ideal zum Fliegenfischen auf Hecht geeignet. Hier gelingt der Einstieg in die Materie problemlos und der Erfolg lässt nicht lange auf sich warten. Die Attraktivität unseres Köders beginnt sich in flachen Revieren sofort nach dem Einwurf zu entfalten. Der Streamer wird manchmal schon beim Abtauchen attackiert! Was geschieht unter Wasser? Was macht den Großstreamer so fängig?

Im Zusammenspiel mit einer Schwimmschnur und einem unbeschwerten Vorfach schwebt die Hechtfliege attraktiv lockend durch das Mittelwasser. Wir lassen sie etwas absinken und strippen dann die Leine ganz langsam ein. Hin und wieder machen wir einen kurzen Stopp. Nun taumelt unser Köder ab, bis wir ihn wieder pulsieren lassen. Das wirkt, man kann es nicht anders sagen, reizend auf den Esox! Er packt zu!

Meist lauert der Hecht am Grund. Es fällt ihm leicht, die Fliege mit einem aufwärts gerichteten Stoßangriff zu packen. Selbst in überblinkerten Gewässern sind große Reizfliegen sehr fängig, denn diese Art der Verführung ist neu für die Räuber. Überraschend gute Ergebnisse sind dann die Folge. Dieser Trend hält an, bis die Hechte Wind von der Sache bekommen, das muss ich aus Erfahrung einräumen. Fische lernen schnell! Und selbst innovative Köder nutzen sich mit der Zeit ab. Fliegenfischen auf Hecht ist also keine Wundermethode, aber eines kann ich Ihnen versichern: Es ist ähnlich erfolgreich wie gekonntes Spinnfischen!

Die bisherigen Informationen hatten das Ziel, Sie grundsätzlich für das Streamern auf Esox zu interessieren. Hat das funktioniert? Ich hoffe es!

Der zweite Schritt ist es nun, Sie mit dem Einsatz der Zweihand beim Hechtfischen vertraut zu machen. Es leuchtet sofort ein, dass der Drill eines Großhechtes mit der Zweihand besser gestaltet werden kann als mit einer Einhand, mag diese auch noch so kräftig sein. Darin liegt nämlich ein gewisses Problem. Man braucht eine sehr solide Rute, um den Anhieb wirkungsvoll zu setzen! Die üblichen Einhand-Hechtgerten (scherzhaft zuweilen „Prügel" genannt) in 9' Länge und Schnurklasse 9 ermüden schnell den Wurfarm, da sie schwerer sind als übliche Einhandruten. Die Zweihand ist durch die Verteilung des Wurfes auf beide Arme leichter zu handhaben. Das ist Vorteil Nummer 1.

Gefolgt von Vorteil Nummer 2! Mit der Zweihand kann man eine große Fliege genügend weit und vor allem sicher ausbringen. Die Gefahr, sich selbst zu haken, wird deutlich vermindert, wenn Sie folgendermaßen vorgehen:

Wir haben eine interessante Stelle am See oder Fluss erreicht. Ein oder zwei Rollwürfe helfen uns dabei, einige Meter Schnur, das Vorfach und zuletzt die Fliege gestreckt auszubringen. Ist das erreicht, setzen wir einen letzten, energischen Rollwurf und lassen Schnur nachschießen. Falls Ihnen auf diese Weise keine zufrieden stellende Distanz gelingt, müssen Sie wohl oder übel einen Überkopfwurf anwenden. Heben Sie dazu die Leine sofort (!) nach dem Strecken des Rollwurfs mit einem Überkopfschwung ab. Aufpassen! Nicht zu energisch beginnen, sonst gerät die Hechtfliege sofort ins Pendeln! Wir beginnen den Rückschwung sachte und steigern dann das Tempo bis zur Streckung der Leine. Nun führen wir sie wieder mit sanftem Schwung nach vorn und enden mit einem nach oben gerichteten Schlussimpuls. Und dabei lassen wir genügend Schnur nachschießen. So erreichen wir nach und nach, mit etwas Übung, ausreichende Weiten. Nehmen Sie Abschied vom Gedanken, große Distanzen erreichen zu müssen!

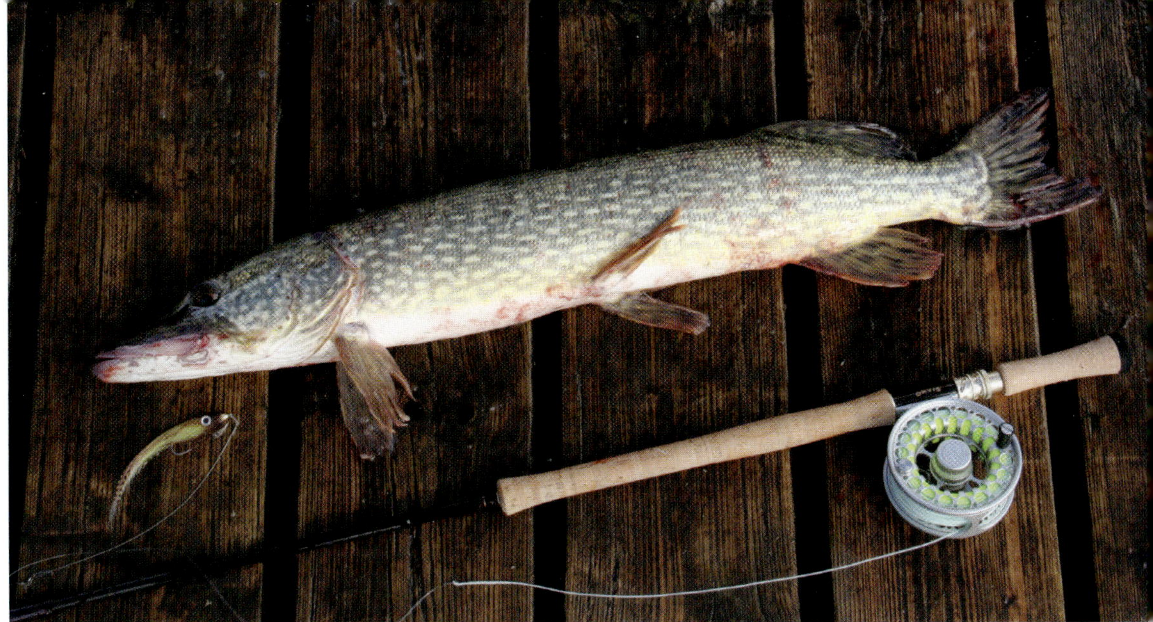

Guter Hecht von 75 Zentimetern. Überlistet mit dem Hechtstreamer No. 1.

Die Praxis zeigt nämlich, dass das Werfen mit einem Großstreamer immer eine knifflige Sache bleibt. Nehmen Sie sich Zeit! Die Zweihand hilft uns, kann aber keine Wunder bewirken; das alles bleibt gewöhnungsbedürftig. Die nasse Hechtfliege hat nun einmal ein ziemliches Gewicht und verhindert prinzipiell einen eleganten Wurf. Und die tückische Verlockung liegt darin, dass Hechtfliegen gar nicht groß genug sein können. Je größer, desto fängiger. Das kann man so sagen. Tja, was tun?
Vernünftig bleiben! Wir sollten den Streamer so wählen, dass uns die Präsentation sicher und einigermaßen rund gelingt. Dies ist auch mein Prinzip bei der Auswahl der Hechtfliege, obwohl ich mittlerweile geübt darin bin, mit so einem Ding zu werfen.

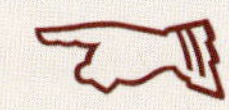

Als Faustregel dient mir das Maß „maximal handlang“. Gewichtige Extra-Beschwerungen sollte die Fliege nicht aufweisen, sonst nützt die Beschränkung der Größe nichts! Also keine dicken Bleiköpfe oder ähnliches.

Ein schlanker Bullet-Goldkopf ist allerdings bei mir gern gesehen, denn er verhilft der Fliege zu einer exzentrischen Jig-Aktion. Ich setze diesen Typ mit der Schwimmschnur in Gewässern ein, die eine Tiefe von 1 bis 3 Metern haben. Fische ich in flacheren Seen, dann nehme ich unbeschwerte Muster, die erst dann absinken, wenn sie sich mit Wasser voll gesogen haben. In solchen Fällen gehört das Wässern der Fliege zu den Standardritualen, die man vor dem Fischen durch-

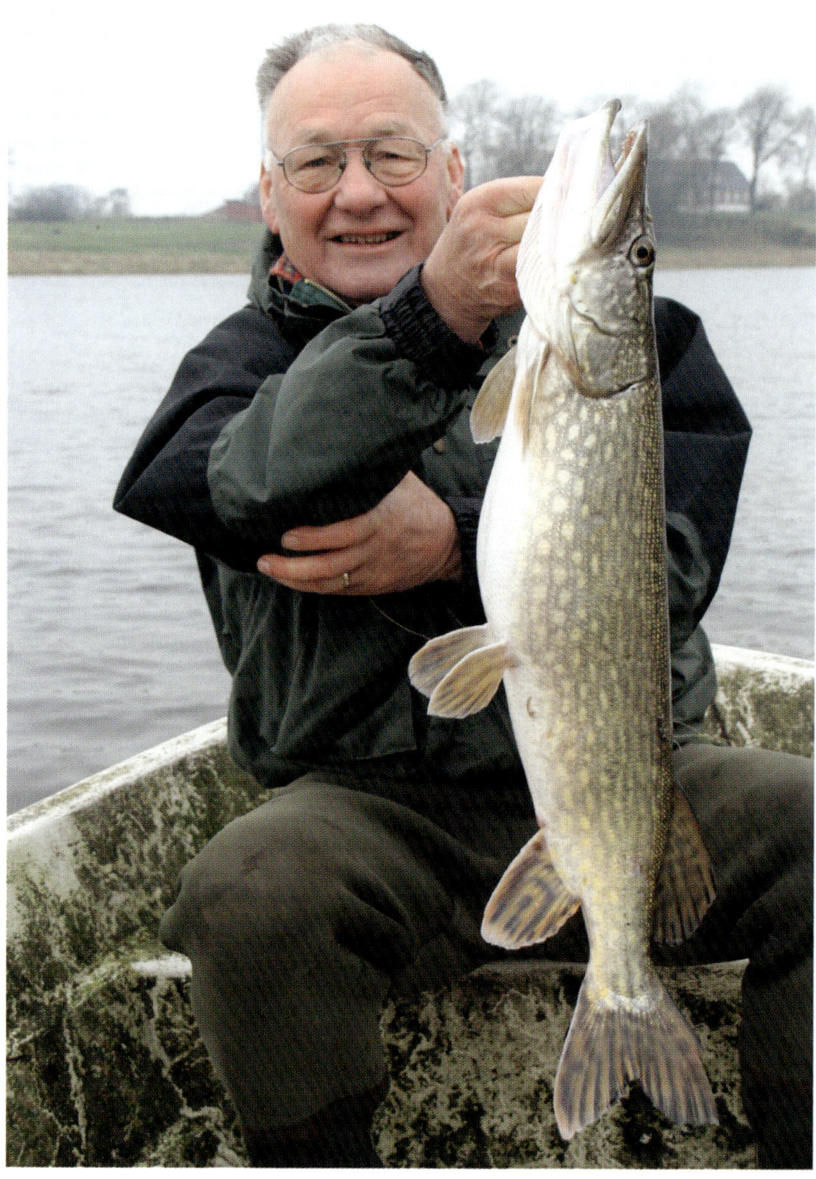

Karl Koch, langjähriger Weggefährte des Verfassers und sein journalistischer Mentor. Hier zeigt er seinen Lieblingsfisch.

führt. An einem Flachsee habe ich viel über das Hechtangeln gelernt. Er befindet sich in der Nähe von Kolding in Dänemark. Karl Koch, der frühere Chefredakteur des BLINKER, kannte diesen See schon seit seiner Jugendzeit und irgendwann nahm er mich dorthin mit. Leider waren die Hechte an dem bewussten Tag überhaupt nicht in Stimmung. Kein Biss, kein Rauben, nichts!

War der See inzwischen leer geangelt worden? Karl geriet angesichts solcher Gedanken in Rage. „Quatsch! Die sind da! Wir müssen mal im November wiederkommen! Dann hagelt es Hechte!"
Na gut. Ich dachte mir meinen Teil. Gesagt habe ich nichts, denn gegen Karls Optimismus ist kein Kraut gewachsen. Und es geht ja auch nichts über einen begeisterungsfähigen Kollegen, denn Enthusiasmus ist ansteckend und beflügelnd. Es kann also nicht verwundern, dass wir tatsächlich im folgenden November wieder vor Ort waren. Die Losung des Tages hieß: Diesmal wird es klappen!
Und genau so kam es! Der kleine See zeigte sich wie verwandelt. Schon im Morgengrauen, beim Auspacken des Geräts, zeigten die Hechte ihre Raublust. Es gab sie also doch noch!
Das wilde Treiben der Räuber war weder zu überhören, noch zu übersehen. An vielen Stellen durchbrachen Kleinfische sternförmig die Wasseroberfläche. Das Wasser wallte mal hier, mal dort auf. Klarer Fall: Die Hechte spielten verrückt!
Wir bestiegen das kleine Ruderboot und fieberten den ersten Würfen entgegen. Ich ließ dem passionierten Karl den Vortritt. Er sollte erstmal seine Spinnrute ungehindert bedienen und ich ruderte uns hinaus. Meine Fliegenrute lag allerdings wurfbereit neben mir. Schon nach zehn Ruderschlägen meldete Karl lauthals: „Action!!" Der erste Hecht. Ein netter 70er hatte den flach laufenden Wobbler genommen. Abhaken, zurücksetzten, weiterfischen. Karl war jetzt auf Betriebstemperatur. Bevor ich den ersten Wurf mit der Fliegenrute machen konnte, hatte er bereits drei Hechte „verhaftet".
Nun kam ich. Karl guckte etwas skeptisch auf den Streamer, aber das gab sich, denn ich konnte schnell nachlegen. Erster Hecht, ein zweiter und ein dritter. Also Gleichstand: 3:3. Im Laufe des Tages, die Aktivität der Räuber ließ einfach nicht nach, fingen wir Fisch auf Fisch. Einer dieser ganz seltenen Tage des Überflusses.
Interessant war, dass ich Karl, dem ausgezeichneten Spinnfischer, einigermaßen folgen konnte, was die Fänge anging. Auch bei den Größen waren wir halbwegs auf Augenhöhe.
Ich erzähle dies, um deutlich zu machen, dass Streamern auf Hecht keine Schnaps-Idee von irre geleiteten Fliegenfanatikern ist, sondern dass man einen Vergleich mit anderen Methoden nicht scheuen muss. Karl fing dann den größten Esox des Tages und zeigte ihn stolz

vor. 95 Zentimeter! Ich machte natürlich ein Foto. Gern zeige ich dieses Bild in diesem Buch, auch wenn hier die Spinnrute im Spiele war. Es bleibt folgendes festzuhalten: Ein Flachsee, wie mein dänisches Lieblingsgewässer ist ideal zum Fliegenfischen geeignet. Ein Gewässer dieser Art sollten Sie sich für den Einstieg suchen! Welche Kategorien sind wichtig?

Ideal ist es, wenn der See folgendes bieten kann: einen guten Hechtbestand (natürlich) eine Tiefe zwischen einem halben Meter und maximal drei Meter flache Ufersäume mit festem Grund, um Watfischen zu ermöglichen, ein verfügbares Boot, alternativ zur Watangelei. Eine moderate Tiefe lässt zu, dass wir mit der Schwimmschnur fischen, was einfach leichter gelingt. Alle denkbaren Streamertypen können mit Erfolg benutzt werden! Vor allem brauchen wir keine gefährlichen Bleibomben, um tief stehende Hechte überlisten zu können. Meinen Lieblings-Streamer (siehe Foto) kann man wegen seines *moderat schweren* Bullet-Kopfes noch gut werfen. Mein rheinländischer Freund Willy Pick hat ihn erfunden und er ist wirklich große Klasse für alle Räuber. Übrigens auch auf Zander! Da diese Fliege so im Handel nicht verfügbar ist, liefere ich interessierten Bindern die Materialliste.

Hechtstreamer No. 1 (Materialliste)

Haken: TRM ABD 351, Größe 4/0

Bindegarn: Power Silk 3/oxxx, weiß

Hinterteil: Furabu lang (weiß oder gelb), außerdem: Pearl Flash und zwei Sattelfibern (grizzly)

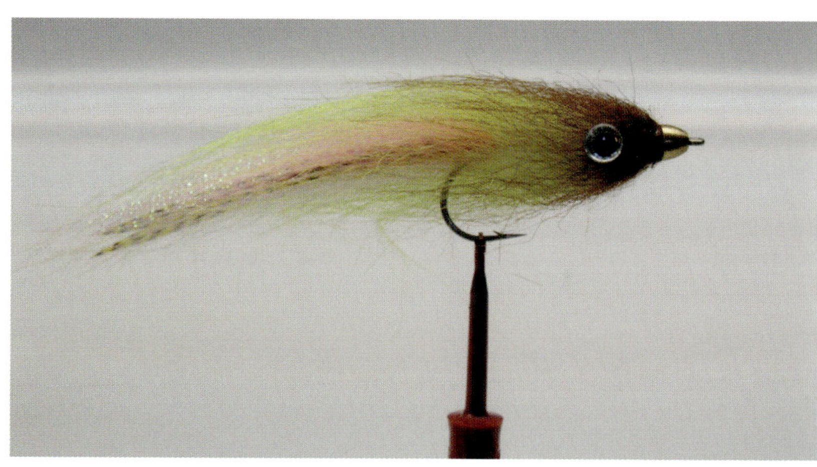

Der Hechtstreamer No.1. Er verbindet alles, was man sich wünscht. Etwa handlange Größe, leichte Beschwerung und lebhaftes Spiel unter Wasser.
Foto: Willy Pick

Vorderteil: Furabu lang (weiß oder gelb)
Kopf: Furabu kurz (schwarz oder braun)
Kopfbeschwerung: Bullet, gold
Augen: 3 D Epoxy-Eyes

Ich muss meinen Enthusiasmus nun langsam zügeln, sonst ufert der Abschnitt über den Hechtfang aus. Esox mit Fliege, das ist eben eine spannende Sache! Ein Abenteuer! Und natürlich lassen sich später auch andere Gewässertypen mit dem Streamer erschließen. Tiefere Seen zum Beispiel und große Flüsse. Hier wird aber oft die Verwendung von ganz oder teilweise sinkenden Schussköpfen nötig sein, um zum Fisch zu kommen. Pirschen Sie sich langsam an solche Aufgaben heran!
Beispiele für fängige Hechtfliegen, die sich überall bewährt haben, zeige ich Ihnen auf einem Foto. Der Fachhandel bietet mittlerweile viele sehr gute Streamer an. Greifen Sie einfach zu, probieren Sie diese in der Praxis und wählen Sie das Muster aus, dass Sie am besten werfen können.
Ich denke, zum Abschluss ist es sinnvoll, den gesamten Geräteaufbau zu erläutern. So sieht das bei mir aus: Ich verwende am See und Fluss zwei Outfits. Entweder eine Switchrute der Klasse 8 oder die bekannte Allround-Zweihand (13', Klasse 9), dazu jeweils eine schwimmende Speyline oder einen schwimmenden Schusskopf. Die kurze Rute ziehe ich beim Watfischen und an flachen Seen oder Poldern vor. Die lange Gerte nehme ich für größere Flüsse. Das Vorfach

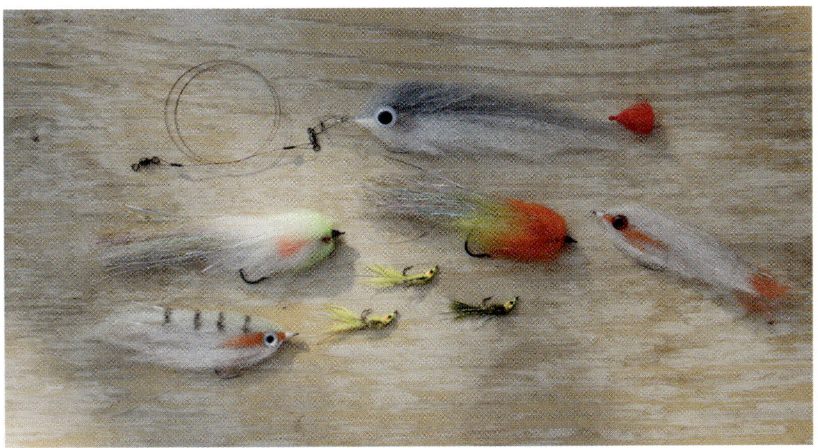

Eine Auswahl fängiger Hechtstreamer, wie sie der Fachhandel bietet. Als Größenvergleich sind einige Barschjigs auf Hakengröße 10 zu sehen. Das Bild zeigt außerdem den Aufbau des Stahlvorfaches.

knüpfe ich mir selbst. Es ist ganz einfach: zwei Meter 0.50er Monofil + einen halben Meter 0.45 + 30 cm 0.40er + 40 cm Stahlvorfach. An das Ende des Stahlvorfachs kommt ein Wirbel mit rundem Bogen; dies erleichtert das freie Spiel des Streamers. Und zudem kann die Fliege in den Wirbel bequem und sicher eingeklinkt werden. Das gelegentliche Auswechseln der Hechtfliege fällt so ganz leicht.
Spezielle Hechtvorfächer sind im Handel erhältlich und Sie sollten gern damit experimentieren. Mir jedoch gefällt das beschriebene super einfache Vorfach, weil man es schnell selbst herstellen und ausbessern kann. Ich neige dazu, alles beim Fischen so einfach und solide wie möglich zu halten. Dies hilft mir, mich auf den eigentlich Job, das Fischen, zu konzentrieren. Und ich hoffe, dass ich Sie zum Einstieg in das Hechtfischen motivieren konnte. Die damit verbundenen Schwierigkeiten habe ich ganz offen aufgezeigt. Sie liegen, wie oft genug betont, im Werfen! Das Überlisten des Hechtes ist dagegen weniger schwierig, denn ein Hechtstreamer ist an Attraktivität kaum zu überbieten.
Glauben Sie mir nun? Okay, danke für Ihr Vertrauen.

Auf Zander

Das Zanderfischen ist deutlich schwieriger als die Hechtpirsch. Die Klippe ist das Werfen und zwar in erhöhtem Maße! Das Problem: Wir müssen unseren Streamer grundnah anbieten. Also kommt eine schwere Fliege plus Schwimmschnur in Betracht oder eine leichte Fliege im Zusammenspiel mit einem sinkenden Schusskopf. Beide

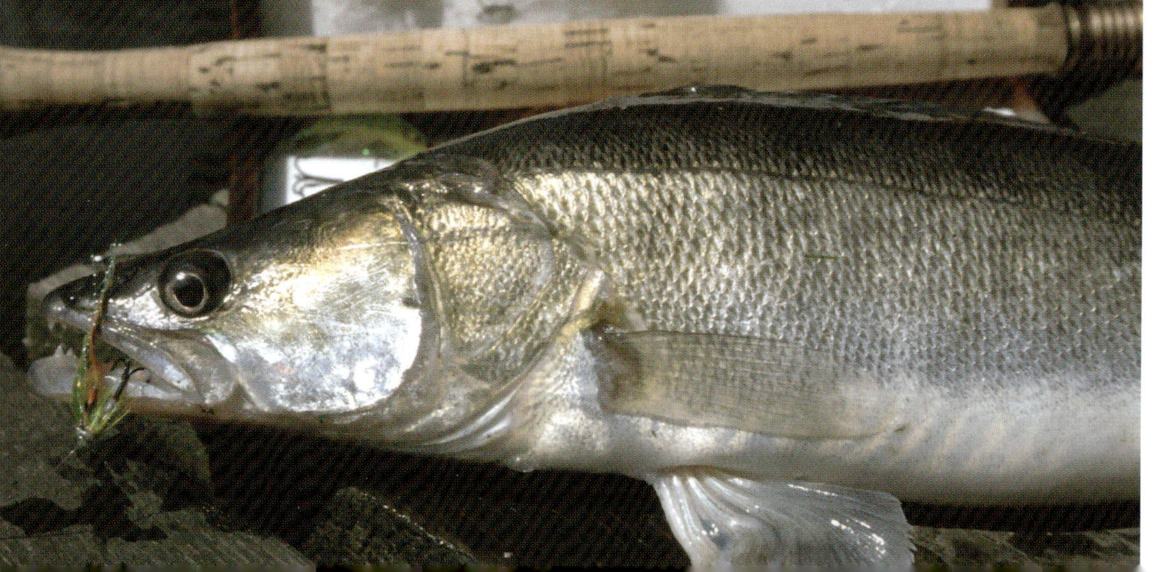

Noch ein Zander auf eine kleine grüne Tube!

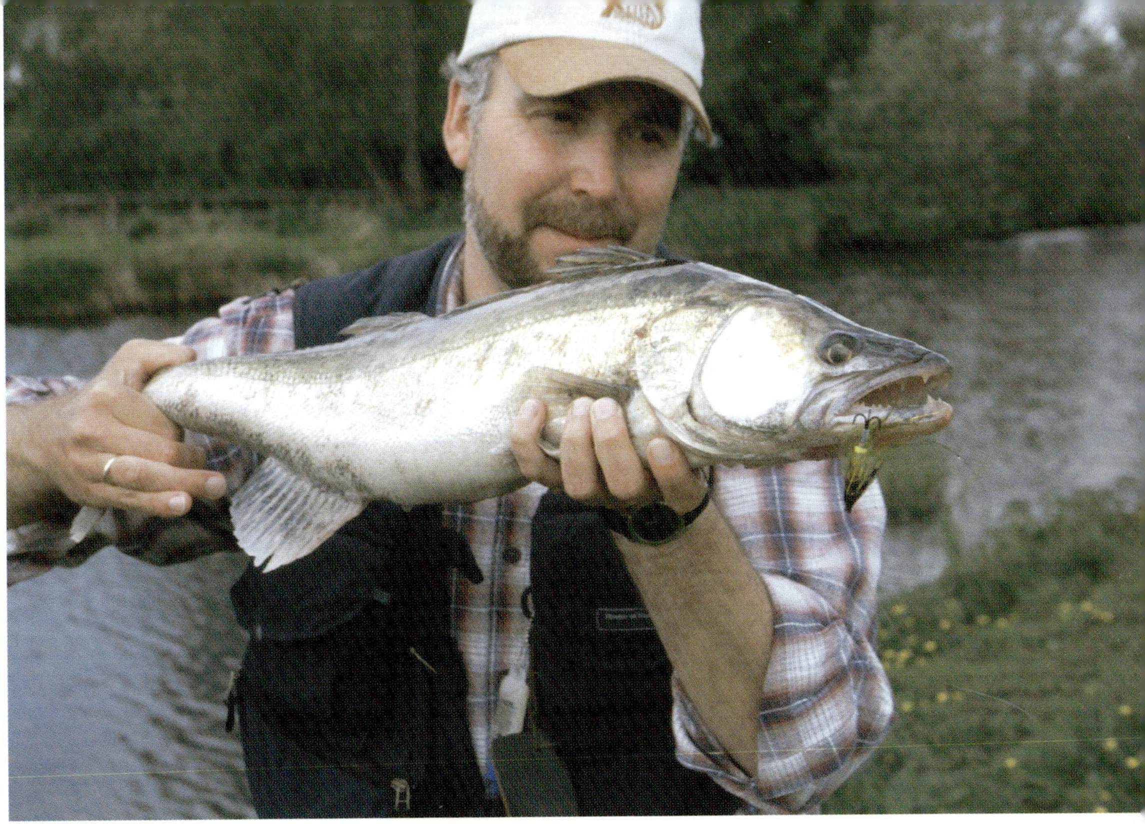

Der 70er Zander fiel auf eine grün-schimmernde Tubenfliege herein. Und das ist kein Einzelfall.

Montagen sind nicht einfach zu handhaben! Mein Rat: Probieren Sie es mit einer 6 bis 8 cm langen und unbeschwerten (!) Tubenfliege, die Sie mit einem teilweise oder ganz sinkenden Schusskopf auf Tiefe bringen. Als Vorfach sollte dazu ein Polyleader vom Typ „fast sinking" gewählt werden, an den Sie ein kurzes Stück Monofil (0.35er) knüpfen. 40 cm reichen aus! Je kürzer das Stück ist, desto schneller kommt die Tube in die Tiefe. Dorthin, wo die Zander lauern!

Als Tubenfliegen haben sich bei mir die üblichen Lachstuben bewährt, die ich Ihnen bereits vorgestellt habe. Freund Zander scheint eine Vorliebe für knalliges Grün zu haben! Ich habe diese Beobachtung mit kundigen Kollegen diskutiert. Warum ist das so?

Die besten Zandergewässer führen trübes Wasser, denn der scheue Räuber meidet das Licht. Dezente, schlichte Köder sind für ihn in trüben Fluten schwer zu orten, aber eine grelle Schockfarbe wie Fluo-Grün ist selbst hier gut sichtbar. Denken wir einmal an die erfolgreichen Gummiköderfischer. Auch sie verwenden gern Zanderköder in sehr auffälligen Farben!

Der Hecht wird vom Zander als Nahrungskonkurrent betrachtet. Dringt etwas grünlich Schimmerndes in das Revier des Stachelritters ein,

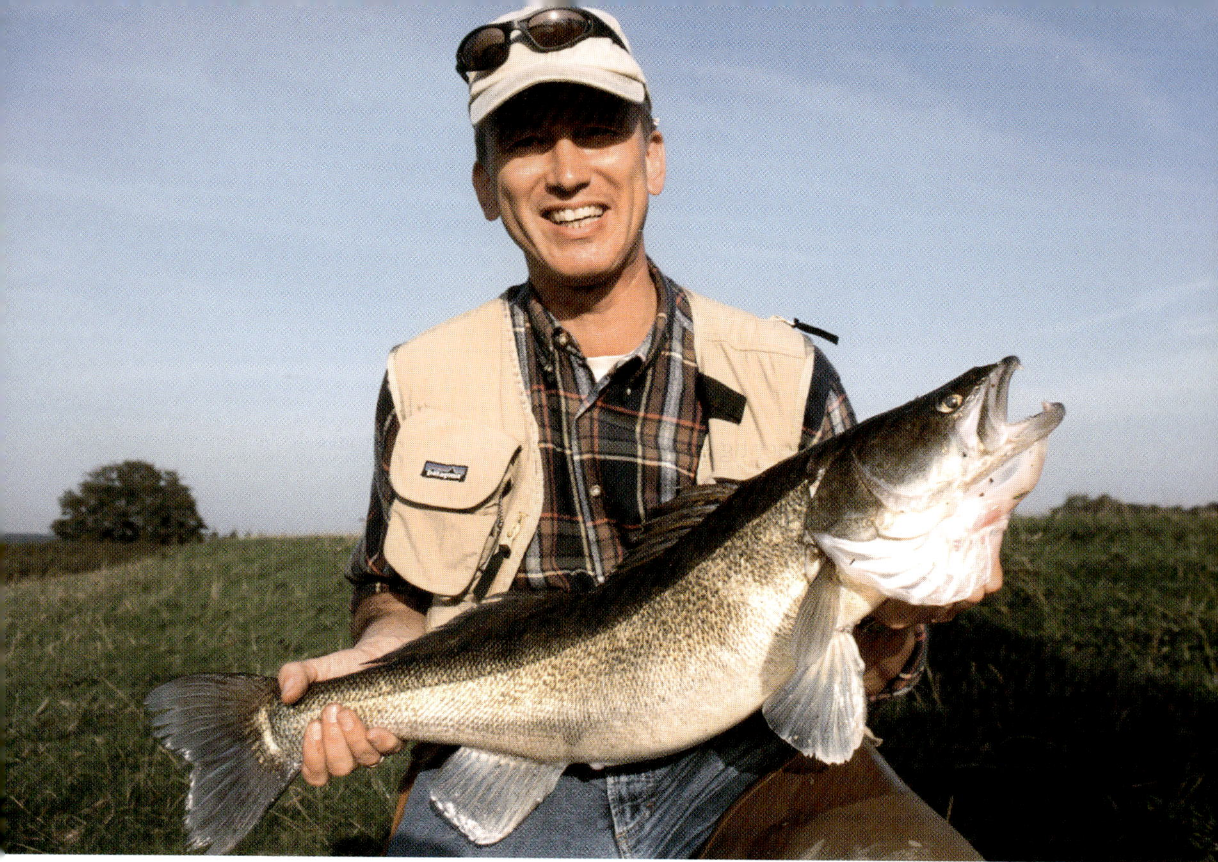

Solch einen Superzander fängt selbst Reinhold, ein Freund des Verfassers, nicht alle Tage.

so weckt dies die Aggression des Zanders. Es ist an vielen Flüssen zu beobachten, dass Zander sich immer mehr durchsetzen und die Reviere der Hechte besetzen. Wie kann das sein? Warum lässt sich der wehrhafte Esox vertreiben? Die Erklärung ist eigentlich ganz einfach: Stachelritter treten in kleinen Gruppen auf, den so genannten Schulen. Und es scheint, der Einzelgänger Esox verhält sich ähnlich defensiv wie ein Leopard, dem aggressive Hyänen die Beute abjagen. Starten Sie also mit einer grünlichen, wurffreundlichen Tubenfliege, um Ihre ersten Zander zu betören. Eine tiefe, grundnahe Drift der Fliege ist nötig, um die Chance auf einen Biss zu erhöhen. Das hat immer wieder Hänger zur Folge. Davon darf man sich aber nicht irritieren lassen. Fischt man zu hoch, werden wir selten Erfolg haben.

Die einzige Ausnahme bilden Zander, die bei beginnender Dämmerung ihre tiefen Burgen verlassen, um oberflächennah schwimmende Brutfische zu erbeuten. Dies ist in warmen, ruhigen Sommernächten gelegentlich der Fall! Sollten Sie dies an Ihrem Gewässer beobachten, dann wechseln Sie auf folgende Montage: Schwimmschnur + Polyleader Intermediate + *Black & Silver*-Tubenfliege. Dieses Muster

bewährt sich nicht nur auf Meerforelle und Lachs. Zander nehmen die Tube ebenso gern, wenn das Licht schwindet und eine kräftige Silhouette gefragt ist, die sich gut gegen den Nachthimmel abzeichnet. Die Führung der Tubenfliege sollte in jedem Fall, am Grund oder an der Oberfläche, nicht zu zügig gestaltet werden. Im Fluss ist eine langsame Drift mit gelegentlichen Sprüngen, animiert durch unsere wippende Rutenspitze, das richtige Lockmittel. In stehenden Gewässern strippen wir langsam und bedächtig ein. Wir lassen dem Zander Zeit, um die Beute zu entdecken. Der Biss erfolgt in aller Regel nicht durch einen rabiaten Einschlag, sondern er kündigt sich durch ein leichtes „Tick" an. Erst kurz danach, mit einer Sekunde Verzögerung, macht sich dann ein solider Widerstand bemerkbar. Der Zander hängt!
Ein seltsames Phänomen. Da ich aber genau dies häufig erlebt habe, muss dahinter ein bestimmtes Verhalten stecken. Ich glaube, der Zander begutachtet den Köder, folgt ihm und saugt dann die schlanke Beute (unsere Tube) einfach ein, während er weiter der Drift folgt. Dieser dezente Vorgang macht sich als Anticken bemerkbar. Dreht der Zander ab, kommt es zum Vollkontakt. Es ist demzufolge richtig, nicht zu rasch anzuschlagen. Also keinesfalls beim ersten kleinen Zupfer. Lieber abwarten, bis ein solider Zug zu spüren ist. Beim Abdrehen zieht sich der Haken ins Räubermaul ein. Nun kann ein solider Anhieb erfolgen!
Zum Zanderfischen benutzte ich die beiden Outfits wie für Hecht. Ein Sortiment an unterschiedlich schnell sinkenden Schussköpfen ist unabdingbar für den Erfolg. Üben Sie den Einsatz zuerst an Stellen, die nicht sehr hängerträchtig sind, sonst geht Ihnen zu früh die Freude am Fischen verloren.
Irgendwann „tickt" es dann auch bei Ihnen, da bin ich sicher. Und der erste Zweihand-Zander wird gelandet. Ich wünsche es Ihnen!

Auf Barsch

Ich gebe es ja zu: Unser relativ kleiner Barsch ist natürlich kein sensationeller Zielfisch für die Zweihandrute. Aber an interessanten Hecht- und Zandergewässern gibt es häufig gute Barsche und vielleicht reizt es Sie, einige davon sozusagen „zwischendurch" auf die Schuppen zu legen. Allein schon wegen der Aussicht auf ein herrli-

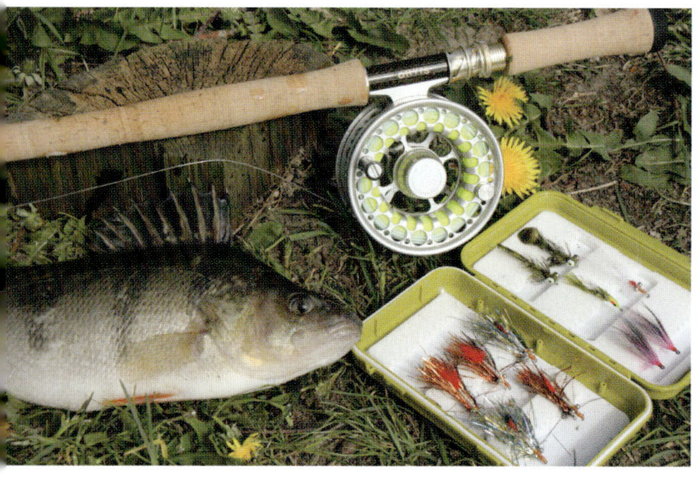

Gut ein Pfund brachte dieser Zweihandbarsch auf die Waage.

ches Abendessen! Denn Barsche sind, wie viele wissen, äußerst lecker.

Tipps zum gezielten Fliegenfischen auf Barsch sind rar gesät. Aber ich kenne einen richtigen Spezialisten, dem ich entscheidende Erkenntnisse verdanke, die dazu führten, dass ich heute gern einmal gezielt auf Barsch gehe. Der Experte heißt Tobias „Tobi" Vetter (35); er wohnt in Neustadt / Sachsen. Tobi pirscht in seiner Heimat an der Spree und Elbe mit beeindruckendem Erfolg auf die stachligen Räuber. Ich traf ihn erstmals vor einigen Jahren, als er einen Zweihandkurs bei mir belegte und wenig später auch zu einem Forellenkurs nach Schärding kam. Wie ich dort sofort merkte, lässt seine Präsentation von Nassfliegen oder Nymphen nicht den geringsten Wunsch offen. Auch die kleinste Buschlücke wurde per Rollwurf anvisiert, gefunden und bald stellten sich schöne Erfolge ein. Ein Spitzenfischer!

„Tobi, genauer und besser", räumte ich ein, „kann ich es auch nicht!" – „Aber bei Dir sieht es etwas eleganter aus!" Sächsischer Charme. Ja, nett ist er auch noch.

Aber bleiben wir bei seiner fischereilichen Kompetenz. Geübt im punktgenauen Präsentieren beschwerter Fliegen per Rollwurf und Switchcast sei er, so Tobi, durch die regelmäßige Barschpirsch an heimatlichen Flüssen. „Von Barschen versteh ich wirklich ein bissel was."

Nein, viel mehr als nur ein „bissel". Das weiß ich spätestens seit dem Tag, als mich ein Paket erreichte, in dem er mir seine besten Barschstreamer samt Begleittext schickte.

Der Brief beinhaltet fast schon alles, was man zum Fang von Barschen wissen muss. Deshalb möchte ich ihn hier zitieren:

„Wenn Barsche beißlustig sind, stürzen sie sich auf alles, was sich bewegt. An manchen Tagen kann man nichts verkehrt machen und es fängt fast jede Fliege. Aber die anbei liegenden Streamer fangen

auch, wenn die Barsche launisch und heikel sind! Die **Flashabou-Streamer** *sind meine absolut beste Barschwaffe zur Brutfischzeit. Von Mai bis in den Herbst hinein sind die an der Elbe im seichten Wasser einfach super! Außerdem machen oft Streamer in Pink die Barsche richtig verrückt! Meine Variante Deiner besten Lachsfliege* **Cascade** *in Pink ist deshalb das ganze Jahr über erfolgreich.*
Der weiße **Clouser Minnow** *ist im Winter, ganz langsam geführt, der Bringer schlechthin."*

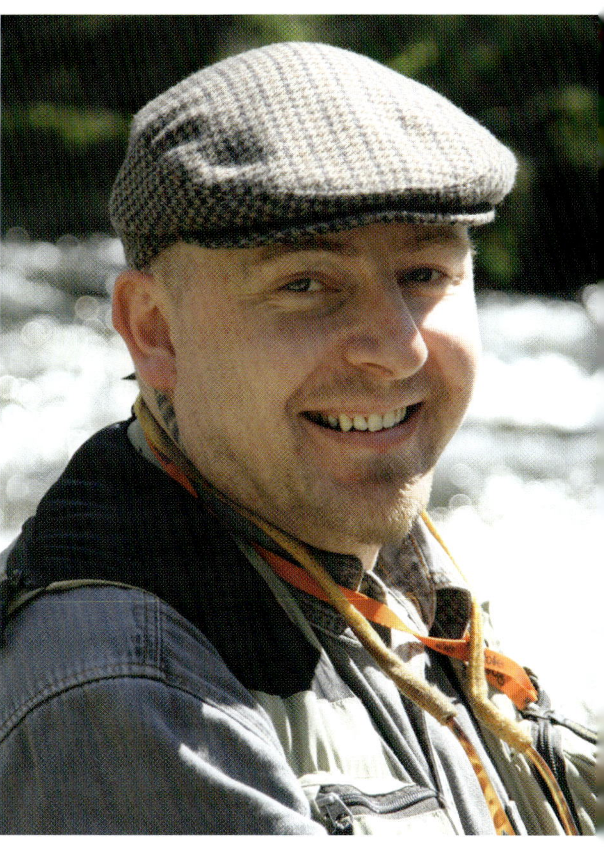

Gestatten, Tobias Vetter! Barschspezialist aus Sachsen.

Als wir uns das nächste Mal an der Ostsee trafen, schweiften abends beim gemütlichen Teil die Gespräche wieder in Richtung Barsch ab. Nicht zuletzt, weil ich von Tobi lernen wollte. Was er mir verriet, ging auch taktisch / technisch in die Tiefe. Die meisten seiner Streamer sind ganz bewusst so gebunden, dass sie mit der Hakenspitze nach oben laufen, da man viel in Grundnähe oder an hängerreichen Stellen fischt. Aber zu stark beschwert sind seine Muster nicht, da sich die Barsche – das zeigt Tobis Erfahrung – eher einen schwebenden und pulsierenden Köder akzeptieren als einen, der steil nach unten stürzt.
Die Tiefe reguliert der Barschexperte durch die Wahl verschiedener Schnüre von schwimmend über intermediate bis schnell sinkend.
Auch beim Vorfach lässt der Mann aus Sachsen Sorgfalt walten. Er benutzt einen durchsichtigen Polyleader und die Spitze besteht immer aus Fluocarbon, meist in der Stärke 0.25. Dieses Material sei nicht nur für den vorsichtigen Fisch nahezu unsichtbar, betont Tobi, sondern zudem sehr abriebfest. Und wenn einmal ein richtig großer Räuber oder gar ein Hecht den Streamer nehmen sollte, habe man eine bessere Chance.
Vor der überaus interessanten Lektion durch meinen sächsischen Angelfreund habe ich mit Streamern auf Barsch gefischt, die es im Handel zu kaufen gibt. Vor allem der *Near Sculpin* (Hakengröße 6 und

8) und der **Christal Charly** (Hakengröße 4) haben mich überzeugt. Dies als Tipp für alle Leser, die nicht den Ehrgeiz haben, sich für Barschstreamer selbst binderisch zu betätigen. Beide Muster sind bei der Firma Rudi Heger (www.rudi-heger.eu) erhältlich.
Der Christal Charly, eigentlich eine Bonefischfliege, zeigt ebenfalls dominant die Farbe Pink, insofern kann ich die Erfahrungen von Tobi nur bestätigen. Lieber Barschfreund: Think Pink!!
Den Near Sculpin hatte ich eigentlich für Forellen gekauft und durch einen Versuch zeigte er sich auch auf stachlige Räuber sehr effektiv. Und noch eine schöne Fliege habe ich nun schon oft auf Barsch eingesetzt. Den **Jig-Hopper** von Werner Steinsdorfer, den mir der Meisterbinder einmal schenkte und der mir gleich verdächtig fängig erschien. Auch zu diesem Muster erhielt ich einen sehr instruktiven Brief, der ebenfalls hier zitiert werden soll, da er interessante Hinweise zum Nachbinden enthält:
„Zu den Jigs, die Du gern auf Barsch fischst, teile ich Dir folgendes mit: In den 90er Jahren stieß ich auf diese Jig-Haken, weiß aber nicht mehr wie und wo. Auf jeden Fall habe ich darauf Jigs gebunden und diese ließen sich, ohne einen Hänger zu bekommen, über Grund führen. Mein erster Fisch, den ich damit fing, war eine Äsche mit 53 cm. Und somit war der vorläufige Name „Äschenhopper" geboren! Anschließend kaufte ich noch einen größeren Posten dieser so genannten Slo-Poke Jigs auf Vorrat. 1995 schickte ich diesen Äschenhopper zum Bindewettbewerb nach Slowenien und belegte damit den 3. Platz bei den Nymphen. Ich glaube, ich habe mit diesen Slo-Poke Jigs jeden Fisch gefangen, der dieses Ding ins Maul kriegt. Auf Barsche waren die gelben und grünlichen Exemplare am besten, für Forellen die grauen, schwarzen und braunen; Aitel (Döbel), Barben und Schied (Rapfen) fing ich mit jeder Farbe.
Bindeanleitung: Der bleierne Widerhaken des Jigs, der eigentlich einen Gummiköder halten soll, wird mit einer Zange abgebrochen. Dann werden Federspitzen vom Strauß im Hakenbogen eingebunden, dann Chenille in passender Farbe und silberner Tinsel. Dieses wird am Kopf kurz vor dem Auge fixiert. Als Schwingen werden schräg abstehend einige Segmente vom Entenrupf eingebunden, so dass der Jig am Grund mit dem Haken nach oben stehen bleibt. Die Basis wird dann noch mit ein paar Wicklungen Pfauengras abgeschlossen."

Höchste Zeit, mich bei meinen beiden Barschfreunden Tobi und Werner für die Unterstützung zu bedanken. Höchste Zeit aber auch, Ihnen viel Spaß beim Umsetzen der Tipps zu wünschen.
Das Motto lautet: Barsch marsch!

Materialliste Streamer
Flashabou Streamer
Haken: Kamasan B 800, Größe 8
Bindegarn: Danvilles 3/0 Orange
Augen: Kugelkette
Schwanz: Marabou, rot oder Goldfasankragen, rot
Körper: Perlmutt-Tinsel
Rippung: Silberdraht
Schwinge: Flashabou

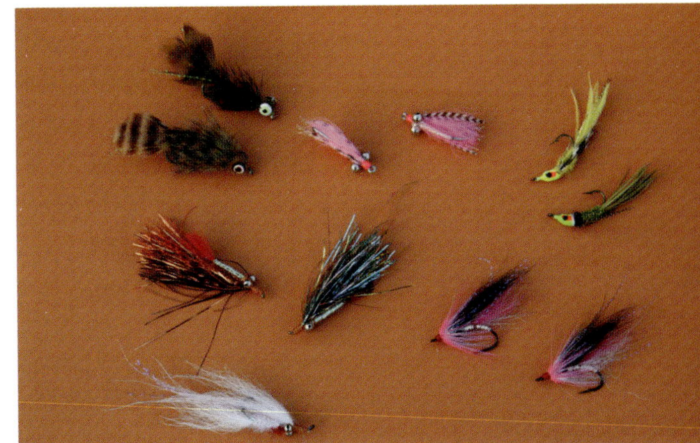

Fängige Barschfliegen. Von links unten im Uhrzeigersinn: ein Clouser Minnow (weiß), zwei Flashabou-Streamer, zwei Near Sculpins, zwei Christal Charly's (pink), zwei Jig-Hopper, zwei Pink Cascade.

Cascade Variante Pink
Haken: Gamakatsu LS-5413F, Größe 2
Bindegarn: Danvilles 3/0, rot
Tag: Silberdraht
Schwanz: Polarfuchs, pink und weiß plus zwei Fäden Crystal-Flash, pink
Hinterkörper: Silberdraht
Vorderkörper: Dubbing, schwarz
Rippung: Silberdraht
Schwinge: Polarfuchs, schwarz plus zwei Fäden Crystal-Flash
Kopfhechel: drei Windungen Hahn, weiß, darüber drei Windungen Hahn, pink

Clouser Minnow Weiß
Haken: Gamakatsu F 18, Größe 6
Bindegarn: Danvilles 3/0, orange
Augen: Kugelkette
Schwanz: Polarfuchs, weiß
Schwinge: Polarfuchs, weiß
Glitzermaterial: vier Fäden Crystal-Flash, pink
Körper: Fritz-Flash, Chenille Fluo-Perl (hinter den Augen rot gefärbt)

Jig-Hopper
Haken: Slo Poke Jig, Größe 8 und 10
Bindegarn: UTC Bindeseide, gelb oder grün
Körper: Chenille (gelb oder grün), gerippt mit Silbertinsel
Schwinge: Entenrupf
Schwanz: Federspitzen vom Strauß plus einige Strähnen Flash

UND WAS NOCH?

Die Schilderung der nach meiner Meinung wichtigsten Zielfische ist nun abgeschlossen. Aber natürlich lässt sich auf Fernreisen noch viel mehr mit der Zweihand erleben.
Dies soll hier nicht ausführlich thematisiert werden, aber der Vollständigkeit halber möchte ich noch einige Möglichkeiten aufzeigen. Die großen Pazifiklachse, vor allem der Königslachs, sind auf jeden Fall mit einer starken Zweihand besser zu handhaben als mit einer Einhand. Alle, die je einen großen „King“ an der Angel hatten, bestätigen dessen enorme Kampfkraft. Die Fischerei selbst ist jedoch sehr speziell. Man muss schwere Sinkleinen oder entsprechend gewichtige Fliegen benutzen. Einige Freunde von mir fischen nur mit

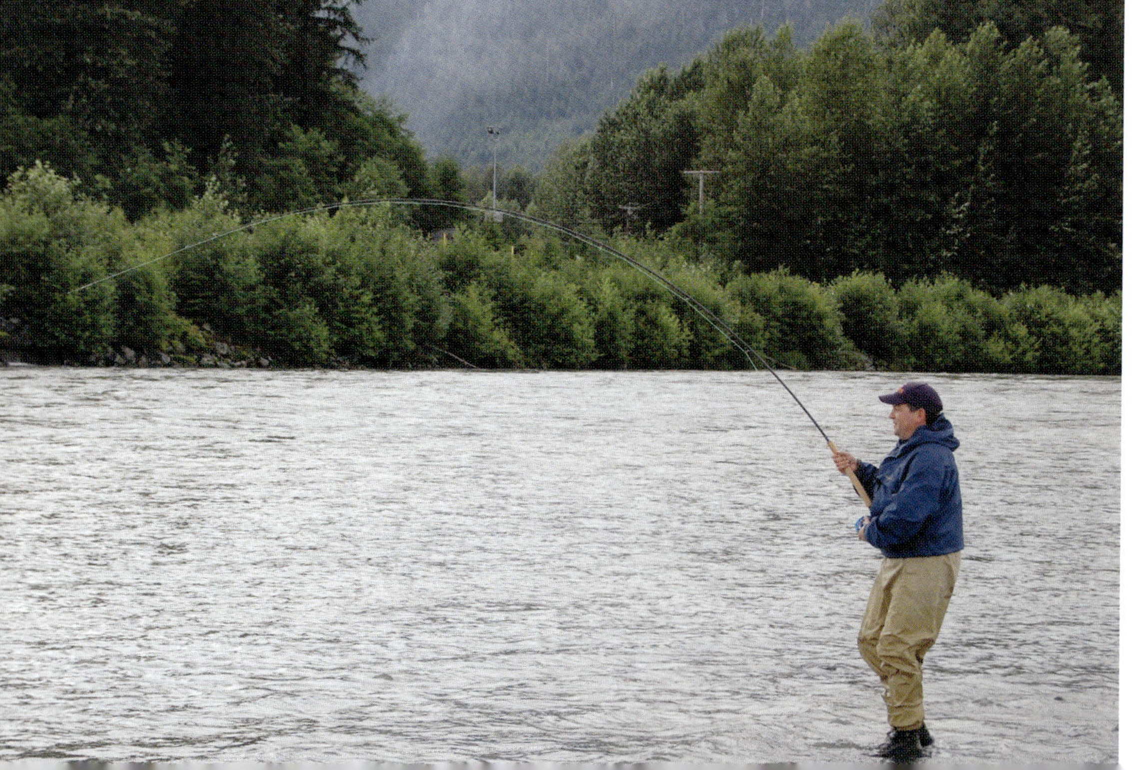

Spannender Drill eines Königslachses (King) in British Columbia
Foto: Michael Zeman

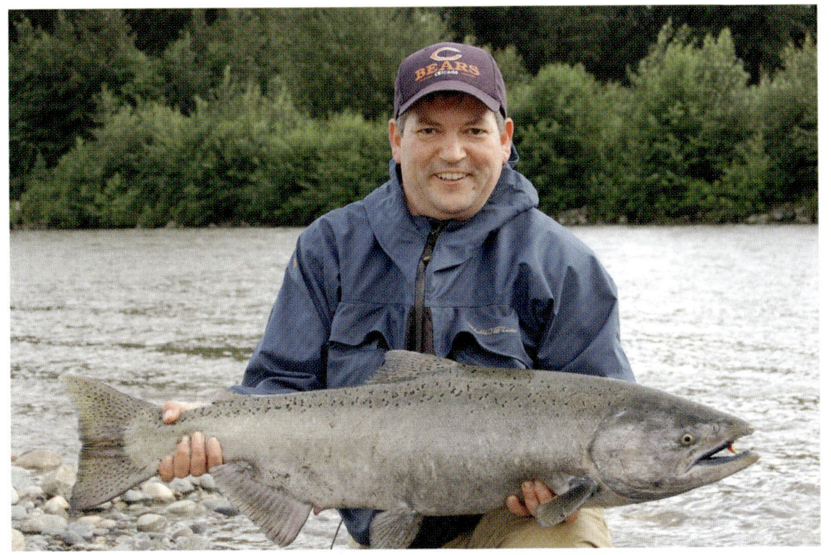

Michael Zeman mit einem schönen Königslachs, der nach dem Foto wieder schwimmen durfte.
Foto: Michael Zeman

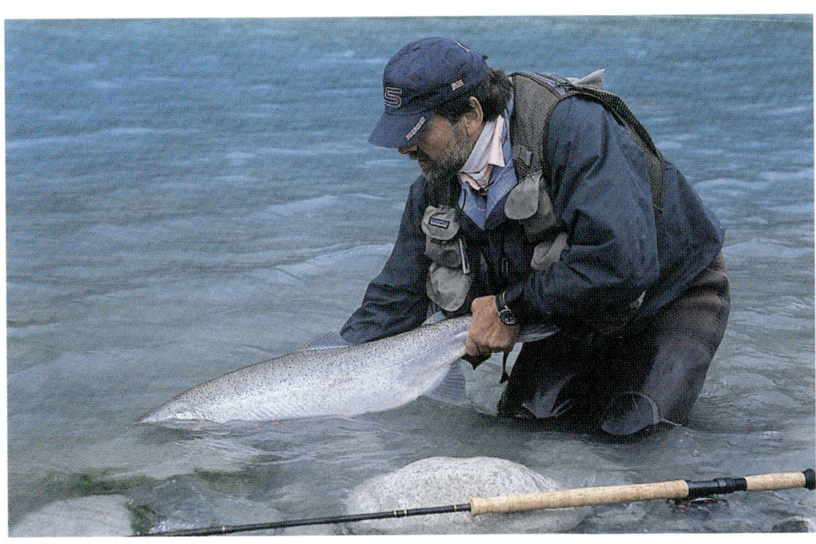

Rudi Heger mit einer sehr schönen Steelhead-Forelle.
Foto: Rudi Heger

sehr, sehr schweren Jigs, was sicherlich nicht jedermanns Sache ist. Wie dem auch sei: Falls Sie aber einmal auf Königslachs pirschen wollen, in Alaska vielleicht oder in Kanada, dann muss eine starke Zweihand mit. 14' sollte sie sein und die Schnurklasse 10/11 ist keineswegs zu solide!
Deutlich eleganter darf die Ausrüstung für einen weiteren Fisch sein, den man in Nordamerika fangen kann. Die wunderschöne Steelheadforelle! Selbst Fischer, die sich selbst als eingefleischte Einhand-

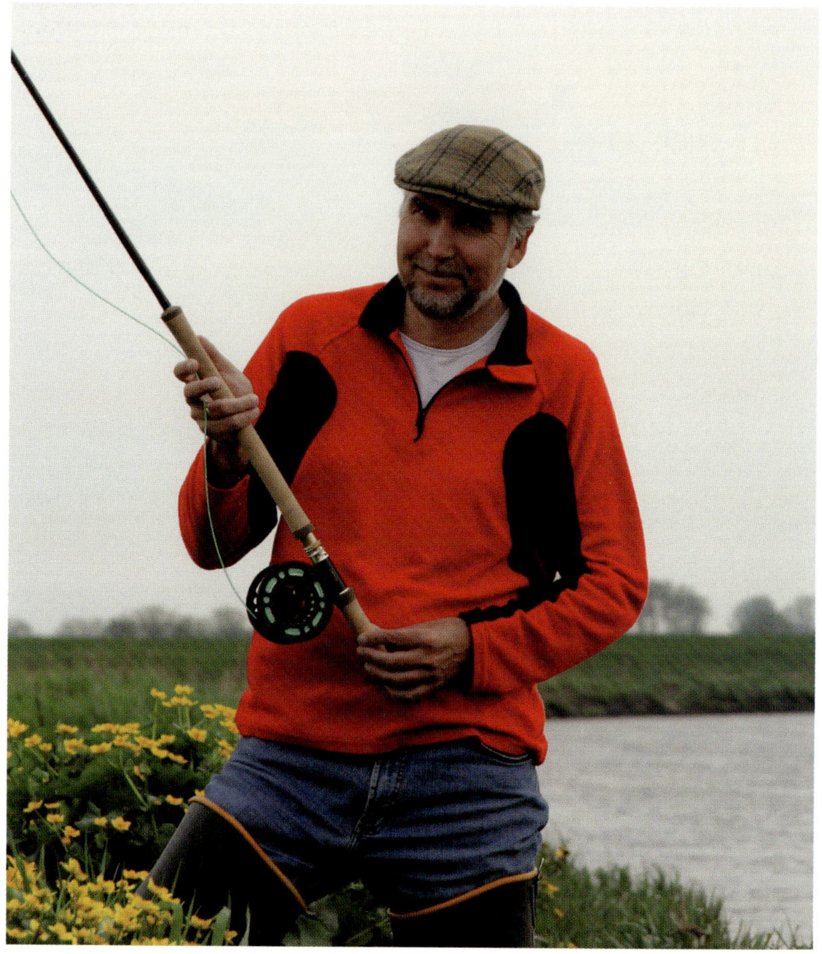

Der Verfasser bedankt sich bei allen Lesern und wünscht viel Erfolg beim Zweihandfischen

Fans bezeichnen, wie Rudi Heger aus Siegsdorf, greifen gelegentlich zu einer Zweihand, um diese Traumforelle zu überlisten. Ein „Beweisfoto" hat Rudi Heger mir für dieses Buch zur Verfügung gestellt *(Danke schön!)*.

Zur Rutenwahl auf diesen Zielfisch habe ich eine gute Nachricht. Unsere Allroundzweihand in 13 ' # 9 ist perfekt geeignet für Steelhead! Reiselustige Freunde von mir haben eben diese Zweihand auch zum Fischen in der Mongolei benutzt. Auf Huchen! Die meisten Huchenexperten in unseren Landen benutzen lieber eine starke Einhand, aber die Zweihand kann eine interessante Alternative sein.

Ich möchte mich aber zu dem Thema nicht weiter äußern, da mir die Erfahrung im Umgang mit Huchen, King und Steelhead fehlt. Ich habe jeweils nur kleinere Exemplare gefangen, die nicht der Rede wert sind. Mein „größter“ Huchen war 60 cm lang. Eher peinlich. Also halte ich mich mit Tipps brav zurück. Man muss eben auch mal schweigen können.

Es wird Zeit für ein Fazit: Das Thema, dass ich mir gesetzt hatte, lag zu Beginn vor mir wie ein großes, unbestelltes Stück Land. Ich habe versucht, das weite Feld auszumessen und Vorschläge zu unterbreiten, wie Sie es bestellen können. Ich übergebe deshalb jetzt den Staffelstab an Sie, lieber Leser! Es ist an Ihnen, den nächsten Schritt tun. Gehen Sie fischen! Meerforelle, Rapfen, Hecht, Atlantischer Lachs? Die Auswahl ist groß. Probieren Sie alles aus, entdecken Sie neue Reviere und erleben Sie auf diese Weise unvergessliche Angel-Abenteuer.

Viel Glück!

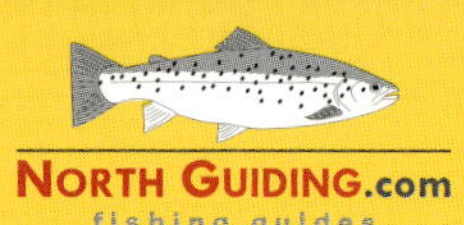

Das Verlagsprogramm

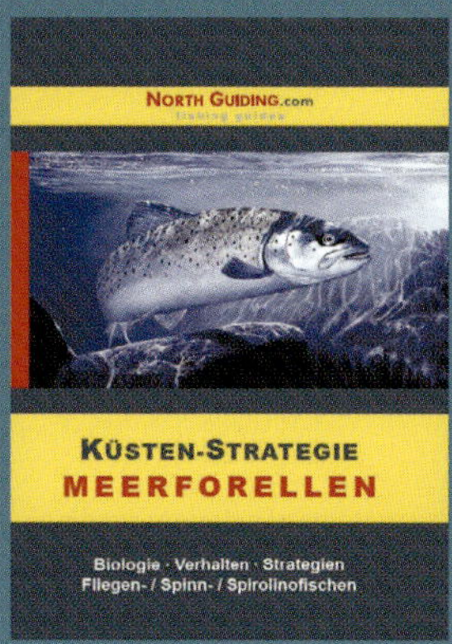

Küsten-Strategie
Michael Zeman / Heiko Döbler
ISBN 978-3-942366-00-7
Hardcover, 200 S., € 24,95

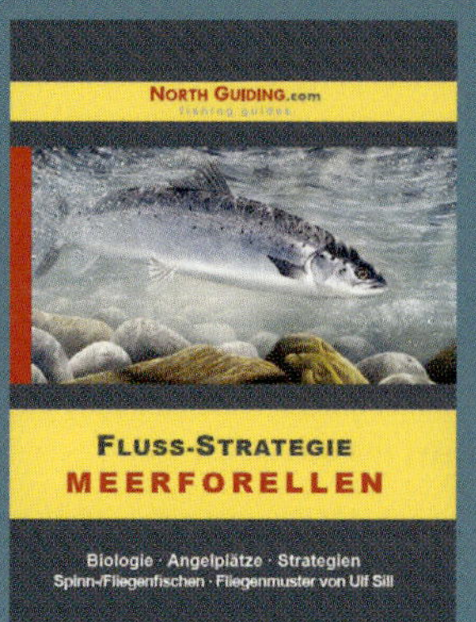

Fluss-Strategie
Michael Zeman / Heiko Döbler
ISBN 978-3-942366-01-4
Hardcover, 224 S., € 24,95

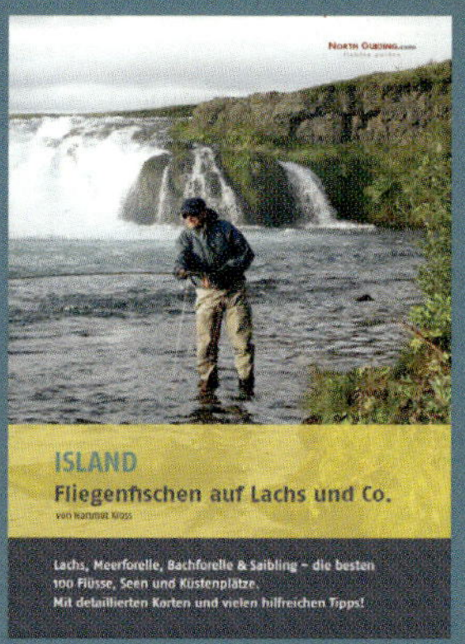

Island
Fliegenfischen auf Lachs & Co.
Hartmut Kloss
ISBN 978-3-942366-21-2
Hardcover, 176 S., € 24,95

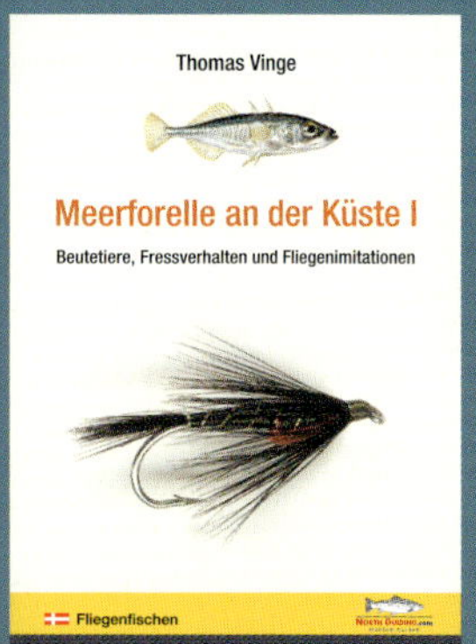

Meerforelle an der Küste – Band I
Thomas Vinge
ISBN 978-3-942366-24-3
Hardcover, 192 S., € 29,95

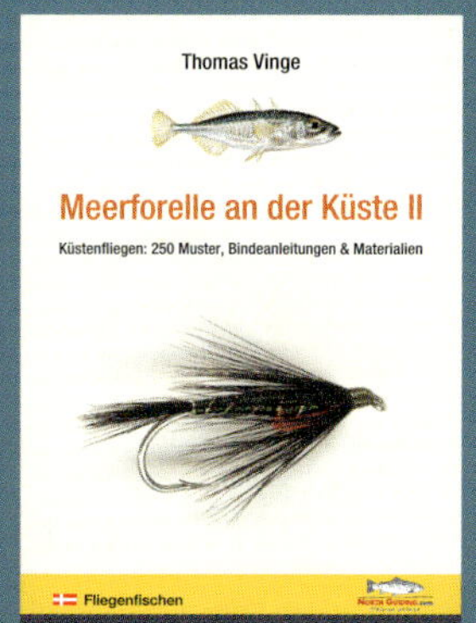

Meerforelle an der Küste – Band II
Thomas Vinge
ISBN 978-3-942366-25-0
Hardcover, 224 S., € 29,95

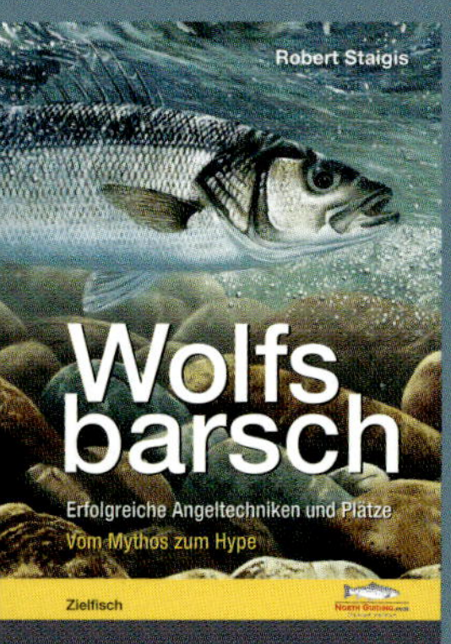

Wolfsbarsch – Erfolgreiche Angeltechniken und Plätze
Robert Staigis
ISBN 978-3-942366-22-9
Hardcover, 200 S., € 24,95

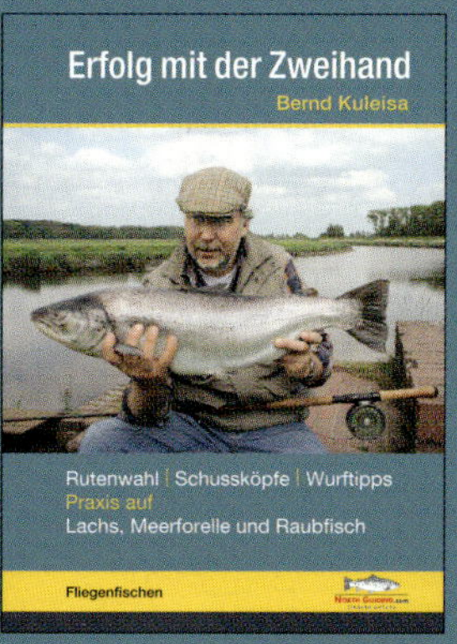

Erfolgreich mit der Zweihand
Bernd Kuleisa
ISBN 978-3-942366-23-6
Hardcover, 176 S., € 24,95

NORTH GUIDING.com hat es sich zur Aufgabe gemacht, eine neue Generation Angelführer und Angelbücher von überdurchschnittlicher Qualität zu verlegen.

Im Vordergrund steht eine hohe Qualität, spürbarer Nutzen für den Leser aber auch Lesespaß. Dazu hat der Verlag ein hochkarätige Team von Experten eingebunden. Alles rund um das North Guiding-Team und das Verlagssortiment finden Sie im Internet / Onlineshop:

www.North-Guiding.com